ALMANAQUE MÉXICO-ESTADOS UNIDOS

TEZONTLE

SERGIO AGUAYO QUEZADA

# ALMANAQUE MÉXICO-ESTADOS UNIDOS

Con la colaboración de
María Yolanda Argüello, Alejandro Cabello y Javier Treviño

FONDO DE CULTURA ECONÓMICA
IDEAS Y PALABRAS, S. A. DE C.V.

Primera edición, 2005

---

Aguayo Quezada, Sergio
    Almanaque México-Estados Unidos / Sergio
Aguayo Quezada.— México : FCE, 2005
    326 p.: ilus.; 23 x 17 cm — (Colec. Tezontle)
    ISBN 968-16-7487-1

    1. México — Estados Unidos — Relaciones
2. Política exterior 1. Ser. II. t.

LC E183.8M6        Dewey 327.730 72 A626a

---

*Distribución exclusiva para México, Estados Unidos, Puerto Rico*

Comentarios y sugerencias:
editorial@fondodeculturaeconomica.com
www.fondodeculturaeconomica.com
Tel. (55)5227-4672 Fax (55)5227-4694

Diseño de portada: Laura Esponda Aguilar
Fotografía de portada: Cortesía NASA/JPL-Caltech
Diseño de interiores: Gabriela Aguirre

D. R. © 2005, Fondo de Cultura Económica
Carretera Picacho-Ajusco, 227; 14200 México, D. F.

Se prohíbe la reproducción total o parcial de esta obra
—incluido el diseño tipográfico y de portada—,
sea cual fuere el medio, electrónico o mecánico,
sin el consentimiento por escrito del editor.

ISBN 968-16-7487-1

Impreso en México • *Printed in Mexico*

# CONTENIDO

Introducción ............................................................. 9
Una visión de conjunto ............................................. 11
Los valores y las creencias de mexicanos y
estadunidenses ........................................................ 21
Embajadas y consulados ........................................... 39
Los ejecutivos .......................................................... 53
Los legislativos ........................................................ 81
El poder judicial ...................................................... 97
Migración ............................................................... 115
Los cruces legales e ilegales ..................................... 145
La frontera .............................................................. 151
Mexicanos en Estados Unidos ................................... 169
Estadunidenses en México ........................................ 187
Economía ................................................................ 197
El Tratado de Libre Comercio de América del Norte ... 213
Remesas ................................................................. 223
Fuerzas armadas ...................................................... 229
Narcotráfico ............................................................ 243
Educación y cultura ................................................. 259
Los corresponsales .................................................. 281
Libros sobre las relaciones México-Estados Unidos ...... 297
Fuentes consultadas ................................................. 303
Índice analítico ....................................................... 311

# INTRODUCCIÓN

La relación entre México y Estados Unidos tiene una importancia vital para los dos países. Pese a ello, proliferan mitos y estereotipos que deben ser combatidos con hechos confiables. De esta premisa surgió la iniciativa de elaborar el primer almanaque sobre México y Estados Unidos.

En la medida en la que fue recopilándose la información fueron haciéndose evidentes las convergencias, diferencias y asimetrías entre los dos países. La principal conclusión es que México, Estados Unidos y su relación viven una transformación monumental. Crece la relación económica, México ajusta su sistema político, millones de mexicanos modifican el panorama demográfico estadunidense, se incrementan exponencialmente las relaciones entre las sociedades... De la información también se desprende que México no está predestinado a tener un papel subsidiario y secundario; antes puede competir exitosamente (y en algunos aspectos ya lo hace) y ciertamente puede mejorar en la defensa de sus intereses. Esto puede hacerse sin rechazos mecánicos o aplausos acríticos. Antes de la opinión está la comprensión.

La obra tiene algunas limitaciones. En primer lugar, la información seleccionada. En los últimos años se han generado ríos de cifras y datos (bastante desiguales por cierto) sobre una relación complejísima en la que cada una de sus vertientes tiene una autonomía relativa frente al todo. Como en otros almanaques anteriores, hubo un trabajo de selección orientado a presentar los matices y a evitar las visiones tenebrosas o color de rosa. Los textos interpretativos, aunque breves, buscan contextualizar las cifras y se apoyan en la bibliografía sobre México, Estados Unidos y las relaciones entre ambos países.

Es evidente que falta información. Por ejemplo, se quedaron en bosquejo o en borrador los capítulos sobre iglesias, fundaciones, organismos civiles, sociales y empresariales. Un hueco enorme es la ausencia de información sobre Canadá, el tercer socio del Tratado de Libre Comercio de América del Norte. Dependerá de la suerte que corra esta primera edición la posibilidad de aumentar y enriquecer versiones futuras del almanaque.

El trabajo hubiera sido imposible sin el concurso de un buen número de personas. Estarían en primerísimo lugar las aportaciones de María Yolanda Argüello y Alejandro Cabello, que llegaron al proyecto con la experiencia de varios almanaques sobre México. En esta ocasión también tuvo una participación determinante Javier Treviño Rangel, que coordinó los primeros borradores de buena parte de los capítulos. A lo largo de todo el proceso José Antonio Hernández y Andrea Ramírez localizaron información o la verificaron con la obsesividad que un trabajo como éstos requiere. Aportes más precisos vinieron de María Fernández y Narayani Lasala. Todos nos beneficiamos del personal de la espléndida biblioteca de El Colegio de México. También resultó importante el apoyo constante de Doris Arnez y Joaquín Zárate Barrón de Ideas y Palabras, de Gabriela Aguirre de Pixel Asesores Gráficos y de María García, quien elaboró el índice analítico.

Cada sección se fue nutriendo o complementando con el aporte de diferentes personas. Entre otras, Miguel Acosta Valverde, Maricarmen Hernández de El Colegio de la Frontera Norte, Alejandro Maciel de *El Latino* de San Diego, Arturo Solís de Cefprodhac de Reynosa, Bertha Cea, Carmen Landa y Araceli Partearroyo de la Sección Cultural de la Embajada de Estados Unidos. Estarían también especialistas de diferentes aspectos de la relación entre ambos países, como Raúl Benítez Manaut del CISAN (UNAM), Roderic Camp (Claremont McKenna College), Denise Dresser (Instituto Tecnológico Autónomo de México), Lorenzo Meyer (El Colegio de México), Kevin Middlebrook (London University), Robert Pastor (American University), José Luis Valdés (CISAN, UNAM), Josefina Zoraida Vázquez (El Colegio de México) y Gustavo Vega (El Colegio de México).

Ahora sólo está pendiente la opinión de los lectores, que al final de cuentas es la más importante de todas.

Sergio Aguayo Quezada
El Colegio de México
saguayo@colmex.mx

México, D.F., julio de 2005

# UNA VISIÓN DE CONJUNTO

# UNA VISIÓN DE CONJUNTO

Con frecuencia se realzan las innegables diferencias que hay entre México y Estados Unidos. La diversidad es real y nace de las distancias que hay en las raíces culturales, en las religiones practicadas, en el tamaño de las economías, en las experiencias históricas...

Sin embargo, en la medida en la que el lector avance en la revisión de éste y otros capítulos constatará que la realidad es más compleja, que también hay convergencias, y que si bien Estados Unidos supera en algunos aspectos a México, éste compite en otros terrenos.

Por otro lado, se presentan en este libro instantáneas sobre un momento de la historia porque, salvo indicación en contrario, la mayor parte de la información es de 2002. Cuando se contrastan los datos con el pasado, resultan evidentes las transformaciones que viven los dos países y su relación.

## GEOGRAFÍA

| Concepto | México | EU |
|---|---|---|
| Superficie (km$^2$) | 1,964,375 | 9,826,630[a] |
| Longitud de las fronteras (km) | 4,301 | 12,092 |
| Frontera México-EU (km) | 3,152 | 3,152 |
| Longitud de litorales (km) | 11,122 | 19,928 |
| Altitud máxima (msnm) | 5,610 (Pico de Orizaba) | 6,198 (Monte McKinley) |
| Río más largo (km) | 2,008 (Bravo) | 4,087 (Missouri) |
| División política (estados) | 32 | 50 |
| Capital | Ciudad de México | Washington, D.C. |
| Zonas patrimonio de la humanidad | 21 | 20 |

[a] Incluye Alaska y Hawai. Los territorios y estados libres asociados como Puerto Rico, Islas Vírgenes, Islas Marianas, Samoa, Guam y Palau tienen una extensión de 16,065 km$^2$.
Fuente: INEGI, US Census Bureau, 2004.

Estados Unidos es casi cuatro veces más grande que México. Es evidente que la diferencia en tamaño tiene un peso, pero México cuenta con la extensión, riqueza y población suficientes para ejercer una mayor influencia. Desde otra perspectiva la vecindad impone límites a México pero también a Estados Unidos.

## ECONOMÍA

| Concepto | México | EU |
|---|---|---|
| PIB (millones de dólares) | 676,861 | 11,735,000 |
| Crecimiento anual (%, 2004) | 4.4 | 4.4 |
| PIB per cápita (dólares) | 6,424 | 39,961 |
| Inflación (%, 2004) | 5.2 | 3.3 |
| Desempleo (%, 2004) | 3.7 | 5.5 |
| Pobreza (% de la población) | 51.7 | 11.7 |
| Inversión extranjera directa (millones de dólares) | 16,602 | 104,905 |
| Estructura del empleo (%) | | |
| Sector agropecuario | 18.0 | 1.0 |
| Sector industrial | 26.0 | 24.0 |
| Sector servicios | 56.0 | 74.0 |
| Estructura del PIB (%) | | |
| Sector agropecuario | 4.0 | 1.0 |
| Sector industrial | 26.6 | 27.3 |
| Sector servicios | 69.4 | 71.8 |
| Exportación de mercancías (millones de dólares, 2003) | 165,355 | 724,000 |
| Importación de mercancías (millones de dólares, 2003) | 170,958 | 1,263,200 |
| Principales socios comerciales (%, comercio exterior total) | 75.0 EU<br>2.9 China<br>2.4 Japón | 19.8 Canadá<br>11.8 México<br>9.0 China |
| Comercio bilateral (millones de dólares, exportaciones) | 146,335 | 105,363 |
| Saldo finanzas públicas (% del PIB) | -0.6 | -3.5 |
| Balanza comercial (millones de dólares) | -5,690 | -496,508 |
| Consumo de energía por habitante (kg equivalentes de petróleo) | 1,567 | 8,148 |
| Saldo cuenta corriente (% del PIB) | -1.3 | -5.5 |

Fuente: INEGI, Banxico, US Census Bureau, Department of Commerce, 2004.

En las cifras económicas se manifiestan con mayor crudeza las asimetrías. Por ejemplo, el producto interno bruto estadunidense es 16 veces mayor que el mexicano, una distancia que se reproduce en otras categorías.

Es menester agregar que cuando inicia 2005 las cifras macroeconómicas mexicanas muestran mayor fortaleza. Las políticas republicanas y la guerra en Irak han influido en el déficit de las finanzas públicas y de la balanza comercial de la potencia.

México tiene cuatro veces más pobres que Estados Unidos. La disparidad se origina, entre otras cosas, en los diferenciales de desarrollo y en las desigualdades en el ingreso que tiene México. Entre las principales repercusiones de esta situación es el aliento a la migración.

## POBLACIÓN

| Concepto | México | EU |
|---|---|---|
| Habitantes (millones, 2004) | 105.3 | 292.8 |
| Tasa de crecimiento (%, 2000-2004) | 1.3 | 0.92 |
| Densidad (hab./km$^2$) | 53.1 | 29.8 |
| Población urbana (%) | 74.7 | 77.4 |
| Distribución por sexo (%) | | |
| Mujeres | 50.7 | 50.9 |
| Hombres | 49.3 | 49.1 |
| Distribución por edad (%) | | |
| Menores de 15 años | 31.4 | 21.0 |
| Entre 15 y 64 años | 63.1 | 66.7 |
| Mayores de 64 años | 5.3 | 12.3 |
| Población en zona metropolitana de capital (millones) | 18.9 | 5.0 |
| Edad mediana (años) | 24.0 | 35.3 |
| Tasa de nupcialidad (matrimonios por 1,000 hab., 2001) | 6.9 | 8.4 |
| Tasa de divorcios (separaciones por 1,000 hab.) | 0.5 | 4.0 |
| Practicantes por religión (%) | 88.0 católicos<br>5.2 protestantes<br>2.1 bíblicas no evangélicas<br>0.05 judíos | 53.0 protestantes<br>25.0 católicos<br>2.0 judíos<br>2.0 mormones |
| Tasa de fecundidad (hijos por mujer) | 2.3 | 2.1 |

Fuente: INEGI, US Census Bureau, 2004.

Por el origen de la población, nuestro país cuenta con 130.9 millones de habitantes; esto se debe a que en Estados Unidos hay 25.4 millones de personas de origen mexicano. La diáspora se origina por el desempleo y por las altas tasas de fecundidad que, si se observa, están acercándose a las de Estados Unidos.

Independientemente de ello, es notable la fuerza que tiene la religiosidad en ambos países. Las diferencias se notan por la religión y por el número de practicantes. Por ejemplo, en 1950 98% de los mexicanos se declaraba católico, mientras que en 2002 sólo 88% lo hacía. En Estados Unidos, por el contrario, va en aumento el número de católicos, lo que se explica por el desplazamiento de mexicanos hacia ese país.

### EDUCACIÓN

| Concepto | México | EU |
|---|---|---|
| Gasto con respecto al PIB (%) | 6.5 | 4.9 |
| Alumnos (millones) | 31.0 | 69.2 |
| Maestros (millones) | 1.5 | 3.6 |
| Escuelas (miles) | 221.6 | 600.0 |
| Analfabetismo (%) | 8.8 | 3.0 |
| Escolaridad promedio (grados) | 7.8 | 14.5 |

Fuente: INEGI, US Census Bureau, 2004.

Uno de los aspectos más notables de estas cifras es que México invierte en la educación un mayor porcentaje de su PIB que Estados Unidos. A la hora que se juzgan los resultados es evidente que el aprovechamiento es muy diferente; si los Premios Nobel fueran el índice, en los 103 años que llevan entregándose Estados Unidos ha recibido 196 (17 de la Paz, 29 de Economía, 12 de Literatura, 50 de Medicina, 47 de Física y 41 de Química) y México 2 (1 de la Paz y 1 de Literatura).

Un caso curioso es el del mexicano Mario Molina (Premio Nobel de Química), quien recibió el galardón con su pasaporte estadunidense, ya que ése fue el país que financió sus investigaciones.

**SALUD**

| Concepto | México | EU |
|---|---|---|
| Gasto con respecto al PIB (%) | 5.8 | 13.0 |
| Esperanza de vida al nacer (años) | 74.6 | 77.2 |
| Tasa de mortalidad (por 1,000 hab.) | 4.4 | 8.5 |
| Tasa de mortalidad infantil (por 1,000 nacimientos) | 21.4 | 6.8 |
| Tasa de natalidad (por 1,000 hab.) | 19.3 | 14.1 |
| Principales causas de muerte (%) | | |
|    Enfermedades cardiovasculares | 21.5 | 38.2 |
|    Tumores malignos | 12.8 | 22.9 |
|    Diabetes | 11.6 | 2.9 |
| Defunciones anuales | 456,250 | 2,416,425 |
| Hospitales/unidades médicas | 3,029 | 5,801 |
| Médicos | 43,374 | 836,200 |
| Camas | 32,632 | 987,000 |
| Enfermeras | 32,251 | 2,249,000 |
| Casos de sida registrados (acumulado, 2001) | 71,526 | 816,149 |

Fuente: INEGI, Secretaría de Salud, US Census Bureau, 2004.

Estas cifras permiten varias lecturas. Si se observa el número de diabéticos, México tiene un porcentaje mayor, casi cuatro veces, lo que se debe al menos en parte al deterioro en la alimentación. México también está en desventaja en el número de médicos, camas y enfermeras.

Sin embargo, si se observan los casos de sida registrados, hay 11 veces más en Estados Unidos que en México y la esperanza de vida al nacer es casi idéntica. Se trata de elogios numéricos al sistema de salud público mexicano.

**FUERZAS ARMADAS**

| Concepto | México | EU |
|---|---|---|
| Gasto en defensa (millones de dólares) | 318.7 | 355,170.8 |
| Gasto en defensa (% del PIB) | 0.5 | 3.4 |
| Personal | | |
|   Ejército | 188,143 | 485,500 |
|   Marina | 50,026 | 558,800 |
|   Fuerza aérea | 11,652 | 369,700 |
| Aeronaves de combate | 107 | 3,000 |

Fuente: Economist Intelligence Unit, 2004.

La manera en que ambos países conciben su lugar en el mundo determina las disparidades en el gasto militar y en el número de efectivos y aviones. Estados Unidos siempre ha considerado su deber llevar por el mundo sus mercancías y estilo de vida y, para defender esos objetivos, frecuentemente recurre a la fuerza o amenaza con utilizarla. Sus ejércitos son costosos por su doctrina militar (es un país que evita al máximo el costo en vidas) y por lo sofisticado de su equipo. México, por su localización geopolítica e historia, ha sido mucho más renuente a apoyarse en la fuerza para defender sus intereses en el mundo.

**CRIMINALIDAD**

| Concepto | México | EU |
|---|---|---|
| Tasa de delitos (por 1,000 hab.) | 14.7 | 41.6 |
| Homicidios dolosos (anual) | 13,122 | 16,204 |
| Robo de autos (% del parque vehicular) | 0.72 | 0.58 |
| Población penitenciaria | 172,888 | 2,021,223 |
| Policías (2000) | 223,000 | 661,979 |
| Violaciones (por 100,000 hab., 2001) | 12.8 | 32.0 |

Fuente: Procuraduría General de la República, Sistema Nacional de Seguridad Pública, US Department of Justice (Bureau of Justice Statistics), Federal Bureau of Investigation (Uniform Crime Reports), 2004.

Las políticas de tolerancia cero frente a la delincuencia han multiplicado la población penitenciaria a niveles muy superiores al promedio mundial. Estados Unidos supera ampliamente a México. Según el especialista Rafael Ruiz-Harrell el fenómeno tiene su origen en razones electorales: los candidatos y gobernantes compiten en una dureza que paradójicamente no disminuye la delincuencia.

**MEDIO AMBIENTE**

| Concepto | México | EU |
|---|---|---|
| Especies endémicas[a] | 8,544 | 4,439 |
| Especies en peligro de extinción | 336 | 987 |
| Residuos sólidos (millones de ton.) | 32.2 | 229.2 |
| Disponibilidad de agua (por hab. m$^3$) | 4,685 | 8,983 |
| Áreas naturales protegidas (millones de ha.) | 17.8 | 37.3 |
| Emisión de dióxido de carbono (ton. por persona) | 3.7 | 19.8 |
| Superficie forestal (millones de ha.) | 56.6 | 164.7 |
| Cambio en superficie forestal (%, anual) | -1.1 | 0.2 |

[a] Especies que se encuentran exclusivamente dentro de un territorio.
Fuente: Semarnat, US Census Bureau, 2004.

Tan notable es la biodiversidad mexicana (que aquí se observa en la cantidad de especies endémicas) como la cantidad de dióxido de carbono que el consumo estadunidense envía a la atmósfera.

Por otro lado, es necesario contextualizar las cifras. Si únicamente se tomara en cuenta el tamaño de las áreas naturales protegidas, México saldría muy bien librado de la comparación porque tiene la mitad de hectáreas de un país cuatro veces más grande. Sin embargo, al faltar recursos para protegerlas, crece el ritmo de deforestación en nuestro territorio, mientras que se observa una modesta recuperación en el país del norte.

**TRANSPORTE**

| Concepto | México | EU |
|---|---|---|
| Carreteras (km) | 348,303 | 6,383,286 |
| Parque vehicular | | |
|   Automóviles | 12,964,702 | 135,920,677 |
|   Camiones de pasajeros | 237,991 | 760,717 |
|   Camiones de carga | 5,724,245 | 92,938,585 |
| Vías férreas (km) | 26,655 | 328,297 |
| Aeropuertos | 85 | 5,315 |
| Accidentes de transportes terrestres (2001) | 57,428 | 6,323,000 |
| Decesos | 5,147 | 42,100 |

Fuente: Secretaría de Comunicaciones y Transportes, US Census Bureau, 2004.

Es conocido el gusto de los estadunidenses por la movilidad. Durante su vida, es frecuente que cambien de residencia. Por ello y por el tamaño de su economía han creado una gigantesca y diversificada red de transporte que tiene, como consecuencia negativa, una cantidad enorme de automóviles. En cuanto a México, son obvias las limitaciones que tiene el sistema, lo que se convierte en un cuello de botella para el desarrollo.

**COMUNICACIONES**

| Concepto | México | EU |
|---|---|---|
| Líneas telefónicas (millones) | 15.9 | 253.0 |
| Telefonía celular (millones) | 28.4 | 140.7 |
| Estaciones de radio | 1,413 | 10,788 |
| Estaciones de televisión | 652 | 1,686 |
| Piezas postales (millones) | 684 | 202,822 |
| Periódicos (copias por 1,000 hab.) | 88 | 194 |
| Usuarios de internet (millones) | 10 | 175 |
| Hogares con: (%, 2000) | | |
| Televisión | 86.6 | 98.3 |
| Radio | 85.6 | 99.0 |
| Computadora | 9.5 | 56.5 |

Fuente: Secretaría de Comunicaciones y Transportes, Federal Communications Commission, 2004.

Un aspecto en el que hay pocas diferencias entre países es la presencia masiva de aparatos de radio y televisión. Se ratifica así la importancia que tienen los medios de comunicación electrónicos en la conformación de creencias y valores lo que, a su vez, influye en el ámbito político.

## GOBIERNO Y POLÍTICA

| Concepto | México | EU |
|---|---|---|
| Declaración de independencia | 16 de septiembre de 1810 | 4 de Julio de 1776 |
| Primer presidente | Guadalupe Victoria | George Washington |
| Presidente actual | Vicente Fox Quesada | George W. Bush |
| Entidades federativas | 32 | 50 |
| Municipios/condados | 2,446 | 3,143 |
| Senadores | 128 | 100 |
| Diputados/representantes | 500 | 435 |
| Partidos políticos en el Congreso | PRI, PAN, PRD, PVEM, PT, Convergencia | Demócrata y Republicano |
| Participación en elecciones presidenciales (%, 2000) | 64.0 | 51.3 |

Pese a las diferencias en el tamaño de poblaciones y entidades, México supera holgadamente a Estados Unidos en el número de senadores y diputados. Ambos coinciden en la caída en el aprecio que se tiene por el legislativo. Entre 1990 y 2000 el porcentaje de mexicanos que confía "mucho o bastante" cayó de 35 a 23%, mientras que en Estados Unidos se redujo de 46 a 38 por ciento.

## ENTIDADES FEDERATIVAS

| Concepto | México | EU |
|---|---|---|
| Más grande | Chihuahua | Alaska |
| Más pequeña | Distrito Federal | District of Columbia |
| Más poblada | Estado de México | California |
| Más densamente poblada | Distrito Federal | District of Columbia |
| Menos densamente poblada | Baja California Sur | Alaska |
| Menos poblada | Baja California Sur | Wyoming |
| Mayor PIB per cápita | Distrito Federal | Connecticut |
| Menor PIB per cápita | Chiapas | Mississippi |

Fuente: INEGI, US Census Bureau, 2004.

# LOS VALORES Y LAS CREENCIAS
# DE MEXICANOS Y ESTADUNIDENSES

# LOS VALORES Y LAS CREENCIAS DE MEXICANOS Y ESTADUNIDENSES

Las encuestas son imágenes instantáneas de lo que las sociedades muestran en un periodo de su historia. Si podemos comparar diversos momentos y países es por el trabajo de Ronald Inglehart, Miguel Basáñez y asociados, que sistematizaron las Encuestas Mundiales de Valores de 1990 y 2000 levantadas en 69 países.

Esta sección se complementa con otros dos trabajos: el de Alejandro Moreno, que tiene la novedad de incluir a los mexicanos que viven en Estados Unidos, y el realizado por el CIDE, Comexi y el Chicago Council on Foreign Relations.

Los resultados confirman y contradicen las visiones convencionales. Por ejemplo, de acuerdo con Inglehart y Basáñez, los estadunidenses viven convencidos de su "excepcionalidad" pese a que su país "no es un prototipo de modernidad cultural para otras sociedades... De hecho, los Estados Unidos tienen un sistema de valores mucho más tradicional que cualquier otra sociedad industrializada".

Pese a su pasado revolucionario México es todavía más tradicional que Estados Unidos aunque los cambios en la sociedad, la transición democrática y la apertura al exterior están modificado rápidamente la forma en que cada país ve al mundo.

## LOS NACIONALISMOS

**POSICIONES FRENTE A LA NACIÓN**

| Concepto | México (%) 1990 | México (%) 2000 | EU (%) 1990 | EU (%) 2000 |
|---|---|---|---|---|
| Está muy orgulloso de su nacionalidad | 56 | 80 | 76 | 72 |
| Pelearía en una guerra por su país | 74 | 74 | 80 | 73 |
| Considera que cuando los empleos escasean se le debe dar prioridad a los nacionales sobre los extranjeros | 83 | 80 | 51 | 49 |

Fuente: Inglehart y Basáñez, 2004.

México y Estados Unidos son más nacionalistas que otros países en situaciones parecidas. Es notable que en una década aumentara en 24 puntos el orgullo mexicano por su nacionalidad. En México los sentimientos antiextranjeros tiñen de intolerancia a la sociedad. Los estadunidenses, por su parte, tienen una mayor apertura hacia lo diverso.

## LA CONFIANZA ENTRE LOS VECINOS

**CONFÍA MUCHO O ALGO EN...**

|  | Mexicanos (%) | Mexicanoamericanos (%) | Anglos[a] (%) |
|---|---|---|---|
| Estadunidenses | 23 | 72 | - |
| Mexicanos | - | 82 | 52 |

[a] Se utiliza el término popular con que se denomina a la población blanca.
Fuente: Moreno, 2004.

Es interesante que los anglos tengan más confianza en los mexicanos que viceversa. Sin embargo, las cifras más llamativas son las referidas a los mexicanoamericanos, que confían tanto en el país que los recibió como del que emigraron. El siguiente cuadro complementa estas percepciones.

**LO QUE SE PIENSA DE LOS MEXICANOS QUE VIVEN EN ESTADOS UNIDOS**

| Concepto | México (%) | EU (%) |
|---|---|---|
| Trabajan duro | 94 | 82 |
| Respetan la ley | 65 | 51 |
| Aprenden a hablar inglés | 63 | 42 |
| Conviven y se integran con los estadunidenses | 39 | 52 |

Fuente: CIDE, 2004.

Llama la atención el respeto concedido a los mexicanos en Estados Unidos. Si a ello agregamos su creciente organización y el activismo con el cual influyen en ambos países (tema desarrollado en otro capítulo) es posible anticipar que serán un actor muy influyente en el futuro de América del Norte.

## LAS 10 PRIORIDADES DE POLÍTICA EXTERIOR, 2004

**CONSIDERA MUY IMPORTANTES LOS SIGUIENTES OBJETIVOS**

| Concepto | México (%) | Concepto | EU (%) |
|---|---|---|---|
| Proteger los intereses de los mexicanos en otros países | 88 | Proteger los empleos de los trabajadores estadunidenses | 78 |
| Promover la venta de productos mexicanos en otros países | 85 | Prevenir la propagación de armas nucleares | 73 |
| Detener el flujo de drogas hacia Estados Unidos | 83 | Combatir el terrorismo internacional | 71 |
| Combatir el terrorismo internacional | 78 | Asegurar el suministro de energía | 69 |
| Prevenir la propagación de armas nucleares | 77 | Detener el flujo de drogas hacia Estados Unidos | 63 |
| Promover los derechos humanos en otros países | 71 | Controlar y reducir la inmigración ilegal | 59 |
| Ayudar a mejorar el nivel de vida de los países menos desarrollados | 66 | Mantener la superioridad del poder militar a nivel mundial | 50 |
| Fortalecer a la ONU | 60 | Mejorar el medio ambiente en el mundo | 47 |
| Llevar las disputas de México con otros países ante tribunales internacionales | 60 | Combatir el hambre en el mundo | 43 |
| Ayudar a llevar la democracia hacia otros países | 55 | Fortalecer a la ONU | 38 |

Fuente: CIDE, 2004.

Entre los aspectos por destacar estaría la fuerza del nacionalismo: los dos países ponen como su principal prioridad la protección de sus intereses. El combate al terrorismo ocupa un lugar muy alto, y es curioso que tenga más importancia para los mexicanos, que han sido muy poco afectados por él. Es hasta cierto punto lógico que el país donde se violan más derechos humanos, México, incluya como prioridad protegerlos en otros países.

Finalmente, el lugar tan diferente que ambos países ocupan en el concierto internacional se expresa en la importancia que los estadunidenses conceden a mantener su superioridad militar, un aspecto ignorado por México.

# VARIACIONES EN UNA VOCACIÓN DEMOCRÁTICA

**¿CUÁL ES SU OPINIÓN DE LOS SIGUIENTES MÉTODOS DE GOBIERNO?**

Muy buena / buena (%)

| Concepto | México 2000 | EU 2000 |
|---|---|---|
| Tener un sistema político democrático | 86 | 89 |
| Que las decisiones las tomen expertos y no el gobierno | 66 | 44 |
| Tener un líder fuerte que no se molesta con elecciones y división de poderes | 56 | 30 |
| Que gobierne el ejército | 35 | 9 |
| La democracia tiene problemas pero es el mejor sistema (% de acuerdo) | 80 | 88 |

Fuente: Inglehart y Basáñez, 2004.

Una y otra vez los ciudadanos de los dos países confirman su fe en la democracia. Aunque se requiere de un matiz: los mexicanos arrastran la herencia de una cultura autoritaria y ello se demuestra en su disposición por un líder fuerte o por los militares.

# LA CONFIANZA, UNA VARIABLE CLAVE

**¿USTED CONSIDERA QUE…?**

| Concepto | México (%) 1990 | México (%) 2000 | EU (%) 1990 | EU (%) 2000 |
|---|---|---|---|---|
| Sí se puede confiar en la gente | 34 | 21 | 52 | 36 |

Fuente: Inglehart y Basáñez, 2004.

La confianza en los demás es uno de los indicadores más utilizados para medir la cultura democrática. En ese sentido, es preocupante la erosión que tuvo en una década este principio en los dos países.

## APÁTICOS Y PARTICIPATIVOS

En los tres cuadros siguientes se contrasta la actitud tan diferente hacia los asuntos públicos en ambos países. Es clarísimo que en Estados Unidos hay un mayor grado de participación en asuntos públicos o comunitarios.

En el caso de México ha cundido el desaliento durante la última década y disminuye el interés por la política; lo que ha aumentado es la participación en grupos religiosos, así como el conservadurismo.

En relación con la muestra de 69 países, en el año 2000 el país del norte estaba entre las diez sociedades más participativas, mientras que México estaba en la parte inferior. Es decir, las dos naciones se encuentran en los polos opuestos de participación y apatía.

### INTERÉS POR LA POLÍTICA

| Concepto | México (%) 1990 | 2000 | EU (%) 1990 | 2000 |
|---|---|---|---|---|
| Está muy o algo interesado en política | 38 | 34 | 61 | 66 |
| Nunca discute de política con amigos | 26 | 45 | 28 | 25 |

Fuente: Inglehart y Basáñez, 2004.

### PARTICIPACIÓN EN ACCIONES POLÍTICAS

| Concepto | México (%) 1990 | 2000 | EU (%) 1990 | 2000 |
|---|---|---|---|---|
| Firmar peticiones | 44 | 38 | 20 | 16 |
| Unirse a boicots | 35 | 18 | 45 | 51 |
| Acudir a manifestaciones legales | 43 | 10 | 44 | 54 |
| Unirse a huelgas sin reconocimiento oficial | 36 | 12 | 30 | 38 |
| Ocupar edificios o fábricas | 29 | 7 | 17 | 25 |

Fuente: Inglehart y Basáñez, 2004.

En diez años, México ha visto caer el interés ciudadano en asuntos públicos. Son pocos los que se sienten dispuestos a unirse a boicots, huelgas y manifestaciones. Lo contrario ha pasado con los estadunidenses, que se ven mucho más dipuestos a comprometerse por la defensa de sus ideas.

## PARTICIPACIÓN EN ORGANIZACIONES VOLUNTARIAS
### Sí pertenece (%)

| Concepto | México 1990 | México 2000 | EU 1990 | EU 2000 |
|---|---|---|---|---|
| Religiosas | 14 | 23 | 49 | 57 |
| Deportivas | 8 | 9 | 20 | 36 |
| Actividades culturales | 12 | 8 | 20 | 37 |
| Servicio a los ancianos | 5 | 7 | 9 | 17 |
| Sindicales | 4 | 6 | 9 | 14 |
| Salud | 2 | 6 | 8 | 17 |
| Actividades comunitarias | 4 | 5 | 5 | 13 |
| Ambientales | 3 | 5 | 9 | 16 |
| Partidos políticos | 5 | 4 | 14 | 19 |
| Jóvenes | 4 | 4 | 13 | 26 |
| Desarrollo y derechos humanos | 1 | 3 | 2 | 6 |
| Asociaciones profesionales | 3 | 3 | 15 | 28 |
| Mujeres | 2 | 3 | 8 | 14 |
| Pacifistas | 1 | 3 | 2 | 5 |
| Otros | 2 | 1 | 10 | 22 |

Fuente: Inglehart y Basáñez, 2004.

## SUSPICACIAS FRENTE AL ORDEN ESTABLECIDO

### ¿CUÁNTO CONFÍA EN LAS INSTITUCIONES?
#### Mucho / bastante (%)

| Concepto | México 1990 | México 2000 | EU 1990 | EU 2000 |
|---|---|---|---|---|
| Iglesias | 76 | 82 | 68 | 75 |
| Fuerzas armadas | 47 | 54 | 48 | 82 |
| Movimiento ambientalista | n.d. | 54 | n.d. | 60 |
| Televisión | 27 | 47 | 45 | 25 |
| Grandes empresas | 46 | 46 | 51 | 54 |

**¿CUÁNTO CONFÍA EN LAS INSTITUCIONES? (continuación)**
Mucho / bastante (%)

| Concepto | México | | EU | |
|---|---|---|---|---|
| | 1990 | 2000 | 1990 | 2000 |
| Naciones Unidas | n.d. | 46 | n.d. | 57 |
| Prensa | 49 | 42 | 56 | 27 |
| Movimiento feminista | n.d. | 39 | n.d. | 59 |
| Gobierno federal | 28 | 37 | 59 | 38 |
| OTAN | 27 | 32 | 52 | 53 |
| Policía | 32 | 30 | 75 | 71 |
| Sindicatos | 38 | 29 | 33 | 38 |
| Partidos políticos | 30 | 25 | 55 | 23 |
| Congreso | 35 | 23 | 46 | 38 |
| Burocracia | 28 | 22 | 59 | 55 |

Fuente: Inglehart y Basáñez, 2004.

Con excepciones como la opinión sobre las fuerzas armadas, este cuadro confirma el desplome en los dos países de la confianza hacia la política y las instituciones públicas (véase la opinión sobre partidos, burocracia y congreso) y el aprecio por instituciones sociales como el ambientalismo o las iglesias.

También aparecen diferencias entre las naciones: el feminismo está más arraigado en Estados Unidos en donde también se desploma la confianza hacia la televisión que crece en México. Finalmente, hay más respeto por los policías y las burocracias en Estados Unidos que en nuestro país.

## PAÍSES DERECHISTAS

**POLÍTICAMENTE SE CONSIDERA DE...**

| Concepto | México (%) | | EU (%) | |
|---|---|---|---|---|
| | 1990 | 2000 | 1990 | 2000 |
| Derecha | 32 | 51 | 29 | 32 |
| Izquierda | 21 | 16 | 17 | 18 |
| Centro | 48 | 33 | 54 | 51 |

Fuente: Inglehart y Basáñez, 2004.

Las cifras más impactantes son las que describen el fortalecimiento de la derecha en México a expensas del centro y la izquierda. En la obra de Inglehart y Basañez aparecen otros indicadores del creciente conservadurismo mexicano.

Por otro lado, llama la atención la relativa debilidad del pensamiento conservador en Estados Unidos. Contrasta con su enorme fuerza política demostrada en las elecciones presidenciales del 2004. Parte de la explicación está en la capacidad organizativa que tiene.

## OTROS INDICADORES DEL CONSERVADURISMO

**NUNCA SE JUSTIFICA...**

| Concepto | México (%) 1990 | 2000 | EU (%) 1990 | 2000 |
|---|---|---|---|---|
| El aborto | 43 | 69 | 35 | 30 |
| La prostitución | 52 | 61 | 61 | 47 |
| La eutanasia | 38 | 59 | 34 | 24 |
| La homosexualidad | 58 | 53 | 57 | 32 |

Fuente: Inglehart y Basáñez, 2004.

Este cuadro refuerza el anterior... con una excepción. Una de las variables claves para medir la tolerancia es la actitud hacia la diversidad sexual. En este terreno los mexicanos muestran un discreto avance mientras que los estadunidenses han reducido considerablemente el rechazo.

## LA TOLERANCIA

**¿A QUIÉN NO LE GUSTARÍA TENER COMO VECINO?**

| Concepto | México (%) 1990 | 2000 | EU (%) 1990 | 2000 |
|---|---|---|---|---|
| Personas con antecedentes criminales | 69 | 70 | 50 | 54 |
| Drogadictos | 69 | 68 | 79 | 74 |
| Bebedores asiduos | 56 | 56 | 60 | 56 |

### ¿A QUIÉN NO LE GUSTARÍA TENER COMO VECINO? (continuación)

| Concepto | México (%) 1990 | México (%) 2000 | EU (%) 1990 | EU (%) 2000 |
| --- | --- | --- | --- | --- |
| Homosexuales | 69 | 45 | 39 | 23 |
| Emocionalmente inestables | 38 | 34 | 43 | 52 |
| Con sida | 57 | 34 | 28 | 17 |
| Musulmanes | 19 | 17 | 14 | 11 |
| Raza distinta | 17 | 15 | 9 | 8 |
| Inmigrantes | 18 | 14 | 10 | 10 |
| Judíos | 19 | n.d. | 5 | 9 |

Fuente: Inglehart y Basáñez, 2004.

Ser democrático es aceptar lo diverso. En términos generales los estadunidenses son más liberales que los mexicanos. Por ejemplo, hay más rechazo a los musulmanes e inmigrantes en México (esto último es notable porque México es un importante productor de migrantes). Dicho esto, en una década mejoró la apertura mexicana hacia la diversidad. En otro terreno, mexicanos y estadunidenses comparten el rechazo a los bebedores asiduos.

## MATICES DEL CAPITALISMO

### EN LO ECONÓMICO USTED CONSIDERA QUE...

| Concepto | México (%) 1990 | México (%) 2000 | EU (%) 1990 | EU (%) 2000 |
| --- | --- | --- | --- | --- |
| La competencia es buena | 16 | 60 | 10 | 71 |
| Debe aumentar la propiedad del gobierno sobre las empresas y la industria | 24 | 41 | 7 | 10 |

Fuente: Inglehart y Basáñez, 2004.

Es impresionante el salto que dieron los mexicanos en su aceptación de la competencia económica. Otra modificación digna de resaltar es que el gobierno debe aumentar su presencia en la economía, lo que puede deberse a la corrupción que rodeó la privatización de empresas estatales. La cifra desconcertante (y hasta algo extraña) es el poco aprecio por la competencia que se registraba en Estados Unidos en 1990.

# EL REFUGIO DE LO PRIVADO

**CONSIDERA MUY IMPORTANTE EN SU VIDA**

| Concepto | México (%) | | EU (%) | |
|---|---|---|---|---|
| | 1990 | 2000 | 1990 | 2000 |
| La familia | 85 | 97 | 92 | 95 |
| El trabajo | 67 | 87 | 62 | 54 |
| La religión | 34 | 68 | 53 | 47 |
| El tiempo libre | 28 | 51 | 43 | 43 |
| Los amigos | 25 | 38 | 54 | 64 |

Fuente: Inglehart y Basáñez, 2004.

Resulta totalmente lógico que en la medida en la que se pone distancia frente a la vida pública, las sociedades se refugien en lo más inmediato y conocido: la familia, el trabajo, la religión y el descanso. Una cifra que contradice algunos estereotipos es la relacionada con los amigos, que son mucho más importantes para los estadunidenses que para los mexicanos.

**PERCEPCIONES SOBRE LA FAMILIA**

Muy de acuerdo / de acuerdo (%)

| Concepto | México | | EU | |
|---|---|---|---|---|
| | 1990 | 2000 | 1990 | 2000 |
| El número ideal de hijos es dos o menos | 50 | 46 | 55 | 56 |
| Una mujer debe tener hijos para realizarse | 52 | 45 | 20 | 15 |
| Un niño necesita tanto a un padre como a una madre para ser feliz | 88 | 87 | 73 | 64 |
| El matrimonio es una institución anticuada | 17 | 21 | 8 | 10 |

Fuente: Inglehart y Basáñez, 2004.

Los dos países están muy cerca en su preferencia por las familias pequeñas. En donde hay divergencias es en la percepción de la mujer como reproductora, que sigue teniendo bastante más fuerza en México que en Estados Unidos.

Desde otro punto de vista, algunas opiniones se contradicen con la realidad. Los mexicanos ensalzan el papel del padre mientras que en la vida diaria alrededor de 20% de los hogares son encabezados por una mujer. Otra cifra que cuesta trabajo aceptar es que México es el país que más considera al matrimonio como institución anticuada.

## LA IGUALDAD ENTRE GÉNEROS

**CONSIDERA QUE...**

| Concepto | México (%) 1990 | México (%) 2000 | EU (%) 1990 | EU (%) 2000 |
|---|---|---|---|---|
| Tanto el hombre como la mujer deben contribuir al ingreso familiar | 82 | 89 | 67 | 69 |
| Ser ama de casa es tan satisfactorio como trabajar | 68 | 73 | 76 | 80 |
| Una mujer que trabaja puede tener una relación tan satisfactoria con sus hijos como una mujer que no trabaja | 64 | 69 | 72 | 79 |
| Los hombres son mejores líderes políticos que las mujeres | n.d. | 42 | n.d. | 23 |
| Cuando los empleos escasean los hombres tienen prioridad sobre las mujeres | 23 | 34 | 24 | 10 |

Fuente: Inglehart y Basáñez, 2004.

En términos comparativos, la sociedad mexicana acepta menos la igualdad entre géneros que la estadunidense. Es muy revelador el porcentaje de mexicanos que piensan que los hombres son mejores líderes políticos o que, en los momentos de crisis, los varones tengan preferencia en el empleo. Contradictoriamente, en México tiene mucha más aceptación la idea de que la mujer debe contribuir al ingreso familiar.

Hay varias explicaciones posibles a estas diferencias. El machismo mexicano florece en la prolongada crisis y en el desempleo. En Estados Unidos el vigor de su movimiento femenino los ha llevado a consolidar una cultura que acepta la equidad entre géneros.

## MEXICANOS TRABAJADORES

**¿ESTÁ DE ACUERDO O EN DESACUERDO CON LOS SIGUIENTES ENUNCIADOS?**

Muy de acuerdo / de acuerdo (%)

| Concepto | México 2000 | EU 2000 |
|---|---|---|
| Quienes no trabajan se vuelven flojos | 80 | 53 |
| El trabajo es un deber con la sociedad | 78 | 58 |
| El trabajo es primero aunque implique menos tiempo libre | 70 | 36 |
| El trabajo es necesario para desarrollar talentos | 69 | 48 |
| Es humillante recibir dinero sin trabajar | 56 | 37 |
| La gente no debe trabajar si no quiere | 31 | 22 |

Fuente: Inglehart y Basáñez, 2004.

Estas cifras van en contra del mito del mexicano con sombrero y sarape que dormita recargado en un nopal. Sorprenden las cifras tan altas de los que glorifican el trabajo y condenan la holgazanería. También resulta llamativo que en Estados Unidos se tenga menos aprecio por el trabajo.

**¿QUÉ ASPECTOS DEL TRABAJO CONSIDERA IMPORTANTES?**

| Concepto | México (%) 1990 | México (%) 2000 | EU (%) 1990 | EU (%) 2000 |
|---|---|---|---|---|
| Buena paga | 89 | 79 | 86 | 89 |
| Seguridad | 63 | 65 | 72 | 72 |
| Logros laborales | 66 | 53 | 71 | 84 |
| Empleo respetable | 54 | 51 | 44 | 46 |
| Promoción de habilidades personales | 65 | 49 | 57 | 62 |
| Horario | 56 | 43 | 55 | 66 |
| Libertad de iniciativa | 60 | 42 | 52 | 62 |
| Trabajo interesante | 60 | 42 | 69 | 82 |
| Poca presión | 47 | 30 | 33 | 38 |
| Vacaciones generosas | 33 | 14 | 31 | 37 |

Fuente: Inglehart y Basáñez, 2004.

Es comprensible que los mexicanos y estadunidenses quieran tener buenos ingresos. Sin embargo, el resto de las variables muestra una caída en las exigencias de los mexicanos que, afectados por el desempleo y la carestía, se muestran dispuestos a aceptar empleo en condiciones desventajosas. Lo inverso también aplica. Si los estadunidenses se muestran más exigentes en las condiciones laborales es porque los años noventa fueron de gran prosperidad para ese país.

## RELIGIOSIDAD

**RELIGIÓN Y ESPIRITUALIDAD**
**Sí (%)**

| Concepto | México 1990 | México 2000 | EU 1990 | EU 2000 |
|---|---|---|---|---|
| ¿Profesa alguna religión? | 85 | 81 | 77 | 79 |
| ¿Se considera una persona religiosa? | 75 | 77 | 84 | 83 |
| ¿Cree en Dios? | 93 | 98 | 96 | 96 |
| ¿Cree en el alma? | 72 | 93 | 93 | 96 |
| ¿Encuentra confort y fuerza en la religión? | 77 | 89 | 80 | 80 |
| ¿Cree en el cielo/paraíso? | 70 | 88 | 87 | 88 |
| ¿Dedica momentos a la oración, meditación o contemplación? | 82 | 87 | 84 | 89 |
| ¿Las iglesias dan respuesta a sus necesidades espirituales? | 80 | 83 | 84 | 75 |
| ¿Cree en la vida después de la muerte? | 61 | 76 | 78 | 81 |
| ¿Cree en el infierno? | 48 | 75 | 71 | 75 |
| ¿Las iglesias dan respuesta a los problemas morales? | 65 | 73 | 68 | 58 |
| ¿Las iglesias dan respuesta a los problemas sociales? | 47 | 54 | 57 | 46 |

Fuente: Inglehart y Basáñez, 2004.

Pese a que en México se redujo el número de los que profesan alguna religión, hay un incremento en la espiritualidad. La actitud de los estadunidenses tiene menos variaciones. Estas diferencias pueden originarse, al menos en parte, por lo diverso de los entornos económico, político y social.

**LOS LÍDERES RELIGIOSOS DEBEN INFLUIR EN...**

Muy de acuerdo / de acuerdo (%)

| Concepto | México | EU |
|---|---|---|
| | 2000 | 2000 |
| El gobierno | 65 | 51 |
| El voto de los ciudadanos | 64 | 64 |
| Tener puestos públicos | 40 | 25 |

Fuente: Inglehart y Basáñez, 2004.

Los dos países tienen una larga tradición de separación entre la iglesia y el Estado. Sin embargo, en México hay una mayor disposición a que los sacerdotes intervengan en asuntos públicos.

## SE FORTALECE LA ÉTICA CIUDADANA

**LO QUE NUNCA SE JUSTIFICA...**

| Concepto | México (%) | | EU (%) | |
|---|---|---|---|---|
| | 1990 | 2000 | 1990 | 2000 |
| Aceptar "mordidas" | 55 | 73 | 80 | 80 |
| Evadir impuestos | 41 | 69 | 69 | 62 |
| No pagar el transporte público | 32 | 49 | 62 | 50 |
| Utilizar servicios gubernamentales a los que no se tiene derecho | 25 | 45 | 69 | 64 |

Fuente: Inglehart y Basáñez, 2004.

Es impresionante el fortalecimiento de la ética ciudadana en México. En este cambio seguramente influyeron la derrota del autoritarismo y la apertura de México al mundo. Un fenómeno inverso pareciera estarse dando en Estados Unidos, donde aumenta la disposición a evadir impuestos y dejar de pagar el transporte público.

**VIRTUDES DE LOS NIÑOS QUE SE DEBEN PROMOVER EN CASA**

Considera importante (%)

| Concepto | México 1990 | México 2000 | EU 1990 | EU 2000 |
|---|---|---|---|---|
| Responsabilidad | 77 | 77 | 72 | 72 |
| Tolerancia y respeto a los demás | 64 | 71 | 71 | 80 |
| Obediencia | 45 | 60 | 39 | 32 |
| Fe religiosa | 40 | 53 | 55 | 52 |
| Humildad | 11 | 50 | 37 | 39 |
| Independencia | 47 | 42 | 52 | 61 |
| Ahorro | 33 | 39 | 29 | 23 |
| Perseverancia | 37 | 33 | 36 | 45 |
| Trabajo arduo | 23 | 30 | 49 | 61 |
| Imaginación | 31 | 24 | 27 | 30 |
| Buenos modales | 73 | n.d. | 76 | n.d. |

Fuente: Inglehart y Basáñez, 2004.

En este cuadro se aprecian las similitudes y diferencias entre las culturas. Es de resaltar la importancia que los mexicanos conceden a la obediencia, lo que sería una consecuencia de lo jerárquico de la cultura. Los estadunidenses, por el contrario, tienen menos respeto por la autoridad y si se observa la variable "independencia" se confirma que son más individualistas. Un aspecto inesperado es que los mexicanos valoren el ahorro más que los estadunidenses.

## SOCIEDADES SATISFECHAS CONSIGO MISMAS

**USTED SE CONSIDERA...**

| Concepto | México (%) 1990 | México (%) 2000 | EU (%) 1990 | EU (%) 2000 |
|---|---|---|---|---|
| Satisfecho con su vida | 72 | 80 | 81 | 79 |
| Que tiene control sobre su vida | 70 | 79 | 77 | 82 |
| Que tiene buena o muy buena salud | 69 | 62 | 79 | 84 |
| Muy feliz | 26 | 57 | 41 | 39 |
| Satisfecho con su situación financiera | 51 | 58 | 62 | 58 |

Fuente: Inglehart y Basáñez, 2004.

Independientemente de crisis económicas, guerras, inseguridad y desconfianza en los gobernantes las dos sociedades están muy satisfechas con su situación. Que la alternancia sucediera precisamente en el 2000 probablemente influyó en el sentimiento de euforia que aparece consistentemente entre los mexicanos.

## EL FUTURO

### LOS OBJETIVOS DEL PAÍS PARA LOS PRÓXIMOS 10 AÑOS

**Considera importante (%)**

| Concepto | México 1990 | México 2000 | EU 1990 | EU 2000 |
|---|---|---|---|---|
| Estabilidad económica | 53 | 55 | 50 | 46 |
| Alto nivel de crecimiento económico | 62 | 53 | 54 | 49 |
| Mantener el orden en el país | 28 | 32 | 28 | 33 |
| Mayor participación de la gente en su comunidad y trabajo | 25 | 27 | 26 | 31 |
| Mayor participación de la gente en las decisiones de gobierno | 23 | 22 | 31 | 32 |

Fuente: Inglehart y Basáñez, 2004.

Si hacemos a un lado el deseo de los estadunidenses de participar en los asuntos públicos, son claras las similitudes que hay en las aspiraciones que las dos sociedades tienen sobre el futuro: quieren una buena situación económica y un país ordenado.

### ¿ESTÁ A FAVOR O EN CONTRA DE...?

| Concepto | Mexicanos (%) Favor | Mexicanos (%) Contra | Mexicoamericanos (%) Favor | Mexicoamericanos (%) Contra | Angloamericanos (%) Favor | Angloamericanos (%) Contra |
|---|---|---|---|---|---|---|
| La integración económica de México con EU y Canadá | 50 | 32 | 61 | 13 | 41 | 21 |
| Una moneda común entre México, EU y Canadá | 43 | 45 | 59 | 25 | 40 | 40 |
| La integración política de México con EU y Canadá | 36 | 38 | 59 | 17 | 30 | 41 |

Fuente: Moreno, 2004.

Mexicanos y estadunidenses tienen sentimientos encontrados. Están a favor de la integración económica porque consideran que el TLCAN ha sido positivo. Sin embargo, están en desacuerdo sobre una moneda común.

Una posible integración política divide a los mexicanos y a los angloamericanos, que la ven con profundo escepticismo. En este proceso quienes están totalmente a favor de una mayor integración son los mexicoamericanos. Por su creciente influencia, en el futuro pueden convertirse en la variable más importante.

# EMBAJADAS Y CONSULADOS

# EMBAJADAS Y CONSULADOS

Las embajadas y consulados se establecen por el acuerdo entre los países y según las reglas acordadas en tratados internacionales. Por ejemplo, cuando un Estado quiere enviar a una persona como su embajador solicita previamente del Estado receptor su "place" para asegurarse de que es "persona grata".

El embajador representa a su país, lleva a cabo negociaciones para defender los intereses de su gobierno y ciudadanos y reúne información sobre el país en que se encuentra. La embajada también tiene funcionarios especializados en diferentes áreas de la relación.

Entre las funciones de los cónsules está el proteger a sus connacionales, otorgar pasaportes y conceder las visas a quienes deseen visitar su país. Hay cónsules profesionales y honorarios (estos últimos tienen funciones más limitadas).

Las embajadas que tienen México en Estados Unidos y viceversa, son las más importantes que tienen en el mundo. Es curioso que en materia de transparencia informativa sobre lo que hace cada embajada el gobierno mexicano supere al estadunidense.

## EMBAJADA DE MÉXICO EN ESTADOS UNIDOS

Embajador:
Excmo. Señor Carlos de Icaza González
1911 Pennsylvania Ave. N.W.
Washington, D.C.
20006, E.U.A.
Tel.: (202) 728-1600
Fax: (202) 728-1698
Página web: www.sre.gob.mx/eua

## DIRECTORIO DE LA EMBAJADA DE MÉXICO EN ESTADOS UNIDOS

| Nombre | Función | Correo electrónico |
| --- | --- | --- |
| Carlos de Icaza González | Titular | mexembusa@sre.gob.mx |
| Eduardo Ibarrola Nicolin | Jefe de Cancillería | mexembusa@sre.gob.mx |
| Carlos Rico Ferrat | Asuntos Políticos | crico@sre.gob.mx |
| Carlos Isaura Félix Corona | Asuntos Migratorios | cfelix@sre.gob.mx |
| Alejandro Madrigal Becerra | Colegio Internacional de Defensa | mexembusa@aol.com |
| Rodrigo Labardini Flores | Asuntos Especiales | rlabardini@sre.gob.mx |
| Alejandro Negrín Muñoz | Director del Instituto Cultural de México | mexembusa@sre.gob.mx |
| José Carlos Borunda Zaragoza | Encargado de Relaciones con el Congreso | mexembusa@sre.gob.mx |
| Carlos Ángel Torres García | Colegio Internacional de Defensa | mexembusa@sre.gob.mx |
| Carlos Quesnel Meléndez | Asuntos Jurídicos | mexembusa@sre.gob.mx |
| Ricardo Pineda Albarrán | Encargado de Asuntos Fronterizos | rpineda@sre.gob.mx |
| Enrique Rojo Stein | Colegio Interamericano de Defensa | mexembusa@sre.gob.mx |
| Jacob Prado González | Asuntos Hispanos | mexembusa@sre.gob.mx |
| Jesús Alfonso Nieto Zermeño | Asuntos de Prensa | mexembusa@sre.gob.mx |
| Juan Raúl Heredia Acosta | Asuntos Políticos | mexembusa@sre.gob.mx |
| Norma Ang Sánchez | Asistente del Jefe de Cancillería | mexembusa@sre.gob.mx |
| María Dolores Repetto Álvarez | Subdirectora del Instituto México | lolisrepetto@yahoo.com |
| Marcela Celorio Mancera | Pendiente | mexembusa@sre.gob.mx |
| Rafael Eugenio Laveaga Rendón | Jefe de Relaciones con la Cámara de Representantes | mexembusa@sre.gob.mx |
| Carlos Jesús Isunza Chávez | Asuntos de Prensa | mexembusa@sre.gob.mx |
| Ma. Cristina Zorrilla Oropeza | Asuntos Jurídicos | mexembusa@sre.gob.mx |
| Fernando González Saiffe | Asuntos Políticos | mexembusa@sre.gob.mx |
| María del Carmen Aguirre Levinson | Oficinas del Embajador y Protocolo | maguirre@sre.gob.mx |

## DIRECTORIO DE LA EMBAJADA DE MÉXICO EN ESTADOS UNIDOS (continuación)

| Nombre | Función | Correo electrónico |
|---|---|---|
| Celia Alcide Blanco | Secretaria del Titular, Asuntos Admvos. | mexembusa@sre.gob.mx |
| María Lea Corti Velázquez | Secretaria del Jefe de de Cancillería | lcorti@sre.gob.mx |
| Humberto Agustín Martínez Pelayo | Coordinador de Asuntos y Eventos Especiales | betomartinezp@hotmail.com |
| Elsa María del Carmen Ramírez Morales | Secretaria, Relaciones con el Congreso | eramirez@sre.gob.mx |
| Leticia Cecilia Romo Moreno | Secretaria del Titular | cromo@sre.gob.mx |
| Mónica Isela Arroyo Rincón | Departamento Jurídico de Eventos, Archivo y Correspondencia | marroyo@sre.gob.mx |
| María del Carmen Austín Solís | Apoyo en organización | penaaustin@aol.com |
| María Angélica Amador Meza-Calix | Secretaria oficina información y Difusión | aamador@sre.gob.mx |
| Dulce María Carrillo Ortega | Depto. Asuntos Políticos | dcarrillo@sre.gob.mx |

## CONSULADOS GENERALES DE MÉXICO EN ESTADOS UNIDOS

**Albuquerque, Nuevo México**
Cónsul titular:
Juan Manuel Solana Morales
1610-4th. Street, 87102, E.U.A.
Tels: (505) 247-2147, (505) 247-4177
Fax: (505) 842-9490
E-mail: consulmexalb@qwest.net

**Atlanta, Georgia**
Cónsul general:
María de los Remedios Gómez Arnau
2600 Apple Valley Rd., 30319, E.U.A.
Tel.: (404) 266-2233
Fax: (404) 266-2309
E-mail: informacion@consulmexatlanta.org

**Austin, Texas**
Cónsul general:
Francisco Javier Alejo López
800 Brazos Street, Suite 330
78701, E.U.A.
Tels.: (512) 478-2866
Fax: (512) 478-8008
E-mail: austin@sre.gob.mx

**Boston, Massachussets**
Cónsul general:
Porfirio Thierry Muñoz-Ledo
20 Park Plaza, Suite 506, 02116, E.U.A.
Tels.: (617) 426-4181
Fax: (617) 695-1957
E-mail: cmxboston@conversent.net

**Brownsville, Texas**
Cónsul titular:
Juan Carlos Foncerrada Berumen
724 E. Elizabeth, 78520, E.U.A.
Tels.: (956) 542-4431, (956) 542-2051
(956) 542-5182
Fax: (956) 542-7267
E-mail: conmexbro@aol.com

**Caléxico, California**
Cónsul titular:
Raúl Cueto Martínez
408 Heber Ave., 92231, E.U.A.
Tels.: (760) 357-3863, (760) 357-4132
Fax: (760) 357-6284
E-mail:
informacion@consuladocalexico.org

**Chicago, Illinois**
Cónsul general:
Carlos Manuel Sada Solana
204 S. Ashland Ave., 60607, E.U.A.
Tels.: (312) 855-1380, (312) 738-2382
Fax: (312) 491-9072
E-mail: info@consulmexchicago.com

**Dallas, Texas**
Cónsul general:
Carlos E. García de Alba Zepeda
8855 N. Stemmons Freeway
75247, E.U.A.
Tels.: (214) 252-9250
(214) 252-9252, (214) 252-9253
Fax: (214) 630-3511
E-mail: info@consulmexdallas.com

**Del Rio, Texas**
Cónsul titular:
Roberto Canseco Martínez
2398 Spur 239, 78840, E.U.A.
Tel.: (830) 775-2352
Fax: (830) 774-6497
E-mail:
consulmexdel.titular@wcsonline.net

**Denver, Colorado**
Cónsul general:
Juan Marcos Gutiérrez González
48 Steele St.
80206, E.U.A.
Tels.: (303) 331-1110, (303) 331-1112
Fax: (303) 331-1872
E-mail:
informacion@consulmex-denver.com

**Detroit, Michigan**
Cónsul titular:
Miguel Antonio Meza Estrada
The Penobscot Building
645 Griswold Ave.
17th. Floor, Suite 830
48226, E.U.A.
Tels.: (313) 964-4515, (313) 964-4532
Fax: (313) 964-4522
E-mail:
consulmexmichoh@sre.gob.mx

**Douglas, Arizona**
Cónsul titular:
Miguel Escobar Valdés
1201 "F" Ave.
85607, E.U.A.
Tels.: (520) 364-3107
(520) 364-3142
Fax: (520) 364-1379
E-mail:conmex@c2i2.com

**Eagle Pass, Texas**
Cónsul titular:
Jorge Ernesto Espejel Montes
140 N. Adams Street
78852, E.U.A.
Tels.: (830) 773-9255
(830) 773-9256
Fax: (830) 773-9397
E-mail:
consulmxeag@sbcglobal.net

**El Paso, Texas**
Cónsul general:
Juan Carlos Cué Vega
910 East San Antonio Ave.
79901, E.U.A.
Tel.: (915) 533-8555
Fax: (915) 532-7163
E-mail: pressepa@elp.rr.com

**Filadelfia, Pennsylvania**
Cónsul titular:
Erika Elizabeth Spezia Maldonado
111 South Independence Mall East
Suite 310, The Bourse Building
19106, E.U.A.
Tel.: (215) 922-4262
Fax: (215) 923-7281
E-mail: buzon@consulmexphila.com

**Fresno, California**
Cónsul titular:
Jaime Paz y Puente Gutiérrez
2409 Merced Street, 93721, E.U.A.
Tel.: (559) 233-3065
Fax: (559) 233-6156
E-mail:
consulado@consulmexfresno.net

**Houston, Texas**
Cónsul general: *Pendiente*
4507 San Jacinto St., 77004, E.U.A.
Tel.: (713) 271-6800
Fax: (713) 271-3201
E-mail: mailhou@wt.net

**Indianápolis, Indiana**
Cónsul titular:
Sergio Aguilera Beteta
39 West Jackson Place
Union Sation Building, Suite 103
46225, E.U.A.
Tels.: (317) 951-0005, (317) 951-4174
Fax: (317) 951-0006
E-mail: conindianapolis@sre.gob.mx

**Kansas City, Missouri**
Cónsul titular:
Everardo Luis Suárez Amezcua
1600 Baltimore Ave., Suite 100
64108, E.U.A.
Tels.: (816) 556-0800, (816) 556-0801
Fax: (816) 556-0900
E-mail: conkansas@sre.gob.mx

**Laredo, Texas**
Cónsul titular:
Daniel Hernández Joseph
1612 Farragut St., 78040, E.U.A.
Tels.: (956) 723-6369, (956) 723-0990
Fax: (956) 723-1741
E-mail: consul@srelaredo.org

**Las Vegas, Nevada**
Cónsul titular:
Berenice Rendón Talavera
330 S. Fourth St., 89101, E.U.A.
Tel.: (702) 383-0623
Fax: (702) 383-0683
E-mail: conlvegas@sre.gob.mx

**Los Ángeles, California**
Cónsul general:
Rubén Beltrán Guerrero
2401 West 6th. St., 90057, E.U.A.
Tels.: (231) 351-6800, (231) 351-6801
(231) 351-6802, (231) 351-6803
Fax: (213) 383-7306
E-mail: lanmex01@worldnet.att.net

**Mc Allen, Texas**
Cónsul titular:
Luis Manuel López Moreno
600 South Broadway St.
78501, E.U.A.
Tels.: (956) 686-0243
(956) 686-0554, (956) 686-1777
Fax: (956) 686-4901
E-mail: conmallen@sre.gob.mx

**Miami, Florida**
Cónsul general:
Jorge Lomónaco Tonda
5975 SW 72 Street (Sunset Drive)
Suite 101, 33143, E.U.A.
Tel.: (786) 268-4900
Fax: (786) 268-4895
E-mail: conmxmia@bellsouth.net

**Nogales, Arizona**
Cónsul general:
Carlos Ignacio González Magallón
571 N. Grand Avenue
85621, E.U.A.
Tels.: (520) 287-2521
(520) 287-3381
Fax: (520) 287-3175
E-mail: consulmex2@mchsi.com

**Nueva York, Nueva York**
Cónsul general:
Arturo Sarukhán Casamitjana
27 East 39th. Street, 10016, E.U.A.
Tel.: (212) 217-6400
Fax: (212) 217-6493
E-mail: webmaster@consulmexny.org

**Orlando, Florida**
Cónsul titular: *Pendiente*
100 West Washington Street
32801-2315, E.U.A.
Tel.: (407) 422-0514
Fax: (407) 422-9633
E-mail: gvelarde@conorlando.net

**Omaha, Nebraska**
Cónsul titular:
José Luis Cuevas Hilditch
3552 Dodge Street
68131-3210, E.U.A.
Tels.: (402) 595-1841
(402) 595-1842, (402) 595-1843
Fax: (402) 595-1845
E-mail: consulmexomaha@qwest.net

**Oxnard, California**
Cónsul titular:
Fernando Humberto Gamboa Rosas
3151 West Fifth Street E-100
93030, E.U.A.
Tels.: (805) 984-8738, (805) 984-2162
(805) 984-2672
Fax: (805) 984-8747
E-mail: consul@consulmexoxnard.com

**Phoenix, Arizona**
Cónsul general:
Carlos Flores Vizcarra
1990 West Camelback Rd. Suite 110
85015, E.U.A.
Tels.: (602) 242-7398
(602) 249-2363
Fax: (602) 242-2957
E-mail: consulado@consulmexphoenix.
coxatwork.com

**Portland, Oregon**
Cónsul titular:
*Pendiente*
1234 South West Morrison Street
97205, E.U.A.
Tels.: (503) 274-1442
(503) 478-0435
Fax: (503) 274-1540
E-mail: portland@sre.gob.mx

**Presidio, Texas**
Cónsul titular:
Justiniano Menchaca Fuentes
Highway 67, Block 17
Kelly Building Adition 1
79845, E.U.A.
Tel.: (432) 229-2788
Fax: (432) 229-2792
E-mail: conmxpres@llnet.net

**Raleigh, Carolina del Norte**
Cónsul titular:
Armando Ortiz Rocha
336 E Six Forks Rd.
27609, E.U.A.
Tel.: (919) 754-0046
Fax: (919) 754-1729
E-mail: conraleigh@sre.gob.mx

**Sacramento, California**
Cónsul general:
Alejandra Bologna Zubikarai
1010 8th. Street
95814, E.U.A.
Tels.: (916) 441-3287, (916) 441-3065
Fax: (916) 441-3147
E-mail: sacramento@sre.gob.mx

**Salt Lake City, Utah**
Cónsul titular: *Pendiente*
155 South 300 West, 3rd. Floor
84101, E.U.A.
Tels.: (801) 521-8502
(801) 328-0620;
Fax: (801) 521-0534
E-mail: consuladoslc@consulmexslc.org

**San Antonio, Texas**
Cónsul general:
Martha I. Lara Alatorre
127 Navarro Street, 78205, E.U.A.
Tels.: (210) 227-1085, (210) 227-1086
Fax: (210) 227-1817, (210) 227-7518
E-mail: info@consulmexsat.org

**San Bernardino, California**
Cónsul titular:
Carlos Ignacio Giralt Cabrales
293 North "D" Street
92401, E.U.A.
Tel.: (909) 889-9836
Fax: (909) 889-8285
E-mail: conmex@gte.net

**San Diego, California**
Cónsul general:
Luis Cabrera Cuarón
1549 Indiana Street, 92101, E.U.A.
Tel.: (619) 231-8414 (con 10 líneas)
Fax: (619) 231-4802
E-mail: info@consulmexsd.org

**San Francisco, California**
Cónsul general:
Alfonso de María y Campos Castello
532 Folsom Street, 94105, E.U.A.
Tels.: (415) 354-1700, (415) 354-1701
Fax: (415) 495-3971
E-mail: consulgral@consulmexsf.com

**San José, California**
Cónsul general:
Bruno Figueroa Fischer
540 North First Street
95112, E.U.A.
Tels.: (408) 294-3414
(408) 294-3415
Fax: (408) 294-4506
E-mail: consjose@sre.gob.mx

**Santa Ana, California**
Cónsul titular:
Luis Miguel Ortiz Haro
828 N. Broadway St.
92701-3424, E.U.A.
Tel.: (714) 835-3069
Fax: (714) 835-3472
E-mail:
consulmexsantana@consulmexsantana.org

**Seattle, Washington**
Cónsul titular:
Jorge Madrazo Cuéllar
2132 Third Avenue, 98121, E.U.A.
Tels.: (206) 448-3526
(206) 448-6819
Fax: (206) 448-4771
E-mail: comexico1@uswest.net

**Tucson, Arizona**
Cónsul titular:
Juan Manuel Calderón Jaimes
553 South Stone Avenue
85701, E.U.A.
Tel.: (520) 882-5595
Fax: (520) 882-8959
E-mail: contucmx@mindspring.com

**Washington, D.C.**
Cónsul general:
Edgardo Flores Rivas
2827 16th. Street, N.W
20009-4260, E.U.A.
Tels.: (202) 736-1000
(202) 736-1002
Fax: (202) 234-4498
E-mail: consulwas@sre.gob.mx

**Yuma, Arizona**
Cónsul titular:
Hugo René Oliva Romero
600 W. 16th. Steet
85364, E.U.A.
Tels.: (928) 343-0066
(928) 343-9600
Fax: (928) 343-0077
E-mail: conyuma@sre.gob.mx

## EMBAJADA DE ESTADOS UNIDOS DE AMÉRICA EN MÉXICO

Embajador Extraordinario y Plenipotenciario:
Excmo. Señor Antonio O. Garza, Jr.
Paseo de la Reforma No. 305
Col. Cuauhtémoc
C.P. 06500, México, D.F.
Tel.: 50-80-20-00
Fax: 50-80-21-50
Página web: www.usembassy-mexico.gov

## DIRECTORIO DE LA EMBAJADA DE ESTADOS UNIDOS EN MÉXICO

| Áreas |
|---|
| **Servicio de Aduanas** |
| Administración Antidrogas (DEA) |
| Agencia Internacional para el Desarrollo (AID) |
| Servicio Agrícola Exterior (correo: agr-mex@intmex.com) |
| Biblioteca Benjamín Franklin (www.usembassy-mexico.gov/bbf/biblioteca.htm) |
| Servicio Comercial de los E.U. (www.buyusa.gov/mexico/es) |
| Oficina de Comercio Agrícola (correo: usatomex@cycom.net.mx) |
| Sección consular |
| Oficina de Coordinación de Defensa (www.usembassy-mexico.gov/sODC.html) |
| Servicio Cultural e Informativo |
| Oficina del Agregado de Defensa |
| Oficina de Asuntos Económicos |
| Servicios a Ciudadanos e Inmigración |
| Servicio de Inspección Sanitaria de Flora y Fauna |
| Consejero de Asuntos Laborales (agregado: Earl M. Irving) |
| Oficina para el medio ambiente, ciencia y tecnología |
| Comisión de Monumentos de Guerra |
| Asuntos Políticos |
| Oficina de la Agencia de Protección Ambiental |
| Recursos Humanos |
| Oficina de Seguridad Regional |

Nota: Resultó imposible obtener la información con el detalle de la que aparece en el directorio de la embajada de México en Estados Unidos.

## CONSULADOS GENERALES DE ESTADOS UNIDOS EN MÉXICO.

**México, D.F.**
Cónsul general
Laura A. Clerici
Paseo de la Reforma 305
Col. Cuauhtémoc, C.P. 06500
Tel.: 50-80-2000
Fax: 50-80-2180

**Acapulco, Guerrero**
Agente consular honorario:
Alexander Richards Young
Costera Miguel Alemán 121-Local 14
C.P. 39670
Tel.: (774) 469-0556;
Fax: (774) 484-0300.
E-mail: consular@prodigy.net.mx

**Cabo San Lucas, Baja California Sur**
Agente consular honorario:
Michael J. Houston
Blvd. Marina y Pedregal 1, Local C-4
Plaza Náutica, Zona Centro
C.P. 23410
Tels.: (624) 143-3566
Fax: (624) 143-6750
E-mail: usconsulcabo@hotmail.com

**Cancún, Quintana Roo**
Agente consular honorario:
Lynnette Belt
Plaza Caracol 2, Segundo Nivel
Número 320-323
Blvd. Kukulcán, Zona Hotelera
C.P. 77500
Tel.: (998) 883-0272
Fax: (998) 883-1373
E-mail: uscons@prodigy.net.mx,
Lynnette@usconscancun.com

**Ciudad Acuña/Del Río, Coahuila**
Agente consular honorario:
Vacante
Ocampo No. 305 (esquina con Morelos)
Col. Centro, C.P. 26200
Tel.: (877) 772-8661
Fax: (877) 772-8179

**Ciudad Juárez, Chihuahua**
Cónsul general:
Maurice S. Parker
Ave. López Mateos 924-Norte
C.P. 32310
Tel.: (656) 611-3000
Fax: (656) 616-9056
Página web: usembassy.state.gov/
CiudadJuarez/wwwhmain_e.html

**Cozumel, Quintana Roo**
Agente consular honorario:
Anne R. Harris
Plaza Villa Mar Mall
Parque Juárez (Plaza Principal),
Locales 8 y 9
C.P. 77600
Tels.: (987) 872-4574
(987) 872-4485
Fax: (987) 872-2339
E-mail: usgov@cozumel.net,
usca@cozumel.net

**Guadalajara, Jalisco**
Cónsul general:
Sandra J. Salmon
Progreso 175, Col. Americana
C.P. 44100
Tel.: (33) 32-68-2100
Fax: (33) 38-26-6549
E-mail:
consuladousal@megared.net.mx
Página web: www.usembassy-
mexico.gov/guadalajara/
guadalajara.htm

**Hermosillo, Sonora**
Cónsul jefe de oficina:
Marvin S. Brown
Monterrey 141 Pte.
Col. Esqueda, C.P. 83269
Tel.: (662) 289-3500
Fax: (662) 217-2578
E-mail: hermoacs@state.gov
Página web:
hermosillo.usconsulate.gov/
hermosillo-esp/

**Matamoros, Tamaulipas**
Cónsul jefe de oficina:
John K. Naland
Av. Primera 2002,
Col. Jardín, C.P. 87330
Tel.: (868) 812-4402
Fax: (868) 812-2171
Página web: www.usembassy-mexico.gov/matamoros/matamoros.html

**Mazatlán, Sinaloa**
Agente consular honorario:
Patti K. Fletcher de Arteaga
Hotel Playa Mazatlán
Plaza Gaviotas 202, Zona Dorada.
C.P. 82110
Tel./fax: (669) 916-5889
E-mail: mazagent@mzt.megared.net.mx

**Mérida, Yucatán**
Cónsul jefe de oficina:
Lisa Annette Vickers
Paseo de Montejo 453
Col. Centro, C.P. 97000
Tel.: (999) 925-5011
Fax: (999) 925-6219
Página web: www.usembassy-mexico.gov/merida/merida.htm

**Monterrey, Nuevo León**
Cónsul general:
John A. Ritchie
Av. Constitución 411 Pte.
C.P. 64000
Tel.: (81) 83-45-2120
Fax: (81) 83-42-0177
E-mail: delbosquem@state.gov
Página de Internet: www.usembassy-mexico.gov/monterrey/Monterrey.html

**Nogales, Sonora**
Cónsul:
Benjamin R. Ousley
San José, s/n
Fracc. Los Álamos, C.P. 84065
Tel.: (631) 313-4820
Fax: (631) 313-4652
E-mail: nogales7@prodigy.net.mx
Página web: www.usembassy-mexico.gov/nogales/Nogales.htm

**Nuevo Laredo, Tamaulipas**
Cónsul jefe de oficina:
Michael L. Yoder
Allende 3330
Col. Jardín, C.P. 88260
Tel.: (867) 714-0512
Fax: (867) 714-7984
Página web: nuevolaredo.usconsulate.gov

**Oaxaca, Oaxaca**
Agente consular honorario:
Mark Arnold Leyes Cooney
Macedonio Alcalá 407, Int. 20
C.P. 68000
Tels.: (951) 514-3054, (951) 516-2853
Fax: (951) 516-2701
E-mail: conagent@prodigy.net.mx

**Reynosa, Tamaulipas**
Agente consular honorario:
*Vacante*
Monterrey 390,
Col. Rodríguez, C.P. 88630
Tels.: (899) 923-9331
(899) 923-8878
Fax: (868) 923-9245
E-mail: usconsularagent@hotmail.com

**Piedras Negras, Coahuila**
Agente consular honorario:
Dina L. O'Brien
Prol. General Cepeda No. 1900
Fracc. Privada Blanca, C.P. 26700
Tels.: (878) 795-1986
(878) 795-1987
E-mail:
usconsularagencypn@hotmail.com

**Puerto Vallarta, Jalisco**
Agente consular honorario:
Kelly A. Trainor de Oceguera
Edif. Vallarta Plaza
Plaza Zaragoza 166, piso 2-18
Col. Centro, C.P. 48300
Tels.: (322) 222-0069
Fax: (322) 223-0074
E-mail:
consularagentpvr@prodigy.net.mx
Página webt: www.usembassy-mexico.gov/Vallarta.htm

**San Luis Potosí, San Luis Potosí**
Agente consular honorario:
Carolyn H. Lazaro
Edificio Las Terrazas
Av. Venustiano Carranza 2076-41
Col. Polanco, C.P. 78220
Tel.: (444) 811-7802
Fax: (444) 811-7803.
E-mail: usconsulslp@yahoo.com

**San Miguel de Allende, Guanajuato**
Agente consular honorario:
Philip J. Maher
Dr. Hernández Macías 72
C.P. 37700
Tel.: (415) 152-2357
Fax: (415) 152-1588
E-mail: coromar@unisono.net.mx

**Tijuana, Baja California Norte**
Cónsul general:
David C. Stewart
Av. Tapachula 96
Col. Hipódromo, C.P. 22420
Tel.: (664) 622-7400
Fax: (664) 622-7625
Página web: www.usembassy-mexico.gov/tijuana/Tijuana.htm

**Zihuatanejo, Guerrero**
Agente consular honorario:
Joan E. Williams
Hotel Fontan
Blvd. Ixtapa, s/n, C.P. 40880
Tel.: (755) 553-2100
Fax: (755) 553-2772
E-mail: liz@lizwilliams.org

# LOS EJECUTIVOS

# LOS EJECUTIVOS

México y Estados Unidos tienen sistemas presidencialistas. Pese a ello, tienen enormes diferencias. Una de ellas es la forma en que son elegidos. El mexicano es electo por el sufragio directo, mientras que el estadunidense es votado por delegados que cada estado elige de manera diferente.

Por supuesto que también existen paralelismos. Durante la Guerra Fría fue tan evidente el aumento en el poder del ejecutivo que historiadores de ambos países los calificaron de "presidencia imperial".

En Estados Unidos empezó a limitarse su fuerza durante los años setenta, cuando la difusión de los errores y excesos cometidos por los presidentes durante la guerra en Vietnam se empalmó con el escándalo de Watergate que desembocó en la renuncia de Richard M. Nixon. En México, la etapa de la presidencia omnipotente se agotó en la década de los noventa. Influyeron varios hechos: una crisis económica, los avances de la oposición y la disposición del presidente Ernesto Zedillo a limitar su poder. Con Vicente Fox se han acentuado dichas tendencias, lo que ha provocado, entre otros fenómenos, el fortalecimiento de los gobernadores.

## HISTORIA

En el número de presidentes se retrata la historia de cada país. Debido a las turbulencias, México ha tenido 89 presidentes. Por su mayor estabilidad Estados Unidos apenas va en el número 43.

## TITULARES DEL PODER EJECUTIVO EN MÉXICO, 1821-2000[a]

| Nombre | Periodo | Edad[b] |
|---|---|---|
| Regencia | 1821-1822 | - |
| Agustín de Iturbide (Agustín I) | 1822-1823 | 39 |
| Supremo Poder Ejecutivo[c] | 1823-1824 | - |
| Guadalupe Victoria | 1824-1829 | 38 |
| Vicente Guerrero | 1829 | 41 |
| José María Bocanegra | 1829 | 42 |
| Junta Provisional[d] | 1829 | - |
| Anastasio Bustamante | 1830-1832 | 49 |
| Melchor Múzquiz | 1832 | 42 |
| Manuel Gómez Pedraza | 1832-1833 | 43 |
| Antonio López de Santa Anna | 1833-1835 | 39 |
| Valentín Gómez Farías[e] | 1833-1834 | 52 |
| Miguel Barragán[f] | 1835-1836 | 46 |
| José Justo Corro | 1836-1837 | 41 |
| Anastasio Bustamante | 1837-1839 | - |
| Antonio López de Santa Anna | 1839 | - |
| Nicolás Bravo | 1839 | 34 |
| Anastasio Bustamante | 1839-1841 | - |
| Javier Echeverría | 1841 | 44 |
| Antonio López de Santa Anna | 1841-1842 | - |
| Nicolás Bravo | 1842-1843 | - |
| Antonio López de Santa Anna | 1843 | - |
| Valentín Canalizo | 1843-1844 | 48 |
| Antonio López de Santa Anna | 1844 | - |
| José Joaquín de Herrera | 1844 | 52 |
| Valentín Canalizo | 1844 | - |
| José Joaquín de Herrera | 1844-1845 | - |
| Mariano Paredes y Arrillaga | 1846 | 48 |
| Nicolás Bravo | 1846 | - |
| José Mariano Salas | 1846 | 49 |
| Valentín Gómez Farías | 1846-1847 | - |
| Antonio López de Santa Anna | 1847 | - |

## TITULARES DEL PODER EJECUTIVO EN MÉXICO, 1821-2000[a]
### (continuación)

| Nombre | Periodo | Edad[b] |
| --- | --- | --- |
| Pedro María de Anaya | 1847 | 62 |
| Antonio López de Santa Anna | 1847 | - |
| Manuel de la Peña y Peña | 1847 | 58 |
| Pedro María de Anaya | 1847-1848 | - |
| Manuel de la Peña y Peña | 1848 | - |
| José Joaquín de Herrera | 1848-1851 | - |
| Mariano Arista | 1851-1853 | 49 |
| Juan Bautista Ceballos | 1853 | 41 |
| Manuel María Lombardini | 1853 | 51 |
| Antonio López de Santa Anna | 1853-1855 | 38 |
| Martín Carrera | 1855 | 48 |
| Rómulo Díaz de la Vega | 1855 | 51 |
| Juan Álvarez | 1855 | 65 |
| Ignacio Comonfort | 1855-1858 | 43 |
| Félix Zuloaga | 1858 | 55 |
| Manuel Robles Pezuela | 1858-1859 | 41 |
| Mariano Salas | 1859 | - |
| Miguel Miramón | 1859-1860 | 27 |
| José Ignacio Pavón | 1860 | 69 |
| Miguel Miramón | 1860 | - |
| Junta Superior de Gobierno | 1860-1864 | - |
| Maximiliano I[g] | 1864-1867 | 32 |
| Benito Juárez[f] | 1858-1872 | 52 |
| Sebastián Lerdo de Tejada | 1872-1876 | 49 |
| José María Iglesias | 1876 | 53 |
| Porfirio Díaz | 1876 | 47 |
| Juan Méndez | 1876-1877 | 56 |
| Porfirio Díaz | 1877-1880 | - |
| Manuel González | 1880-1884 | 48 |
| Porfirio Díaz[h] | 1884-1911 | - |
| Francisco León de la Barra | 1911 | 48 |
| Francisco I. Madero[i] | 1911-1913 | 38 |
| Pedro Lascuráin | 1913 | 55 |

## TITULARES DEL PODER EJECUTIVO EN MÉXICO, 1821-2000[a]
**(continuación)**

| Nombre | Periodo | Edad[b] |
|---|---|---|
| Victoriano Huerta | 1913-1914 | 68 |
| Francisco Carvajal | 1914 | 44 |
| Venustiano Carranza[j] | 1914-1920 | 54 |
| Eulalio Gutiérrez[k] | 1914-1915 | 33 |
| Roque González Garza[k] | 1915 | 29 |
| Francisco Lagos Cházaro[k] | 1915 | 36 |
| Adolfo de la Huerta | 1920 | 39 |
| Álvaro Obregón | 1920-1924 | 40 |
| Plutarco Elías Calles | 1924-1928 | 47 |
| Emilio Portes Gil | 1928-1930 | 37 |
| Pascual Ortiz Rubio | 1930-1932 | 53 |
| Abelardo Rodríguez | 1932-1934 | 43 |
| Lázaro Cárdenas | 1934-1940 | 39 |
| Manuel Ávila Camacho | 1940-1946 | 43 |
| Miguel Alemán Valdés | 1946-1952 | 43 |
| Adolfo Ruiz Cortines | 1952-1958 | 61 |
| Adolfo López Mateos | 1958-1964 | 48 |
| Gustavo Díaz Ordaz | 1964-1970 | 53 |
| Luis Echeverría Álvarez | 1970-1976 | 48 |
| José López Portillo | 1976-1982 | 55 |
| Miguel de la Madrid Hurtado | 1982-1988 | 48 |
| Carlos Salinas de Gortari | 1988-1994 | 40 |
| Ernesto Zedillo Ponce de León | 1994-2000 | 42 |
| Vicente Fox Quesada | 2000-(2006) | 58 |

[a] No se incluye el partido debido que es hasta finales del siglo XX que surge en México un sistema de partidos políticos que compiten por el poder. Por otra parte, de 1858 a 1867, durante la Guerra de Reforma y la intervención francesa, hubo varios gobiernos conservadores contemporáneos a los tres primeros gobiernos de Benito Juárez.
[b] Edad en la que llegaron por primera vez al poder.
[c] Gobierno provisional integrado por Nicolás Bravo, Guadalupe Victoria y Pedro Celestino.
[d] Integrada por Pedro Vélez, Luis Quintanar y Lucas Alamán.
[e] Gómez Farías asumió la presidencia en varias ocasiones debido a las ausencias de Santa Anna.
[f] Murió mientras desempeñaba el cargo.
[g] Fue fusilado tras ser despuesto del cargo.
[h] Duró en la presidencia 5 periodos de 4 años y uno de 6 años.
[i] En los sucesos de la decena trágica fue obligado a renunciar y posteriormente fue asesinado.
[j] Presidente provisional de los constitucionalistas hasta 1917. Tras la rebelión de Agua Prieta fue depuesto y murió asesinado el 20 de mayo de 1920.
[k] Nombrados presidentes por la Convención de Aguascalientes.

## TITULARES DEL PODER EJECUTIVO DE ESTADOS UNIDOS, 1789-2005

| Nombre | Partido | Periodo | Edad[a] |
|---|---|---|---|
| George Washington | Federalista | 1789-1797 | 57 |
| John Adams | Federalista | 1797-1801 | 61 |
| Thomas Jefferson | Demócrata-Republicano | 1801-1809 | 57 |
| James Madison | Demócrata-Republicano | 1809-1817 | 57 |
| James Monroe | Demócrata-Republicano | 1817-1825 | 58 |
| John Quincy Adams | Demócrata-Republicano | 1825-1829 | 57 |
| Andrew Jackson | Demócrata | 1829-1837 | 61 |
| Martin Van Buren | Demócrata | 1837-1841 | 54 |
| William Henry Harrison[b] | Whig | 1841 | 68 |
| John Tyler | Whig | 1841-1845 | 51 |
| James K. Polk | Demócrata | 1845-1849 | 49 |
| Zachary Taylor[b] | Whig | 1849-1850 | 64 |
| Millard Fillmore | Whig | 1850-1853 | 50 |
| Franklin Pierce | Demócrata | 1853-1857 | 48 |
| James Buchanan | Demócrata | 1857-1861 | 65 |
| Abraham Lincoln[c] | Republicano | 1861-1865 | 52 |
| Andrew Johnson[d] | Unión | 1865-1869 | 56 |
| Ulysses S. Grant | Republicano | 1869-1877 | 46 |
| Rutherford B. Hayes | Republicano | 1877-1881 | 54 |
| James A. Garfield[c] | Republicano | 1881 | 49 |
| Chester A. Arthur | Republicano | 1881-1885 | 50 |
| Grover Cleveland | Demócrata | 1885-1889 | 47 |
| Benjamin Harrison | Republicano | 1889-1993 | 55 |
| Grover Cleveland[e] | Demócrata | 1893-1897 | 55 |
| William McKinley[c] | Republicano | 1897-1901 | 54 |
| Theodore Roosevelt | Republicano | 1901-1909 | 42 |
| William H. Taft | Republicano | 1909-1913 | 51 |
| Woodrow Wilson | Demócrata | 1913-1921 | 56 |
| Warren G. Harding[b] | Republicano | 1921-1923 | 55 |
| Calvin Coolidge | Republicano | 1923-1929 | 51 |
| Herbert C. Hoover | Republicano | 1929-1933 | 54 |
| Franklin D. Roosevelt[b] | Demócrata | 1933-1945 | 51 |

**TITULARES DEL PODER EJECUTIVO DE ESTADOS UNIDOS, 1789-2005 (continuación)**

| Nombre | Partido | Periodo | Edad[a] |
|---|---|---|---|
| Harry S. Truman | Demócrata | 1945-1953 | 60 |
| Dwight D. Eisenhower | Republicano | 1953-1961 | 62 |
| John F. Kennedy[c] | Demócrata | 1961-1963 | 43 |
| Lyndon B. Johnson | Demócrata | 1963-1969 | 55 |
| Richard M. Nixon[f] | Republicano | 1969-1974 | 56 |
| Gerald R. Ford | Republicano | 1974-1977 | 61 |
| Jimmy Carter | Demócrata | 1977-1981 | 52 |
| Ronald Reagan | Republicano | 1981-1989 | 69 |
| George H.W. Bush | Republicano | 1989-1993 | 64 |
| Bill Clinton | Demócrata | 1993-2001 | 46 |
| George W. Bush | Republicano | 2001-(2009) | 54 |

[a] Edad al asumir el poder.
[b] Murió mientras desempeñaba el cargo.
[c] Asesinado mientras desempeñaba el cargo.
[d] En 1864, la Convención Nacional Republicana adoptó el nombre de Partido de la Unión. Dicha Convención volvió a postular a Abraham Lincoln para presidente; para vicepresidente nominó a Andrew Johnson, quien había pertenecido al Partido Demócrata durante la Guerra Civil. Cuando se disolvió el Partido de la Unión en 1868, Johnson regresó al Partido Demócrata.
[e] Segundo periodo no consecutivo.
[f] Renunció al cargo el 9 de agosto de 1974.
Fuente: *The New York Times Almanac*, 2003.

## LA ELECCIÓN DE PRESIDENTES

En los comicios de 2000 y de 2004 se hizo evidente que Estados Unidos tiene uno de los sistemas electorales más vulnerables del mundo. Una de las causas es un federalismo llevado al extremo. Es decir, el país carece de una autoridad central y de reglas homogéneas; cada estado y condado tienen la autonomía para establecer la forma en que debe votarse.

La vulnerabilidad del padrón estadunidense provocó un escándalo mundial en 2000. A partir de entonces la reforma electoral se metió de lleno en la agenda de discusiones de ese país. Por el contrario, México tiene una organización electoral federal muchísimo más confiable.

**PADRÓN ELECTORAL DE MÉXICO, 2004**

| Concepto | En edad de votar | Padrón electoral | | Lista nominal | |
|---|---|---|---|---|---|
| | Total | Total | % | Total | % |
| Hombres | 33,688,882 | 32,857,472 | 48.18 | 31,612,993 | 48.16 |
| Mujeres | 34,836,385 | 35,334,044 | 51.82 | 34,030,330 | 51.84 |
| Total | 68,525,268 | 68,191,516 | 100 | 65,643,323 | 100 |

Fuente: Instituto Federal Electoral, 2004.

> En el padrón electoral se encuentran todos los ciudadanos mexicanos que solicitaron su inscripción al mismo. En la lista nominal están todos los que recogieron su credencial para votar con fotografía vigente. El porcentaje tan elevado de registrados se debe a que la credencial de elector se ha convertido en un documento de identidad.

**PADRÓN ELECTORAL DE ESTADOS UNIDOS, 2002**

| Concepto | En edad de votar | Registrados en el padrón | | No registrados | |
|---|---|---|---|---|---|
| | Total | Total | % | Total | % |
| Hombres | 100,939,000 | 59,422,000 | 58.9 | 41,517,000 | 41.1 |
| Mujeres | 109,482,000 | 68,732,000 | 62.8 | 40,750,000 | 37.2 |
| Total | 210,421,000 | 128,154,000 | 60.9 | 82,267,000 | 39.1 |

Fuente: U.S. Census Bureau, 2004.

> Un resquicio para las irregularidades está en la variedad de formas en que los estados y municipios registran a sus electores. Eso permite, por ejemplo, la exclusión de ciertos tipos de votantes. Por otro lado, llama la atención el porcentaje tan grande de los no registrados.

## COMPETITIVIDAD ELECTORAL EN COMICIOS PRESIDENCIALES DE MÉXICO, 1952-2000[a]

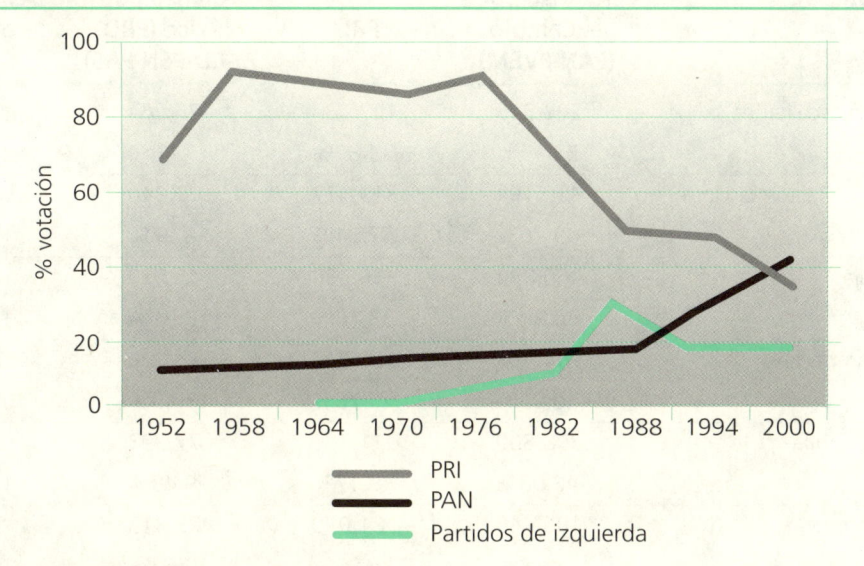

[a] En 1976 el PAN no presentó candidato a la presidencia.
Fuente: Silvia Gómez Tagle, 1997, e IFE, 2001.

## COMPETITIVIDAD ELECTORAL EN COMICIOS PRESIDENCIALES DE EU, 1952-2000

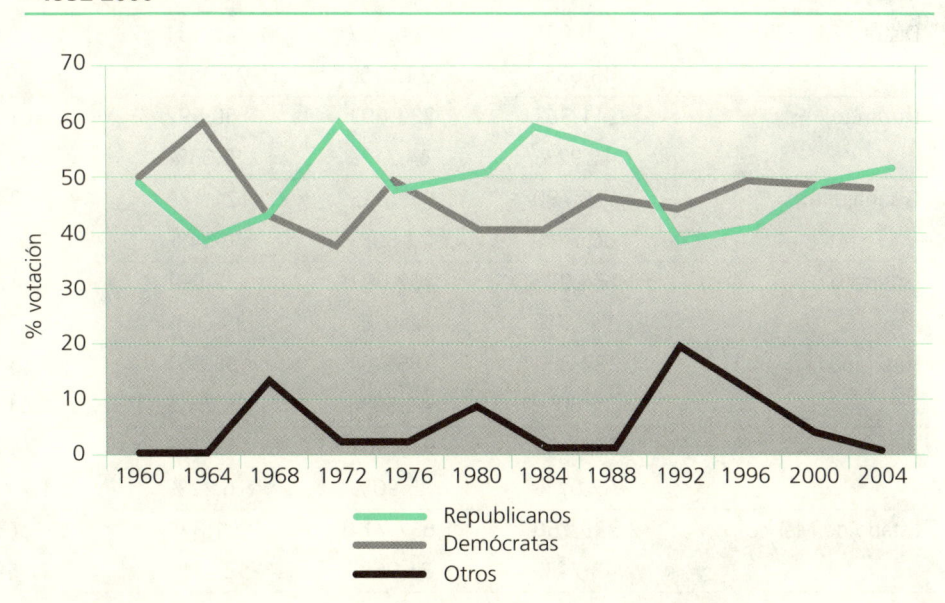

Fuente: *World Almanac and Book of Facts*, 2005.

**ELECCIÓN PRESIDENCIAL MEXICANA POR ESTADO, 2000**

| Estado | Alianza por el Cambio (PAN-PVEM) | PRI | Alianza por México (PRD-PT-CD-PSN-PAS) | Democracia Social |
|---|---|---|---|---|
| Aguascalientes | 202,335 | 127,134 | 26,264 | 9,467 |
| | 53.93% | 33.89% | 7.00% | 2.52% |
| Baja California Norte | 429,194 | 319,477 | 77,340 | 14,562 |
| | 49.76% | 37.04% | 8.97% | 1.69% |
| Baja California Sur | 60,834 | 56,230 | 45,229 | 2,107 |
| | 36.20% | 33.46% | 26.91% | 1.25% |
| Campeche | 104,498 | 106,347 | 35,090 | 2,485 |
| | 40.05% | 40.76% | 13.45% | 0.95% |
| Coahuila | 398,800 | 311,480 | 77,393 | 10,392 |
| | 48.87% | 38.17% | 9.48% | 1.27% |
| Colima | 106,445 | 81,099 | 23,313 | 3,159 |
| | 48.38% | 36.86% | 10,60% | 1,44% |
| Chiapas | 288,204 | 469,392 | 272,182 | 5,340 |
| | 26.45% | 43.09% | 24.98% | 0.49% |
| Chihuahua | 549,177 | 460,931 | 76,810 | 11,569 |
| | 48.68% | 40.86% | 6.81% | 1.03% |
| Distrito Federal | 1,928,035 | 1,060,227 | 1,146,131 | 149,312 |
| | 43.65% | 24.01% | 25.95% | 3.38% |
| Durango | 211,361 | 222,892 | 50,592 | 6,144 |
| | 41.92% | 44.21% | 10.03% | 1.22% |
| Guanajuato | 1,128,780 | 517,815 | 121,489 | 18,248 |
| | 60.77% | 27.88% | 6.54% | 0.98% |
| Guerrero | 174,962 | 402,091 | 332,091 | 6,179 |
| | 18.57% | 42.67% | 35.24% | 0.66% |
| Hidalgo | 282,864 | 355,565 | 136,861 | 12,319 |
| | 34.60% | 43.50% | 16.74% | 1.51% |
| Jalisco | 1,392,535 | 941,962 | 163,269 | 45,494 |
| | 53.07% | 35.90% | 6.22% | 1.73% |
| Estado de México | 2,239,750 | 1,637,714 | 961,876 | 121,137 |
| | 43.71% | 31.96% | 18.77% | 2.36% |

| PCD | PARM | Candidatos no registrados | Votos nulos | Total |
|---|---|---|---|---|
| 2,202 | 1,389 | 83 | 6,291 | 6,291 |
| 0.59% | 0.37% | 0.02% | 1.68% | 100% |
| 3,470 | 3,080 | 507 | 14,965 | 862,595 |
| 0.40% | 0.36% | 0.06% | 1.73% | 100% |
| 460 | 364 | 364 | 2,804 | 168,045 |
| 0.27% | 0.22% | 0.01% | 1.67% | 100% |
| 1,406 | 1,247 | 559 | 9,309 | 260,941 |
| 0.54% | 0.48% | 0.21% | 3.57% | 100% |
| 2,111 | 1,880 | 1,454 | 12,464 | 815,974 |
| 0.26% | 0.23% | 0.18% | 1.53% | 100% |
| 1,028 | 542 | 542 | 4,377 | 220,002 |
| 0.47% | 0.25% | 0.02% | 1.99% | 100% |
| 4,659 | 4,063 | 1,056 | 44,551 | 1,089,447 |
| 0.43% | 0.37% | 0.10% | 4.09% | 100% |
| 4,487 | 3,166 | 609 | 21,350 | 1,128,099 |
| 0.40% | 0.28% | 0.05% | 1.89% | 100% |
| 36,383 | 18,843 | 2,009 | 75,669 | 4,416,609 |
| 0.82% | 0.43% | 0.05% | 1.71% | 100% |
| 1,579 | 1,469 | 859 | 9,294 | 504,190 |
| 0.31% | 0.29% | 0.17% | 1.84% | 100% |
| 10,800 | 8,473 | 2,873 | 49,039 | 1,857,517 |
| 0.58% | 0.46% | 0.15% | 2.64% | 100% |
| 2,913 | 3,003 | 954 | 20,180 | 942,373 |
| 0.31% | 0.32% | 0.10% | 2.14% | 100% |
| 5,034 | 4,078 | 758 | 19,997 | 817,476 |
| 0.62% | 0.50% | 0.09% | 2.45% | 100% |
| 17,567 | 11,110 | 3,287 | 48,736 | 2,623,960 |
| 0.67% | 0.42% | 0.13% | 1.86% | 100% |
| 40,733 | 27,203 | 3,416 | 92,743 | 5,124,572 |
| 0.79% | 0.53% | 0.07% | 1.81% | 100% |

## ELECCIÓN PRESIDENCIAL MEXICANA POR ESTADO, 2000 (continuación)

| Estado | Alianza por el Cambio (PAN-PVEM) | PRI | Alianza por México (PRD-PT-CD-PSN-PAS) | Democracia Social |
|---|---|---|---|---|
| Michoacán | 419,188 | 441,871 | 543,804 | 13,058 |
|  | 28.63% | 30.18% | 37.14% | 0.89% |
| Morelos | 290,639 | 193,861 | 124,368 | 12,539 |
|  | 45.43% | 30.30% | 19.44% | 1.96% |
| Nayarit | 107,417 | 173,479 | 63,121 | 3,092 |
|  | 30.11% | 48.63% | 17.70% | 0.87% |
| Nuevo León | 760,093 | 615,907 | 96,637 | 20,448 |
|  | 49.62% | 40.20% | 6.31% | 1.33% |
| Oaxaca | 301,195 | 486,496 | 282,587 | 11,074 |
|  | 26.46% | 42.73% | 24.82% | 0.97% |
| Puebla | 732,435 | 698,974 | 208,688 | 20,170 |
|  | 42.53% | 40.59% | 12.12% | 1.17% |
| Querétaro | 290,977 | 192,622 | 39,629 | 10,585 |
|  | 51.94% | 34.38% | 7.07% | 1.89% |
| Quintana Roo | 132,383 | 94,202 | 50,487 | 2,399 |
|  | 46.22% | 32.89% | 17.63% | 0.84% |
| San Luis Potosí | 393,997 | 324,234 | 72,599 | 11,073 |
|  | 47.44% | 39.04% | 8.74% | 1.33% |
| Sinaloa | 230,777 | 621,369 | 90,488 | 7,205 |
|  | 23.77% | 64.00% | 9.32% | 0.74% |
| Sonora | 447,496 | 296,267 | 114,580 | 6,426 |
|  | 50.79% | 33.62% | 13.00% | 0.73% |
| Tabasco | 174,840 | 269,519 | 213,983 | 5,817 |
|  | 25.59% | 39.45% | 31.32% | 0.85% |
| Tamaulipas | 521,486 | 445,737 | 91,426 | 9,387 |
|  | 47.45% | 40.56% | 8.32% | 0.85% |
| Tlaxcala | 123,880 | 127,163 | 82,073 | 5,185 |
|  | 35.50% | 36.44% | 23.52% | 1.49% |
| Veracruz | 1,066,719 | 1,008,933 | 491,791 | 25,474 |
|  | 39.88% | 37.72% | 18.39% | 0.95% |

| PCD | PARM | Candidatos no registrados | Votos nulos | Total |
|---|---|---|---|---|
| 7,444 | 6,404 | 2,060 | 30,448 | 1,464,277 |
| 0.51% | 0.44% | 0.14% | 2.08% | 100% |
| 2,916 | 3,010 | 136 | 12,296 | 639,765 |
| 0.46% | 0.47% | 0.02% | 1.92% | 100% |
| 1,175 | 1,024 | 351 | 7,043 | 356,702 |
| 0.33% | 0.29% | 0.10% | 1.97% | 100% |
| 7,478 | 2,658 | 1,519 | 27,201 | 1,531,941 |
| 0.49% | 0.17% | 0.10% | 1.78% | 100% |
| 8,372 | 7,305 | 1,851 | 39,616 | 1,138,496 |
| 0.74% | 0.64% | 0.16% | 3.48% | 100% |
| 8,609 | 7,849 | 1,142 | 44,305 | 1,722,172 |
| 0.50% | 0.46% | 0.07% | 2.57% | 100% |
| 3,768 | 8,670 | 170 | 13,849 | 560,270 |
| 0.67% | 1.55% | 0.03% | 2.47% | 100% |
| 916 | 729 | 70 | 5,216 | 286,402 |
| 0.32% | 0.25% | 0.02% | 1.82% | 100% |
| 3,306 | 2,287 | 407 | 22,673 | 830,576 |
| 0.40% | 0.28% | 0.05% | 2.73% | 100% |
| 2,189 | 1,675 | 1,675 | 15,920 | 970,913 |
| 0.23% | 0.17% | 0.13% | 1.64% | 100% |
| 1,672 | 1,325 | 94 | 13,269 | 881,129 |
| 0.19% | 0.15% | 0.01% | 1.51% | 100% |
| 2,599 | 1,732 | 655 | 14,036 | 683,181 |
| 0.38% | 0.25% | 0.10% | 2.05% | 100% |
| 3,210 | 6,932 | 1,157 | 19,659 | 1,098,994 |
| 0.29% | 0.63% | 0.11% | 1.79% | 100% |
| 2,508 | 1,450 | 53 | 6,639 | 348,951 |
| 0.72% | 0.42% | 0.02% | 1.90% | 100% |
| 11,343 | 10,956 | 985 | 58,630 | 2,674,831 |
| 0.42% | 0.41% | 0.04% | 2.19% | 100% |

### ELECCIÓN PRESIDENCIAL MEXICANA POR ESTADO, 2000 (continuación)

| Estado | Alianza por el Cambio (PAN-PVEM) | PRI | Alianza por México (PRD-PT-CD-PSN-PAS) | Democracia Social |
|---|---|---|---|---|
| Yucatán | 328,503 | 321,392 | 27,214 | 4,258 |
|  | 47.10% | 46.08% | 3.90% | 0.61% |
| Zacatecas | 169,837 | 197,336 | 117,375 | 6,277 |
|  | 33.39% | 38.80% | 23.08% | 1.23% |
| Total | 15,989,636 | 13,579,718 | 6,256,780 | 592,381 |
|  | 42.52% | 36.11% | 16.64% | 1.58% |

Padrón Electoral: 59,589,569
Lista Nominal: 58,782,737
Participación política: 63.97%
Abstencionismo: 36.03%
Fuente: Instituto Federal Electoral, 2004.

Los reajustes en las alianzas entre partidos son una expresión de la volatilidad de la cartografía partidista mexicana. Quienes en 2000 llevaron a Vicente Fox a la presidencia ahora están divididos y sin ningún problema el PVEM se convirtió en leal aliado del PRI. De los once partidos que había en 2000, cinco ya desaparecieron.

### ELECCIÓN PRESIDENCIAL DE EU POR ESTADO, 2004

| Estado | George W. Bush Partido Republicano | |
|---|---|---|
|  | Votos | % |
| Alabama | 1,176,221 | 63 |
| Alaska | 151,876 | 62 |
| Arizona | 908,211 | 55 |
| Arkansas | 566,678 | 54 |
| California | 5,114,795 | 45 |
| Carolina del Norte | 1,911,574 | 56 |
| Carolina del Sur | 924,170 | 58 |
| Colorado | 1,068,233 | 52 |

| PCD | PARM | Candidatos no registrados | Votos nulos | Total |
|---|---|---|---|---|
| 1,344 | 987 | 602 | 13,127 | 697,427 |
| 0.19% | 0.14% | 0.09% | 1.88% | 100% |
| 2,908 | 1,993 | 439 | 12,461 | 508,626 |
| 0.57% | 0.39% | 0.09% | 2.45% | 100% |
| 206,589 | 156,896 | 31,461 | 788,157 | 37,601,618 |
| 0.55% | 0.42% | 0.08% | 2.10% | 100% |

**VOTOS ELECTORALES EN ELECCIONES PRESIDENCIALES DE EU, 1980-2004**

| Elección presidencial | Republicanos | Demócratas |
|---|---|---|
| 1976 | 240 | 297 |
| 1980 | 489 | 49 |
| 1984 | 525 | 13 |
| 1988 | 426 | 111 |
| 1992 | 168 | 370 |
| 1996 | 159 | 379 |
| 2000 | 271 | 266 |
| 2004 | 286 | 252 |

Fuente: *The New York Times Almanac*, 2005

| John Kerry Partido Demócrata || Ralph Nader Independiente || Votos electorales[a] ||
|---|---|---|---|---|---|
| Votos | % | Votos | % | Bush | Kerry |
| 693,288 | 37 | 6,712 | 0 | 9 | 0 |
| 86,064 | 35 | 3,890 | 2 | 3 | 0 |
| 735,327 | 44 | 0 | 0 | 10 | 0 |
| 464,157 | 45 | 6,031 | 1 | 6 | 0 |
| 6,250,561 | 54 | 0 | 0 | 0 | 55 |
| 1,484,471 | 44 | 0 | 0 | 15 | 0 |
| 650,350 | 41 | 5,431 | 1 | 8 | 0 |
| 960,666 | 47 | 12,179 | 1 | 9 | 0 |

## ELECCIÓN PRESIDENCIAL DE EU POR ESTADO, 2004

| Estado | George W. Bush Partido Republicano ||
|---|---|---|
| | Votos | % |
| Connecticut | 686,923 | 44 |
| D.C. | 19,007 | 9 |
| Dakota del Norte | 195,998 | 63 |
| Dakota del Sur | 232,545 | 60 |
| Delaware | 171,531 | 46 |
| Florida | 3,955,656 | 52 |
| Georgia | 1,890,166 | 58 |
| Hawaii | 194,109 | 45 |
| Idaho | 408,254 | 68 |
| Illinois | 2,336,253 | 45 |
| Indiana | 1,477,807 | 60 |
| Iowa | 746,600 | 50 |
| Kansas | 717,507 | 62 |
| Kentucky | 1,068,741 | 60 |
| Louisiana | 1,101,871 | 57 |
| Maine | 330,416 | 45 |
| Maryland | 951,892 | 43 |
| Massachusetts | 1,067,163 | 37 |
| Michigan | 2,310,803 | 48 |
| Minnesota | 1,345,175 | 48 |
| Mississippi | 671,084 | 60 |
| Missouri | 1,452,715 | 54 |
| Montana | 265,473 | 59 |
| Nebraska | 508,794 | 66 |
| Nevada | 414,939 | 51 |
| Nueva Hampshire | 330,848 | 49 |
| Nueva Jersey | 1,594,204 | 46 |
| Nueva York | 2,798,220 | 40 |
| Nuevo México | 376,940 | 50 |
| Ohio | 2,858,727 | 51 |

| John Kerry Partido Demócrata ||  Ralph Nader Independiente || Votos electorales[a] ||
|---:|---:|---:|---:|---:|---:|
| Votos | % | Votos | % | Bush | Kerry |
| 847,666 | 54 | 12,708 | 1 | 0 | 7 |
| 183,876 | 90 | 1,318 | 1 | 0 | 3 |
| 110,662 | 36 | 3,741 | 1 | 3 | 0 |
| 149,225 | 39 | 4,317 | 1 | 3 | 0 |
| 199,887 | 53 | 2,151 | 1 | 0 | 3 |
| 3,574,509 | 47 | 32,890 | 0 | 27 | 0 |
| 1,345,366 | 41 | 0 | 0 | 15 | 0 |
| 231,318 | 54 | 0 | 0 | 0 | 4 |
| 180,920 | 30 | 0 | 0 | 4 | 0 |
| 2,866,307 | 55 | 0 | 0 | 0 | 21 |
| 967,346 | 39 | 0 | 0 | 11 | 0 |
| 733,102 | 49 | 5,842 | 0 | 7 | 0 |
| 420,846 | 37 | 9,046 | 1 | 6 | 0 |
| 712,431 | 40 | 8,853 | 0 | 8 | 0 |
| 819,150 | 42 | 7,026 | 1 | 9 | 0 |
| 395,462 | 54 | 7,997 | 1 | 0 | 4 |
| 1,223,813 | 56 | 10,772 | 1 | 0 | 10 |
| 1,793,916 | 62 | 0 | 0 | 0 | 12 |
| 2,475,046 | 51 | 24,009 | 1 | 0 | 17 |
| 1,443,619 | 51 | 18,542 | 1 | 0 | 10 |
| 445,608 | 40 | 3,064 | 0 | 6 | 0 |
| 1,253,879 | 46 | 0 | 0 | 11 | 0 |
| 173,363 | 39 | 6,143 | 1 | 3 | 0 |
| 251,626 | 33 | 5,587 | 1 | 5 | 0 |
| 393,372 | 48 | 4,785 | 1 | 5 | 0 |
| 340,019 | 50 | 4,447 | 1 | 0 | 4 |
| 1,812,956 | 53 | 18,730 | 1 | 0 | 15 |
| 3,998,196 | 58 | 102,271 | 2 | 0 | 31 |
| 370,893 | 49 | 4,062 | 1 | 5 | 0 |
| 2,739,952 | 49 | 0 | 0 | 20 | 0 |

**ELECCIÓN PRESIDENCIAL DE EU POR ESTADO, 2004**

| Estado | George W. Bush Partido Republicano | |
|---|---|---|
| | Votos | % |
| Oklahoma | 959,655 | 66 |
| Oregon | 823,210 | 48 |
| Pennsylvania | 2,756,904 | 49 |
| Rhode Island | 161,654 | 39 |
| Tennessee | 1,381,937 | 57 |
| Texas | 4,518,491 | 61 |
| Utah | 612,623 | 71 |
| Vermont | 120,710 | 39 |
| Virginia | 1,667,198 | 54 |
| Virginia del Oeste | 417,516 | 56 |
| Washington | 1,304,894 | 46 |
| Wisconsin | 1,477,122 | 49 |
| Wyoming | 167,129 | 69 |
| Total | 60,608,582 | 51 |

[a] Número de votos electorales totales: 538. Votos electorales necesarios para ganar la presidencia: 270.
Fuente: Federal Election Commission, 2004.

A partir de los ochenta se popularizó en el mundo la observación electoral que servía para dar una opinión externa e independiente sobre la limpieza y confiabilidad de las elecciones. Estados Unidos fue uno de sus principales impulsores. Por la desconfianza sobre el proceso, la elección de noviembre de 2004 recibió grupos organizados de observadores internacionales.

| John Kerry Partido Demócrata | | Ralph Nader Independiente | | Votos electorales[a] | |
|---|---|---|---|---|---|
| Votos | % | Votos | % | Bush | Kerry |
| 504,077 | 34 | 0 | 0 | 7 | 0 |
| 890,698 | 52 | 0 | 0 | 0 | 7 |
| 2,885,773 | 51 | 0 | 0 | 0 | 21 |
| 247,407 | 60 | 3,990 | 1 | 0 | 4 |
| 1,033,176 | 43 | 8,832 | 0 | 11 | 0 |
| 2,825,723 | 38 | 0 | 0 | 34 | 0 |
| 227,286 | 27 | 10,840 | 1 | 5 | 0 |
| 183,621 | 59 | 4,426 | 2 | 0 | 3 |
| 1,400,253 | 45 | 0 | 0 | 13 | 0 |
| 322,276 | 43 | 3,951 | 1 | 5 | 0 |
| 1,510,201 | 53 | 23,283 | 1 | 0 | 11 |
| 1,488,935 | 50 | 16,324 | 1 | 0 | 10 |
| 70,620 | 29 | 2,734 | 1 | 3 | 0 |
| 57,288,974 | 48 | 406,924 | 1 | 286 | 252 |

## LAS ESTRUCTURAS DE GOBIERNO

Estas cifras sobre los recursos y el personal evidencian las asimetrías que existen entre los dos países. En el aspecto cuantitativo el ejecutivo estadunidense tiene muchísimos más recursos financieros a su disposición. En el cualitativo, tienen a su favor una larga tradición de servicio civil de carrera que le ha dado una mayor eficiencia y continuidad al trabajo gubernamental.

## INSTITUCIONES ADMINISTRATIVAS CENTRALIZADAS EN MÉXICO, 2005[a]

| Dependencia | Encargado | Presupuesto (millones de pesos) | Personal |
|---|---|---|---|
| Secretaría de Agricultura, Ganadería, Desarrollo Rural, Pesca y Alimentación | Javier Usabiaga Arroyo | 36,529 | 24,246 |
| Secretaría de Comunicaciones y Transportes | Pedro Cerisola y Weber | 22,852 | 24,098 |
| Secretaría de Desarrollo Social | Josefina Vázquez Mota | 21,121 | 6,483 |
| Secretaría de Economía | Fernando Canales Clariond | 5,405 | 4,455 |
| Secretaría de Educación Pública | Reyes S. Tamez Guerra | 114,824 | 97,059 |
| Secretaría de Energía | Fernando Elizondo Barragán | 20,590 | 890 |
| Secretaría de Gobernación | Carlos Abascal Carranza | 3,873 | 12,023 |
| Secretaría de Hacienda y Crédito Público | Francisco Gil Díaz | 23,822 | 7,688 |
| Secretaría de la Defensa Nacional | Gerardo Clemente Vega García | 23,936 | 191,991 |
| Secretaría de la Función Pública | Eduardo Romero Ramos | 1,428 | 2,131 |
| Secretaría de la Reforma Agraria | Florencio Salazar Adame | 2,829 | 2,207 |
| Secretaría de Marina | Marco Antonio Peyrot González | 8,711 | 55,451 |
| Secretaría de Medio Ambiente y Recursos Naturales | José Luis Luege Tamargo | 16,084 | 5,640 |
| Secretaría de Relaciones Exteriores | Luis Ernesto Derbez Bautista | 3,434 | 3,895 |
| Secretaría de Salud | Julio Frenk Mora | 21,364 | 10,423 |
| Secretaría de Seguridad Pública | Ramón Martín Huerta | 6,635 | 20,334 |
| Secretaría de Trabajo y Previsión Social | Francisco Javier Salazar Sáenz | 3,348 | 4,730 |
| Secretaría de Turismo | Rodolfo Elizondo Torres | 1,236 | 1,890 |
| Consejería Jurídica del Ejecutivo Federal | Juan de Dios Castro Lozano | 73 | - |
| Oficina de la Presidencia | Eduardo Sojo Garza | 1,651 | 1,777 |
| Procuraduría General de la República | Daniel Cabeza de Vaca Hernández | 7,403 | 21,161 |
| Tribunal Federal de Justicia Fiscal y Administrativa | Organismo colegiado Presidente: María del Consuelo Villalobos Ortiz | 788 | 1,719 |

[a] Datos a julio de 2005.

## INSTITUCIONES ADMINISTRATIVAS CENTRALIZADAS EN MÉXICO, 2004 (continuación)

| Dependencia | Encargado | Presupuesto (millones de pesos)[a] | Personal |
|---|---|---|---|
| Tribunales Agrarios | Organismo colegiado Presidente: Jorge Ricardo García Villalobos Gálvez | 578 | 1,557 |
| Total | | 348,514 | 501,848 |

[a] Se incluye el gasto programable y previsiones salariales y económicas. Cifras redondeadas.
[b] Incluye sólo el personal burocrático federal.
Fuente: Presidencia de la República, Cámara de Diputados, 2005.

## INSTITUCIONES PARAESTATALES DE MÉXICO, 2004

| Dependencia | Encargado | Presupuesto (millones de pesos)[a] | Personal |
|---|---|---|---|
| Comisión Fed. de Electricidad | Alfredo Elías Ayub | 133,625 | 77,483 |
| ISSSTE | Benjamín González Roaro | 55,203 | 92,008 |
| Instituto Mexicano del Seguro Social | Santiago Levy Algaza | 184,381 | 378,906 |
| Lotería Nacional | Tomás Ruiz | 790.5 | 955 |
| Luz y Fuerza del Centro | Luis de Pablo Serna | 20,434 | 37,905 |
| Petróleos Mexicanos | Luis Ramírez Corzo | 113,351 | 139,219 |
| Total | - | 507,784.5 | 726,476 |

[a] Sólo se incluye el gasto programable. Cifras redondeadas.
Fuente: Presidencia de la República, Cámara de Diputados, 2004.

## SALARIOS ANUALES DE LOS PRESIDENTES, 2004

| Presidente | Pesos | Dólares[a] |
|---|---|---|
| México[b] | 1,860,507.60 | 164,646.69 |
| Estados Unidos[c] | 4,520,000.00 | 400,000.00 |

[a] Tipo de cambio: 11.30 pesos por dólar. Mes base: junio 2004.
[b] Percepción ordinaria neta anual (sueldo base más compensación garantizada).
[c] Más 50,000 dólares (565,000 pesos) libres de impuestos para sufragar gastos relacionados con el cumplimiento de actividades oficiales.
Fuente: Presupuesto de Egresos de la Federación, Office of Personnel Management, 2004.

Es evidente la falta de relación entre las responsabilidades de los presidentes y el monto de sus salarios. Por otro lado, es claro que tienen a su disposición una infraestructura gigantesca y una cantidad enorme de personal a su servicio.

**OFICINA EJECUTIVA DEL PRESIDENTE DE EU, 2004**

| Dependencia | Encargado | Presupuesto (millones de dólares) | Personal |
|---|---|---|---|
| Consejo de Asesores Económicos | N. Gregory Mankin | 4.5 | 27 |
| Consejo de Calidad Ambiental | James Connaughton | 3 | 19 |
| Consejo de Seguridad Nacional | Asesor de Seguridad Nacional: Stephen Hadley | 10.5 | 63 |
| Oficina de Administración | Phillip D. Larsen | 82.8 | 215 |
| Oficina de Dirección y Presupuesto | Joshua B. Bolten | 62 | 497 |
| Oficina de la Política para el Control Nacional de la Droga | John P. Walters | 24 | 109 |
| Oficina de la Política para la Ciencia y la Tecnología | John H. Marburger III | 5 | - |
| Oficina del Representante Comercial de Estados Unidos | Robert Zoellick | 38 | 190 |
| Total | - | 229.8 | 1,120 |

Fuente: La Casa Blanca, 2004.

**LA VOCACIÓN DE PODER Y EL PRESUPUESTO, 2005**

| Rubro | México (millones de pesos) | Estados Unidos (millones de dólares)[a] |
|---|---|---|
| Defensa | 33,638[b] | 450,586 |
| Relaciones Internacionales | 4,034 | 37,838 |
| Servicios de Inteligencia | 879.7[c] | 9,000[d] |

[a] Valor estimado para el año 2005.
[b] Incluye presupuesto de la Secretaría de la Defensa Nacional y de la Secretaría de Marina.
[c] Incluye presupuesto del CISEN.
[d] Incluye presupuesto de la Agencia Central de Inteligencia (CIA) y de la Agencia de Seguridad Nacional (NSA). Presupuesto aproximado.
Fuente: SHCP, Budget of the United States Government, 2005.

Aunque la comparación es incompleta porque faltaría incluir el presupuesto de otras dependencias, estas cifras permiten apreciar la vocación expansionista de la primera potencia mundial y la presencia más bien modesta de México en el mundo.

**DEPARTAMENTOS EJECUTIVOS DE EU, 2004**

| Departamento | Encargado | Presupuesto (millones de dólares)[a] | Personal |
|---|---|---|---|
| Agricultura | Mike Johanns | 72,390 | 98,879 |
| Asuntos de los Veteranos | Jim Nicholson | 56,887 | 225,159 |
| Comercio | Carlos Gutiérrez | 5,676 | 37,087 |
| Defensa | Donald H. Rumsfeld | 388,870 | 664,446 |
| Educación | Margaret Spellings | 57,400 | 4,592 |
| Energía | Sam Bodman | 19,385 | 15,789 |
| Estado | Condoleezza Rice | 9,261 | 31,916 |
| Justicia | Alberto Gonzales | 21,539 | 101,392 |
| Salud y Servicios Humanos | Michael O. Leavitt | 505,345 | 67,091 |
| Seguridad de la Patria | Michael Chertoff | 31,967 | 151,803 |
| Transporte | Norman Y. Mineta | 50,807 | 58,819 |
| Vivienda y Desarrollo Urbano | Alphonso Jackson | 37,474 | 10,643 |
| Interior | Gale A. Norton | 9,210 | 71,005 |
| Tesoro | John Show | 366,987 | 131,872 |
| Trabajo | Elaine L. Chao | 69,593 | 16,144 |
| Total | - | 1,702,791 | 1,686,637 |

[a] Valor real para el año 2003.
Fuente: La Casa Blanca, Budget of the United States Government, 2004.

## ENCUENTROS PRESIDENCIALES

Podrían escribirse varios libros sobre las anécdotas y las consecuencias que fueron teniendo estos encuentros. Hubo desencuentros como el regaño que López Portillo le endilgó a Carter en febrero de 1979. También se iniciaron amistades como las de Díaz Ordaz y Johnson en 1964 o la de Salinas de Gortari y Bush (padre) cuando se reunieron por primera vez en Houston en 1988.

### ENCUENTROS PRESIDENCIALES, 1909-2004

| Día/mes/año | México | EU | Lugar |
|---|---|---|---|
| 16/10/09 | Porfirio Díaz | William H. Taft | El Paso, Texas y Ciudad Juárez, Chihuahua |
| 31-2/ 10-11/24 | Plutarco Elías Calles[a] | Calvin Coolidge[a] | Washington, DC |
| 20/04/43 | Manuel Ávila Camacho | Franklin D. Roosevelt | Monterrey, Nuevo León y Corpus Christi, Texas |
| 3-5/03/47 | Miguel Alemán | Harry S. Truman | Ciudad de México |
| 29-1/04-05/47 | Miguel Alemán | Harry S. Truman | Washington, DC |
| 19/10/53 | Adolfo Ruiz Cortines | Dwigth D. Eisenhower | Presa Falcón, Tamaulipas |
| 26-28/03/56 | Adolfo Ruiz Cortines | Dwigth D. Eisenhower | White Sulphur Springs, Montana |
| 19-20/02/59 | Adolfo López Mateos | Dwigth D. Eisenhower | Acapulco, Guerrero |
| 9-15/10/59 | Adolfo López Mateos | Dwigth D. Eisenhower | Washington, DC y David, Maryland |
| 24/10/60 | Adolfo López Mateos | Dwigth D. Eisenhower | Ciudad Acuña, Coahuila |
| 29-1/06-07/62 | Adolfo López Mateos | John F. Kennedy | Ciudad de México |
| 21-22/02/64 | Adolfo López Mateos | Lyndon B. Johnson | Los Angeles y Palm Springs, California |
| 25/09/64 | Adolfo López Mateos | Lyndon B. Johnson | El Chamizal, Chihuahua |
| 12-13/11/64 | Gustavo Díaz Ordaz[a] | Lyndon B. Johnson | Rancho de Johnson en Texas |
| 14-15/04/66 | Gustavo Díaz Ordaz | Lyndon B. Johnson | Ciudad de México |
| 03/12/66 | Gustavo Díaz Ordaz | Lyndon B. Johnson | Presa La Amistad, Ciudad Acuña, Coahuila |
| 26-28/10/67 | Gustavo Díaz Ordaz | Lyndon B. Johnson | Washington, DC y El Chamizal, Chihuahua |
| 13/12/68 | Gustavo Díaz Ordaz | Lyndon B. Johnson | El Chamizal, Chihuahua y El Paso, Texas |

## ENCUENTROS PRESIDENCIALES, 1909-2004 (continuación)

| Día/mes/año | México | EU | Lugar |
|---|---|---|---|
| 08/09/69 | Gustavo Díaz Ordaz | Richard M. Nixon | Presa La Amistad, Ciudad Acuña, Coahuila |
| 20-21/08/70 | Gustavo Díaz Ordaz | Richard M. Nixon | Puerto Vallarta, Jalisco |
| 03/09/70 | Gustavo Díaz Ordaz | Richard M. Nixon | Coronado, California |
| 13/11/70 | Luis Echeverría Álvarez[a] | Richard M. Nixon | Washington, DC |
| 15-16/06/72 | Luis Echeverría Álvarez | Richard M. Nixon | Washington, DC |
| 21/10/74 | Luis Echeverría Álvarez | Gerald Ford | Nogales y Magdalena de Kino, Sonora y Tubac, Arizona |
| 24/09/76 | José López Portillo[a] | Gerald Ford | Washington, DC |
| 14-17/02/77 | José López Portillo | James Carter | Washington, DC |
| 14-16/02/79 | José López Portillo | James Carter | Ciudad de México |
| 28-29/09/79 | José López Portillo | James Carter | Washington, DC |
| 05/01/81 | José López Portillo | Ronald Reagan | Ciudad Juárez, Chihuahua y El Paso, Texas |
| 7-9/06/81 | José López Portillo | Ronald Reagan | Washington, DC y Campo David, Maryland |
| 17-18/09/81 | José López Portillo | Ronald Reagan | Grand Rapids, Michigan |
| 22-23/10/81 | José López Portillo | Ronald Reagan | Cancún, Quintana Roo |
| 08/10/82 | Miguel de la Madrid[a] | Ronald Reagan | Tijuana, BC y Coronado, California |
| 14/08/83 | Miguel de la Madrid | Ronald Reagan | La Paz, BCS |
| 14-16/05/84 | Miguel de la Madrid | Ronald Reagan | Washington, DC |
| 03/01/86 | Miguel de la Madrid | Ronald Reagan | Mexicali, BC |
| 13-14/08/86 | Miguel de la Madrid | Ronald Reagan | Washington, DC |
| 13/02/88 | Miguel de la Madrid | Ronald Reagan | Mazatlán, Sin. |
| 22/11/88 | Carlos Salinas de Gortari | George Bush | Houston, Texas |
| 14/07/89 | Carlos Salinas de Gortari | George Bush | París, Francia |
| 1-5/10/89 | Carlos Salinas de Gortari | George Bush | Washington, DC |
| 10-12/06/90 | Carlos Salinas de Gortari | George Bush | Washington, DC |
| 30/09/90 | Carlos Salinas de Gortari | George Bush | Nueva York, NY |
| 26-27/11/90 | Carlos Salinas de Gortari | George Bush | Monterrey y Agualeguas, Nuevo León |
| 07/o4/91 | Carlos Salinas de Gortari | George Bush | Houston, Texas |
| 14/12/91 | Carlos Salinas de Gortari | George Bush | Washington, DC |
| 27-28/02/92 | Carlos Salinas de Gortari | George Bush | San Antonio, Texas |
| 14/07/92 | Carlos Salinas de Gortari | George Bush | San Diego, California |
| 07/10/92 | Carlos Salinas de Gortari | George Bush | San Antonio, Texas |

## ENCUENTROS PRESIDENCIALES, 1909-2004 (continuación)

| Día/mes/año | México | EU | Lugar |
| --- | --- | --- | --- |
| 08/01/93 | Carlos Salinas de Gortari | William J. Clinton | Austin, Texas |
| 26/09/94 | Carlos Salinas de Gortari | William J. Clinton | Nueva York, NY |
| 23/11/94 | Ernesto Zedillo Ponce de León | William J. Clinton | Washington, DC |
| 10/12/94 | Ernesto Zedillo Ponce de León | William J. Clinton | Miami, Florida |
| 10/10/95 | Ernesto Zedillo Ponce de León | William J. Clinton | Washington, DC |
| 5-7/05/97 | Ernesto Zedillo Ponce de León | William J. Clinton | Ciudad de México |
| 13-14/11/97 | Ernesto Zedillo Ponce de León | William J. Clinton | Washington, DC |
| 09/06/98 | Ernesto Zedillo Ponce de León | William J. Clinton | New York, NY |
| 14-15/02/99 | Ernesto Zedillo Ponce de León | William J. Clinton | Mérida, Yucatán |
| 09/06/2000 | Ernesto Zedillo Ponce de León | William J. Clinton | Washington, DC |
| 16/02/01 | Vicente Fox Quesada | George W. Bush | San Francisco del Rincón, Guanajuato |
| 5-6/03/01 | Vicente Fox Quesada | George W. Bush | Rancho Prairie Chapel, Crawford, Texas |
| 21/04/01 | Vicente Fox Quesada | George W. Bush | Quebec, Canadá |
| 22/04/01 | Vicente Fox Quesada | George W. Bush | Quebec, Canadá |
| 03/05/01 | Vicente Fox Quesada | George W. Bush | Washington, D.C. |
| 4-7/09/01 | Vicente Fox Quesada | George W. Bush | Washington, D.C. y Toledo, Ohio |
| 3-4/10/01 | Vicente Fox Quesada | George W. Bush | Washington, D.C. |
| 21-22/03/02 | Vicente Fox Quesada | George W. Bush | Monterrey, Nuevo León |
| 26/10/02 | Vicente Fox Quesada | George W. Bush | Los Cabos, BCS |
| 01/06/03 | Vicente Fox Quesada | George W. Bush | Evian, Francia |
| 20/10/03 | Vicente Fox Quesada | George W. Bush | Bangkok, Tailandia |
| 12/01/04 | Vicente Fox Quesada | George W. Bush | Monterrey, Nuevo León |
| 21/11/04 | Vicente Fox Quesada | George W. Bush | Santiago, Chile |

[a] Presidentes electos.
Fuente: Embajada de Estados Unidos en México; Secretaría de Relaciones Exteriores.

# INFORMACIÓN ÚTIL

## MÉXICO

### INSTITUCIONES ADMINISTRATIVAS CENTRALIZADAS Y PARAESTATALES

| Dependencia | Página web |
| --- | --- |
| Consejería Jurídica del Ejecutivo Federal | www.cjef.gob.mx |
| Oficina de la Presidencia | innova.presidencia.gob.mx |
| Procuraduría General de la República | www.pgr.gob.mx |
| Secretaría de Agricultura, Ganadería, Desarrollo Rural, Pesca y Alimentación | www.sagarpa.gob.mx |
| Secretaría de Comunicaciones y Transportes | portal.sct.gob.mx |
| Secretaría de Desarrollo Social | www.sedesol.gob.mx |
| Secretaría de Economía | www.economia.gob.mx |
| Secretaría de Educación Pública | www.sep.gob.mx |
| Secretaría de Energía | www.energia.gob.mx |
| Secretaría de Gobernación | www.gobernacion.gob.mx |
| Secretaría de Hacienda y Crédito Público | www.shcp.gob.mx |
| Secretaría de la Defensa Nacional | www.sedena.gob.mx |
| Secretaría de la Función Pública | www.funcionpublica.gob.mx |
| Secretaría de la Reforma Agraria | www.sra.gob.mx |
| Secretaría de Marina | www.semar.gob.mx |
| Secretaría de Medio Ambiente y Recursos Naturales | www.semarnat.gob.mx |
| Secretaría de Relaciones Exteriores | www.sre.gob.mx |
| Secretaría de Salud | www.ssa.gob.mx |
| Secretaría de Seguridad Pública | www.ssp.gob.mx |
| Secretaría del Trabajo y Previsión Social | www.stps.gob.mx |
| Secretaría de Turismo | www.sectur.gob.mx |
| Tribunal Federal de Justicia Fiscal y Administrativa | www.tff.gob.mx |
| **Paraestatales** | Página web |
| Comisión Federal de Electricidad | www.cfe.gob.mx |
| Instituto Mexicano del Seguro Social | www.imss.gob.mx |
| ISSSTE | www.issste.gob.mx |
| Luz y Fuerza del Centro | www.lfc.gob.mx |
| Petróleos Mexicanos | www.pemex.gob.mx |

# ESTADOS UNIDOS: ADMINISTRACIÓN PÚBLICA FEDERAL

**OFICINA EJECUTIVA DEL PRESIDENTE**

| Dependencia | Página web |
| --- | --- |
| Consejo de Asesores Económicos | www.whitehouse.gov/cea |
| Consejo de Calidad Ambiental | www.whitehouse.gov/ceq |
| Consejo de Seguridad Nacional | www.whitehouse.gov/nsc |
| Oficina de Administración | www.whitehouse.gov/oa |
| Oficina de Dirección y Presupuesto | www.omb.gov |
| Oficina de la Política para el Control Nacional de la Droga | www.whitehousedrugpolicy.gov |
| Oficina de la Política para la Ciencia y la Tecnología | www.ostp.gov |
| Oficina del Representante Comercial de Estados Unidos | www.ustr.gov |

**DEPARTAMENTOS EJECUTIVOS**

| Departamento | Página web |
| --- | --- |
| Agricultura | www.usda.gov |
| Asuntos de los Veteranos | www.va.gov |
| Comercio | www.doc.gov |
| Defensa | www.defenselink.mil |
| Educación | www.ed.gov |
| Energía | www.energy.gov |
| Estado | www.state.gov |
| Interior | www.doi.gov |
| Justicia | www.usdoj.gov |
| Salud y Servicios Humanos | www.dhhs.gov |
| Seguridad de la Patria | www.dhs.gov |
| Tesoro | www.ustreas.gov |
| Trabajo | www.dol.gov |
| Transporte | www.dot.gov |
| Vivienda y Desarrollo Urbano | www.hud.gov |

# LOS LEGISLATIVOS

# LOS LEGISLATIVOS

Aunque la estructura de los dos congresos es bastante similar, hay grandes diferencias en el número de partidos que los integran, en la relación que tienen con la ciudadanía y en su funcionamiento, recursos e influencia.

En el Congreso mexicano actúan seis partidos y en el de Estados Unidos dos, aunque en realidad, en el Congreso de la Unión funcionan tres grandes formaciones políticas. Otra diferencia fundamental estaría en la reelección, que en Estados Unidos ha llevado a la creación de una carrera legislativa y de nexos más sólidos con la ciudadanía que representan.

Un aspecto más que debe resaltarse es el grado de autonomía frente al Ejecutivo. Después de décadas de sometimiento, el Congreso mexicano está ejerciendo su influencia sobre los asuntos nacionales.

## ALGUNAS COMPARACIONES

Pese a las disparidades en el número de habitantes y entidades federativas, México tiene más diputados y senadores que Estados Unidos.

### CÁMARA DE DIPUTADOS DE MÉXICO, 2003-2006

| Partido | Diputados | % |
| --- | --- | --- |
| PRI | 224 | 44.8 |
| PAN | 150 | 30.0 |
| PRD | 97 | 19.4 |
| PVEM | 17 | 3.4 |
| PT | 6 | 1.2 |
| Convergencia | 5 | 1.0 |
| Independiente | 1 | 0.2 |
| Total | 500 | 100.0 |

Fuente: Cámara de Diputados, 2005.

Una de las principales atribuciones de la Cámara de Diputados es la discusión y aprobación del Presupuesto de Egresos de la Federación, lo que le ha concedido un enorme poder frente al presidente.

### CÁMARA DE REPRESENTANTES DE EU, 2005

| Partido | Representantes | % |
|---|---|---|
| Partido Republicano | 232 | 53.4 |
| Partido Demócrata | 201 | 46.3 |
| Independiente | 1 | 0.3 |
| Total | 435 | 100.0 |

Fuente: House of Representatives, 2005.

Como los 435 representantes se presentan ante sus electores cada dos años, están muy presionados para mantener una presencia y comunicación permanentes con los habitantes de sus distritos.

### CÁMARA DE SENADORES DE MÉXICO, 2000-2006

| Partido | Senadores | % |
|---|---|---|
| PRI | 60 | 46.9 |
| PAN | 46 | 35.9 |
| PRD | 16 | 12.5 |
| PVEM | 5 | 3.9 |
| Independiente | 1 | 0.8 |
| Total | 128 | 100.0 |

Fuente: Cámara de Senadores, 2004.

Una de las causas del poder que tiene el PRI es su alianza estratégica con el PVEM. Eso les permite rebasar por un voto la barrera de la mayoría simple, lo que les concede una gran capacidad de negociación frente a los otros partidos.

## CÁMARA DE SENADORES DE EU, 2005

| Partido | Senadores | % |
|---|---|---|
| Partido Republicano | 55 | 55.0 |
| Partido Demócrata | 44 | 44.0 |
| Independiente | 1 | 1.0 |
| Total | 100 | 100.0 |

Fuente: United States Senate, 2005.

Los senadores son elegidos por un periodo de seis años, pero una tercera parte de ellos se presenta ante los electores cada dos años.

## PERFIL DE DIPUTADOS Y SENADORES MEXICANOS, 2005

| Concepto | Cámara de Diputados | Cámara de Senadores |
|---|---|---|
| **Sexo** | | |
| Mujeres | 114 | 23 |
| Hombres | 386 | 105 |
| **Profesión/ocupación** | % | % |
| Derecho | 28.0 | 30.0 |
| Administración | 8.2 | 15.0 |
| Profesores | 7.8 | 2.4 |
| Contaduría | 6.4 | 5.0 |
| Economía | 6.2 | 10.0 |
| Otros | 43.4 | 37.6 |
| **Grupos de edad** | % | % |
| Menores de 25 | 1.0 | - |
| 25 a 30 años | 5.9 | - |
| 31 a 35 años | 8.0 | 4.0 |
| 36 a 40 años | 14.3 | 2.4 |
| 41 a 45 años | 20.3 | 6.4 |
| 46 a 50 años | 20.3 | 27.4 |
| 51 a 55 años | 16.6 | 25.8 |
| 56 a 60 años | 9.6 | 19.4 |
| 61 a 65 años | 2.7 | 8.9 |
| Más de 66 años | 1.2 | 5.6 |

Fuente: Cámara de Diputados y Cámara de Senadores, 2004.

La carrera legislativa sigue estando dominada por los abogados; llama la atención que el Congreso mexicano tenga mucho más mujeres que su contraparte en Estados Unidos.

**PERFIL DE LOS REPRESENTANTES Y SENADORES ESTADUNIDENSES, 2005**

| Concepto | Representantes | Senadores |
|---|---|---|
| **Sexo** | | |
| Mujeres | 68 | 14 |
| Demócratas | 45 | 9 |
| Republicanas | 23 | 5 |
| Hombres | 372 | 86 |
| Demócratas | 161 | 35 |
| Republicanos | 210 | 50 |
| **Ocupación**[a] | | |
| Abogacía | 160 | 58 |
| Servicio público / política | 163 | 32 |
| Negocios | 163 | 30 |
| **Edad** | | |
| Edad promedio | 55 | 60 |
| Edad del menor[b] | 25 | 40 |
| Edad del mayor | 81 | 87 |
| **Servicio en el Congreso** | | |
| Promedio de años en servicio[c] | 9.3 | 12.1 |
| **Minorías** | | |
| Negros | 42 | 1 |
| Hispanos | 26 | 2 |
| Asiáticos americanos | 6 | 1 |
| Indios americanos | 1 | 0 |
| Nacidos en el extranjero[d] | 9 | 0 |

[a] Algunos están registrados en más de una ocupación.
[b] Los representantes deben tener mínimo 25 años cuando asumen el cargo, y los senadores 30.
[c] Los representantes son elegidos por periodos de 2 años; los senadores, por 6.
[d] Lugares de nacimiento: Cuba, Hungría, Taiwán, Japón, Pakistán, Canadá y Países Bajos.
Fuente: Reporte del 109° Congreso, 2005.

Entre los datos que podrían resaltarse está el promedio de edad, que es superior a su contraparte en México; la mayor presencia femenina en el Partido Demócrata, y la cantidad de empresarios que llegan al legislativo. Por otro lado, el número de años que permanecen en el Congreso se debe a la posibilidad que tienen de reelegirse. Un aspecto curioso es que los nacidos en otros países puedan llegar al Congreso.

## ORGANIZACIÓN DEL CONGRESO MEXICANO

Los partidos políticos controlan de diferente manera el trabajo de las dos cámaras. Lo hacen a través de los grupos parlamentarios (uno por cada partido) y de las Juntas de Coordinación Política que se integran con los coordinadores de los grupos parlamentarios.

Otras instituciones fundamentales son las comisiones que tienen como función examinar los proyectos de ley y elaborar los dictámenes, informes o resoluciones que se votan en los plenos. Las comisiones ordinarias son permanentes y las especiales y de investigación duran el tiempo que les lleva atender un asunto específico.

**COMISIONES ORDINARIAS DE LA CÁMARA DE DIPUTADOS DE MÉXICO, 2003-2006**

| Nombre | Nombre |
|---|---|
| Agricultura y Ganadería | Juventud y Deporte |
| Asuntos Indígenas | Marina |
| Atención a Grupos Vulnerables | Medio Ambiente y Recursos Naturales |
| Ciencia y Tecnología | Participación Ciudadana |
| Comunicaciones | Pesca |
| Cultura | Población, Fronteras y Asuntos Migratorios |
| Defensa Nacional | Presupuesto y Cuenta Pública |
| Desarrollo Metropolitano | Puntos Constitucionales |
| Desarrollo Rural | Radio, Televisión y Cinematografía |
| Desarrollo Social | Recursos Hidráulicos |
| Economía | Reforma Agraria |
| Distrito Federal | Reglamentos y Prácticas Parlamentarias |
| Educación Pública y Servicios Educativos | Relaciones Exteriores |

## COMISIONES ORDINARIAS DE LA CÁMARA DE DIPUTADOS DE MÉXICO, 2003-2006 (continuación)

| Nombre | Nombre |
| --- | --- |
| Energía | Salud |
| Equidad y Género | Seguridad Pública |
| Fomento Cooperativo y Economía Social | Seguridad Social |
| Fortalecimiento al Federalismo | Trabajo y Previsión Social |
| Gobernación | Transportes |
| Hacienda y Crédito Público | Turismo |
| Comisión Jurisdiccional | Vigilancia de la Auditoría Superior de la Federación |
| Justicia y Derechos Humanos | Vivienda |

Fuente: Cámara de Diputados, 2005.

## COMISIONES ESPECIALES DE LA CÁMARA DE DIPUTADOS DE MÉXICO, 2005

| Nombre | Nombre |
| --- | --- |
| Analizar la situación en la cuenca Lerma-Chapala México | Seguimiento a los programas y proyecto de desarrollo regional del sur-sureste de |
| Café | Concordia y pacificación |
| Seguimiento a los fondos de los trabajadores mexicanos braceros | Festejos del bicentenario del natalicio de Benito Juárez |
| Ganadería | Cuenca de Burgos |
| Reforma del Estado | Información relacionada con la aplicación de programas y fondos federales durante los procesos electorales del Estado de Durango |
| Campo | Seguimiento de las investigaciones del asesinato del Cardenal Posadas Ocampo |
| Niñez, adolescencia y familias | Seguimiento a los hechos de corrupción e involucramiento de funcionarios públicos del estado de Morelos con el narcotráfico |
| Problemas de la agroindustria mexicana de la caña de azúcar | Seguimiento de investigaciones relacionadas con los femicidios en la república mexicana |
| Prospectiva para la definición del futuro de México | |

Fuente: Cámara de Diputados, México, 2005.

## COMISIONES ORDINARIAS DE LA CÁMARA DE SENADORES DE MÉXICO, 2000-2006

| Nombre | Nombre |
| --- | --- |
| Administración | Hacienda y Crédito Público |
| Agricultura y Ganadería | Jubilados y Pensionados |
| Asuntos Fronterizos | Jurisdiccional |
| Asuntos Indígenas | Justicia |
| Biblioteca y Asuntos Editoriales | Juventud y Deporte |
| Ciencia y Tecnología | Marina |
| Comercio y Fomento Industrial | Comisión Medalla Belisario Domínguez |
| Comunicaciones y Transportes | Medio Ambiente, Recursos Naturales y Pesca |
| Defensa Nacional | Población y Desarrollo |
| Derechos Humanos | Puntos Constitucionales |
| Desarrollo Regional | Recursos Hidráulicos |
| Desarrollo Rural | Reforma Agraria |
| Desarrollo Social | Reglamentos y Prácticas Parlamentarias |
| Desarrollo Urbano | Relaciones Exteriores |
| Distrito Federal | Relaciones Exteriores, América del Norte |
| Educación y Cultura | Relaciones Exteriores, América Latina |
| Energía | Relaciones Exteriores, Asia-Pacífico |
| Equidad y Género | Relaciones Exteriores, Europa y África |
| Estudios Legislativos | Relaciones Exteriores, Organismos Internacionales |
| Estudios Legislativos, Primera | Relaciones Exteriores, Organizaciones no Gubernamentales |
| Estudios Legislativos, Segunda | Salud y Seguridad Social |
| Federalismo y Desarrollo Municipal | Trabajo y Previsión Social |
| Fomento Económico | Turismo |
| Gobernación | Vivienda |

Fuente: Cámara de Senadores, 2005.

**COMISIONES ESPECIALES DEL SENADO DE MÉXICO, 2005**

| Nombre | Nombre |
|---|---|
| Concordia y pacificación para el estado de Chiapas | Seguimiento a las indagaciones del proceso que se sigue en torno al homicidio del Lic. Luis Donaldo Colosio Murrieta |
| Conmemoración del quincuagésimo aniversario del voto del mujer en México | Reforma del Estado |
| Atender la problemática de la sociedad de ahorro y préstamo del noroeste denominada "El arbolito" | Seguimiento a los asesinatos de mujeres en Ciudad Juárez |
| Estudio de los sistemas de control de la administración y rendición de cuentas de los poderes de la unión | Seguimiento al cumplimiento de los objetivos y fines del decreto por el que se expropiaron diversos ingenios azucareros |
| Impulsar medidas que eviten el mercado ilícito y el robo de combustibles en Petróleos Mexicanos | Lograr un acercamiento en el conflicto de límites entre los estados de Colima y Jalisco |
| Grupo mundial de parlamentarios para el hábitat | Realizar acciones necesarias para promover una reunión internacional de parlamentarios en el marco de la conferencia internacional sobre el financiamiento para el desarrollo |

Fuente: Senado de la República, México, 2005.

**COMISIONES BICAMERALES DE MÉXICO, 2005**

| Nombre |
|---|
| Canal de televisión del Congreso de la Unión |
| Sistema de bibliotecas |
| Seguridad nacional |

# ORGANIZACIÓN FORMAL DEL CONGRESO ESTADUNIDENSE

El Congreso de Estados Unidos también funciona con base en comités que preparan leyes o conducen investigaciones. Existen menos comités que en el Congreso mexicano porque se dividen en docenas de subcomités que preparan el trabajo que luego es retomado por el pleno del comité, que es el que tiene la capacidad de llevar las leyes al pleno.

## COMITÉS DE LA CÁMARA DE REPRESENTANTES ESTADUNIDENSE, CONGRESO 108

| Ordinarios | Ordinarios |
|---|---|
| Agricultura | Judicial |
| Asignación | Recursos |
| Servicios Armados | Reglas |
| Presupuesto | Ciencia |
| Educación y Fuerza Laboral | Pequeña Empresa |
| Energía y Comercio | Estándares de Conducta Oficial |
| Servicios Financieros | Transporte e Infraestructura |
| Reforma del Gobierno | Asuntos de los Veteranos |
| Administración de la Cámara | Formas y Medios |
| Relaciones Internacionales | Seguridad de la Patria |
| **Especial** | |
| Permanente (Selecto) sobre Inteligencia | |

Fuente: Cámara de Representantes de Estados Unidos, 2005.

## COMITÉS DE LA CÁMARA DE SENADORES ESTADUNIDENSE, CONGRESO 109

| Ordinarios | Ordinarios |
|---|---|
| Agricultura, Nutrición y Silvicultura | Finanzas |
| Asignación | Relaciones Exteriores |
| Servicios Armados | Seguridad de la Patria y Temas Gubernamentales |
| Banca, Vivienda y Temas Urbanos | Salud, Educación, Trabajo y Pensiones |
| Presupuesto | Judicial |
| Comercio, Ciencia y Transporte | Reglas y Administración |
| Energía y Recursos Naturales | Pequeña Empresa y Empresas |
| Medio Ambiente y Obras Públicas | Asuntos de los Veteranos |
| **Especiales** | **Especiales** |
| Asuntos indígenas | Comité Selecto sobre Inteligencia |
| Comité Selecto sobre Ética | Comité Selecto sobre la Vejez |

Fuente: Senado de Estados Unidos, 2004.

**COMISIONES BICAMERALES DE EU, 2005**

| Nombre |
|---|
| Economía |
| Impuestos |
| Imprenta |
| Biblioteca |

Fuente: Senado de Estados Unidos, 2004.

## LOS PRESUPUESTOS Y LA FORMA EN QUE SE DISTRIBUYEN

Si se comparan los principales apartados que contienen los presupuestos de los dos Congresos, es digna de mención la cantidad que dedican los estadunidenses a la generación del conocimiento y a la rendición de cuentas. Véase, por ejemplo, cuánto dinero dedican a la Biblioteca del Congreso y a la contraloría (GAO).

Otro punto que hay que comparar son los salarios de los legisladores, que pese a la distancia que hay en el tamaño de las economías y en el costo de la vida no difieren mucho de un país a otro.

**PRESUPUESTO DEL CONGRESO DE LA UNIÓN DE MÉXICO, 2005**

| Concepto | Pesos |
|---|---|
| Poder Legislativo | 6,355,918,502 |
| Cámara de Senadores | 1,759,535,202 |
| Cámara de Diputados | 3,915,407,600 |
| Auditoría Superior de la Federación | 680,975,700 |

Fuente: Presupuesto de Egresos de la Federación, 2005.

## PRESUPUESTO DEL PODER LEGISLATIVO DE EU, 2005[a]

| Concepto | Millones de dólares |
|---|---|
| Cámara de Representantes | 1,162 |
| Senado | 781 |
| Biblioteca del Congreso | 799 |
| Arquitecto del Capitolio | 571 |
| Oficina General de Contabilidad | 481 |
| Policía del Capitolio | 292 |
| Oficina de Publicaciones del Gobierno | 151 |
| Tribunal Fiscal de los Estados Unidos | 42 |
| Oficina Presupuestaria del Congreso | 35 |
| Asuntos Conjuntos | 19 |
| Jardín Botánico | 12 |
| Oficina de Derechos y Obligaciones | 3 |
| Otras agencias del poder legislativo | 25 |
| Total | 4,376 |

[a] Valor estimado para el año 2005.
Fuente: Budget of the United States Government: Historical Tables Fiscal Year 2005. The U.S. Government Printing Office, 2005.

## PRESUPUESTO DE LOS SERVICIOS DE INVESTIGACIÓN DE LOS CONGRESOS, 2004

| Congreso | Pesos | Dólares[a] |
|---|---|---|
| México[b] | 51,337,051.32 | 4,543,101.88 |
| Estados Unidos[c] | 1,283,680,000.00 | 113,600,000.00 |

[a] Tipo de cambio: 11.30 pesos por dólar. Mes base: junio de 2004.
[b] Presupuesto para servicios de asesoría, consultoría, informáticos, estudios e investigaciones de la Cámara de Diputados y de la Cámara de Senadores. Lo anterior incluye el Servicio de Investigación y Análisis (SIA) de la Cámara de Diputados y el Instituto de Investigaciones Legislativas del Senado de la República (Ilsen).
[c] Presupuesto del Servicio de Investigación del Congreso (Congressional Research Service) el cual forma parte de la Biblioteca del Congreso (Library of Congress), cuyo presupuesto total fue de 579.8 millones de dólares (6,551.7 millones de pesos).
Fuente: Cámara de Diputados, Contraloría Interna de la Cámara de Senadores, Library of Congress Financial Annual Reports, 2004.

## SALARIOS DE LOS LEGISLADORES EN MÉXICO, 2004[a]

| Funcionario | Sueldo neto anual (pesos) | Sueldo en dólares |
|---|---|---|
| Diputado Federal | 1,470,790.00 | 130,158.42 |
| Dieta | 833,110.20 | 73,726.57 |
| Asignación para el trabajo legislativo | 637,680.00 | 56,431.86 |
| Senador | 1,402,188.00 | 124,087.43 |

[a] Tipo de cambio de 11.3 pesos por 1 dólar. Tasa promedio de 2004.
Fuente: Diario Oficial de la Federación, 2004.


## SALARIOS DE LOS LEGISLADORES EN EU, 2003[a]

| Cargo | Salario anual (dólares) | Salario anual (pesos) |
|---|---|---|
| Cámara de Representantes | | |
| Vocero de la Cámara | 198,600 | 2,244,180 |
| Líder de la mayoría y líder de la minoría | 171,900 | 1,942,470 |
| Representantes | 154,700 | 1,748,110 |
| Senado | | |
| Presidente *pro tempore* | 171,900 | 1,942,470 |
| Líder de la mayoría y líder de la minoría | 171,900 | 1,942,470 |
| Senadores | 154,700 | 1,748,110 |

[a] Tipo de cambio de 11.3 pesos por 1 dólar. Tasa promedio de 2004.
Fuente: Office of Personnel Management, Washington D.C., 2004.


## INFORMACIÓN ÚTIL

### COMITÉS DEL CONGRESO DE ESTADOS UNIDOS, 2005

| Comité | Presidente | Página web |
|---|---|---|
| **Cámara de Representantes** | | |
| Agricultura | Bob Goodlatte (VA) | agriculture.house.gov |
| Retenciones | Jerry Lewis (CA) | appropriations.house.gov |
| Servicios Armados | Duncan Hunter (CA) | armedservices.house.gov |

## COMITÉS DEL CONGRESO DE ESTADOS UNIDOS, 2005 (continuación)

| Comité | Presidente | Página web |
|---|---|---|
| **Cámara de Representantes** | | |
| Presupuesto | Jim Nussle (IA) | www.house.govbudget |
| Educación y Mano de Obra | John Boehner (OH) | edworkforce.house.gov |
| Energía y Comercio | Joe Barton (TX) | energycommerce.house.gov |
| Servicios Financieros | Michael Oxley (OH) | financialservices.house.gov |
| Reforma del Gobierno | Tom Davis (VA) | reform.house.gov |
| Seguridad Nacional | Chris Cox (CA) | hsc.house.gov |
| Administración de la Cámara | Robert Ney (OH) | www.house.gov/cha |
| Relaciones Internacionales | Henry Hyde (IL) | wwwc.house.gov international_relations |
| Justicia | James Sensenbrenner (WI) | judiciary.house.gov |
| Recursos | Richard Pombo (CA) | resourcescommittee.house.gov |
| Reglamento | Phil Gingrey (GA) | www.house.gov/rules |
| Ciencia | Sherwood Boehlert (NY) | www.house.gov/science |
| Pequeña empresa | Don Manzullo (IL) | wwwc.house.gov/smbiz |
| Estándares de la conducta oficial | Joel Hefley (CO) | www.house.gov/ethics |
| Transporte e Infraestructura | Don Young (AK) | www.house.gov/transportation |
| Asuntos de veteranos | Steve Buyer (IN) | veterans.house.gov |
| Maneras y medios | Bill Thomas (CA) | waysandmeans.house.gov |
| **Cámara de Senadores** | | |
| Agricultura, Nutrición y Silvicultura | Saxby Chambliss (GA) | agriculture.senate.gov |
| Retenciones | Thad Cochran (MS) | appropriations.senate.gov |
| Fuerzas Armadas | John Warner (VA) | armed-services.senate.gov |
| Actividades bancarias, Vivienda y Asuntos urbanos | Richard Shelby (AL) | banking.senate.gov |
| Presupuesto | Judd Gregg (NH) | budget.senate.gov |
| Comercio, Ciencia y Transporte | Ted Stevens (AK) | commerce.senate.gov |
| Energía y Recursos Naturales | Pete Domenici (NM) | energy.senate.gov |
| Medio ambiente y Obras públicas | James Inhofe (OK) | epw.senate.gov |
| Finanzas | Charles Grassley (IA) | finance.senate.gov |
| Relaciones Exteriores | Richard Lugar (IN) | foreign.senate.gov |

**COMITÉS DEL CONGRESO DE ESTADOS UNIDOS, 2005 (continuación)**

| Comité | Presidente | Página web |
|---|---|---|
| Seguridad Nacional y Asuntos de Gobierno | Susan Collins (ME) | hsgac.senate.gov |
| Salud, Educación, Trabajo y Pensiones | Mike Enzi (WY) | labor.senate.gov |
| Justicia | Sen. Arlen Specter (PA) | judiciary.senate.gov |
| Reglamento y Administración | Trent Lott (MS) | rules.senate.gov |
| Pequeña empresa y Fomento a la iniciativa privada | Olympia Snowe (ME) | sbc.senate.gov |
| Asuntos de Veteranos | Larry Craig (ID) | veterans.senate.gov |
| **Comités Especiales (Cámara de Senadores)** | | |
| Asuntos Indígenas | John McCain (AZ) | indian.senate.gov |
| Comité selecto sobre Ética | George V. Voinovich (OH) | ethics.senate.gov |
| Comité selector sobre Inteligencia | Pat Roberts (KS) | intelligence.senate.gov |
| Comité especial sobre Ancianos | Gordon Smith (OR) | aging.senate.gov/public |
| **Comités Bicamerales** | | |
| Imprenta | Mark Dayton (MN) | www.house.gov/jcp |
| Impuestos | Max Baucus (MT) | www.house.gov/jct |
| Biblioteca | Ted Stevens (AK) | www.senate.gov |
| Economía | Bob Bennett (UT) | jec.senate.gov |

Fuente: U.S. House of Representatives, U.S. Senate, 2005.

# CABILDEROS

El "cabildeo" son las gestiones que realizan empresas, grupos e individuos ante los legisladores para intentar influir en sus decisiones. Es inevitable que esto se realice por el peso que generalmente tienen los Congresos en los asuntos públicos. Para evitar el riesgo de que prevalezcan intereses particulares se busca reglamentar su actividad.

En el caso de México es bastante reciente su tránsito de la irrelevancia al protagonismo. En consecuencia, el cabildeo se realiza sin ningún tipo de regulación. En la actualidad sólo existe un par de iniciativas sin dictaminar.[1]

---

[1] La Iniciativa de Ley Federal para la Regulación de la Actividad Profesional del Cabildeo y la Promoción de Causas presentada por el diputado Efrén Leyva Acevedo del PRI el 29 de abril de 2002 y de la Iniciativa de Ley Federal de Cabildeo presentada por la diputada Cristina Portillo Ayala del PRD el 22 de abril de 2004.

En Estados Unidos el cabildeo está regulado por la Lobbying Disclosure Act (LDA) de 1995 que establece, entre otras medidas, que deben registrarse las organizaciones y los individuos que lo hacen. Cada semestre deben informar sobre 1) la lista de sus clientes; 2) los ingresos y egresos que tienen; 3) los temas en los que trabajarán; 4) ante qué cámara del Congreso o agencia federal realizarán su trabajo, y 5) una descripción, si se da el caso, del interés que tiene la organización, entidad o país extranjero que contrató a la agencia cabildera. Estos informes son públicos.

# EL PODER JUDICIAL

# EL PODER JUDICIAL

Las opiniones sobre la legalidad separan a las dos sociedades. Más de dos terceras partes de los estadunidenses consideran que la ciudadanía y los gobernantes sí cumplen con las leyes. Las cifras se invierten en México, donde un porcentaje similar está convencido de que tanto los ciudadanos como los gobernantes son indiferentes a la legalidad.

Estas actitudes repercuten en la forma como se resuelven las diferencias y conflictos. Estados Unidos es un país de litigios y abogados y buena parte de las luchas políticas se libran ante los tribunales. Por ejemplo, el movimiento a favor de la igualdad entre razas, que transformó al país, se desencadenó cuando en 1954 la Suprema Corte emitió el fallo Brown vs. Board of Education of Topeka.

En México, buena parte de los agravios se resuelven por canales extrajudiciales. Fuera del sistema jurídico, existen 33 comisiones gubernamentales encargadas de velar por los derechos humanos. Como buena parte de estos organismos sufren de una dependencia política frente a la autoridad, la indefensión ciudadana sigue siendo la norma.

## MÉXICO

**ESTRUCTURA DEL PODER JUDICIAL FEDERAL, 2003**

| Concepto | Total |
|---|---|
| Titulares | |
| Ministros de la Suprema Corte | 11 |
| Consejeros del Consejo de la Judicatura Federal | 7 |
| Magistrados del Tribunal Federal Electoral | 7 |
| Magistrados electorales (salas regionales) | 15 |
| Magistrados de tribunales colegiados y unitarios | 544 |
| Jueces de Distrito | 254 |
| Tribunales y juzgados por circuito | |
| Tribunales colegiados | 164 |
| Tribunales unitarios | 64 |
| Juzgados | 268 |

Fuente: Consejo de la Judicatura Federal, 2004.

## MOVIMIENTO EN EL PODER JUDICIAL FEDERAL, 2003[a]

| Asuntos | Existencia anterior | Ingresos | Egresos | Quedan |
|---|---|---|---|---|
| **Suprema Corte de Justicia** | | | | |
| Total | 146 | 1,599 | 1,375 | 370 |
| Amparos en revisión | 19 | 707 | 594 | 132 |
| Amparos directos en revisión | 20 | 266 | 210 | 76 |
| Acciones de inconstitucionalidad | 0 | 2 | 2 | 0 |
| Competencias | 1 | 14 | 14 | 1 |
| Contradicciones de tesis | 63 | 140 | 118 | 85 |
| Controversias constitucionales | 0 | 8 | 7 | 1 |
| Facultad de atracción | 0 | 10 | 9 | 1 |
| Inconformidades | 9 | 133 | 124 | 18 |
| Incidentes de inejecución de sentencia | 23 | 66 | 66 | 23 |
| Reconocimientos de inocencia | 0 | 44 | 44 | 0 |
| Reclamaciones en controversias constitucionales | 1 | 24 | 15 | 10 |
| Reclamaciones | 9 | 169 | 157 | 21 |
| **Tribunales Colegiados de Circuito** | | | | |
| Total | 32,770 | 236,322 | 229,141 | 39,951 |
| Juicios de amparo directo | 18,598 | 123,561 | 120,557 | 21,811 |
| **Tribunales Unitarios de Circuito** | | | | |
| Apelaciones | 5,124 | 42,862 | 42,006 | 5,980 |
| Juicios de amparo | 369 | 2,176 | 2,214 | 331 |
| **Juzgados de Distrito** | | | | |
| Juicios de amparo | 38,460 | 292,261 | 292,551 | 38,170 |
| Causas penales | 12,277 | 19,422 | 26,211 | 13,934 |
| Juicios federales | 3,596 | 5,143 | 5,380 | 3,359 |

[a] Las cifras de la Suprema Corte son del 1 de diciembre de 2002 al 30 de noviembre de 2003. Las de tribunales y juzgados son del 14 de noviembre de 2002 al 13 de noviembre de 2003.
Fuente: Suprema Corte de Justicia, 2003.

Es enorme la carga de trabajo que tienen los integrantes del poder judicial federal. En los últimos años han ido modernizando sus métodos de trabajo, pero aún están a la zaga de la demanda. Por otro lado, llama la atención la cantidad de juicios de amparo que se interponen cada año, lo que para algunos es otra de las distorsiones que tiene el sistema de justicia mexicano.

## MIEMBROS DE LA SUPREMA CORTE DE JUSTICIA DE LA NACIÓN, 2004

| Nombre | Lugar y año de nacimiento | Inicio de periodo |
|---|---|---|
| Mariano Azuela Güitrón[a] | Distrito Federal, 1936 | 1983 |
| Guillermo Iberio Ortiz Mayagoitia | Veracruz, 1941 | 1995 |
| Juan Díaz Romero | Oaxaca, 1930 | 1986 |
| José de Jesús Gudiño Pelayo | Jalisco, 1943 | 1995 |
| Juan N. Silva Meza | Distrito Federal, 1944 | 1995 |
| Genaro David Góngora Pimentel | Chihuahua, 1937 | 1995 |
| Sergio Salvador Aguirre Anguiano | Jalisco, 1943 | 1995 |
| Olga María del Carmen Sánchez Cordero | Distrito Federal, 1947 | 1995 |
| José Ramón Cossío Díaz | Distrito Federal, 1960 | 2003 |
| Margarita Beatriz Luna Ramos | Chiapas, 1946 | 2004 |
| Sergio Armando Valls Hernández | Chiapas, 1941 | 2004 |

[a] Ministro Presidente de la Suprema Corte desde el 2 de enero de 2003.
Fuente: Suprema Corte de Justicia de la Nación, 2004.

Los once ministros permanecen 15 años en el cargo. Para nombrarlos el presidente de la República somete a consideración del Senado una terna de candidatos. Previa comparecencia, la aprobación del elegido se da mediante votación favorable de las dos terceras partes de los senadores presentes. El pleno de la Corte elige a su presidente cada cuatro años sin que exista reelección para el periodo inmediato. En la medida en la que los ministros han ganado independencia frente al presidente su influencia ha ido creciendo.

## MINISTROS PRESIDENTES DE LA SUPREMA CORTE, 1825-2005

| Nombre | Periodo |
|---|---|
| Miguel Domínguez | 1825-1827 |
| Pedro Vélez | 1828-1830, 1844, 1846 |
| Juan Bautista Morales / Juan José Flores | 1830-1838 |
| José María Bocanegra | 1839-1841 |
| Juan Nepomuceno Gómez Navarrete | 1841-1843 |

## MINISTROS PRESIDENTES DE LA SUPREMA CORTE, 1825-2005 (continuación)

| Nombre | Periodo |
|---|---|
| José Antonio Méndez | 1845 |
| Manuel de la Peña y Peña | 1846-1850 |
| Juan Bautista Morales | 1851, 1855-1856 |
| Juan Bautista Ceballos | 1852 |
| José Ignacio Pavón | 1853-1855, 1858-1860 (gobierno conservador) |
| Luis de la Rosa | 1856 |
| Benito Juárez (gobierno liberal) | 1857-1860 |
| José Ignacio Pavón (gobierno conservador) | 1858-1860 |
| José María Aguirre | 1861 |
| José María Cortez y Esparza | 1861-1862, 1863 |
| Jesús González Ortega | 1862, 1864 |
| Manuel Ruiz | 1865 |
| Manuel Fernández de Jáuregui (Imperio de Maximiliano) | 1864-1865 |
| Teodosio Lares (Imperio de Maximiliano) | 1866-1867 |
| Pedro Ogazón | 1867 |
| Sebastián Lerdo de Tejada | 1868-1872 |
| José María Iglesias | 1872-1876 |
| Ignacio Luis Vallarta | 1877-1882 |
| Ignacio Ramírez | 1877-1879 |
| Juan M. Vázquez | 1881-1883 |
| Manuel Alas | 1881 |
| Miguel Blanco | 1880-1882 |
| José María Bautista | 1882-1883 |
| Manuel Alas | 1882-1883 |
| Guillermo Valle | 1882-1884 |
| Jesús, M. Vázquez Palacios | 1884-1886 |
| Prudenciano Dorantes | 1887, 1891, 1897 |
| Manuel María Contreras | 1886 |
| Miguel Auza | 1884, 1886-1887, 1889-1890 |
| Manuel Saavedra | 1887-1889, 1891 |

## MINISTROS PRESIDENTES DE LA SUPREMA CORTE, 1825-2005 (continuación)

| Nombre | Periodo |
| --- | --- |
| Félix Romero | 1890-1891,1893-1895,1899,1902-1905, 1907-1910 |
| Francisco Martínez de Arredondo | 1893,1895-1896, 1898 |
| Francisco Vaca | 1888, 1898 |
| Manuel María de Zamacona | 1898 |
| José María Lozano | 1892 |
| Manuel Castilla Portugal | 1892-1893, 1898 |
| Eustaquio Buelna | 1892-1894, 1897-1898 |
| Eleuterio Ávila | 1884 |
| Melesio Alcántara | 1886-1888 |
| José María Aguirre de la Barrera | 1887-1892 |
| Eduardo Castañeda | 1901-1904 |
| Silvestre Moreno Cora | 1900 |
| José Zubieta | 1905-1907 |
| Manuel García Méndez | 1905-1907, 1910 |
| Demetrio Sodi | 1908-1911 |
| Félix Romero | 1911-1912 |
| Francisco Sebastián Carvajal | 1912-1913 |
| Manuel Olivera Toro | 1913-1914, 1914-1915 |
| Eduardo Castañeda | 1914 |
| *No hay poder judicial* | 1914-1917 |
| Enrique M. de los Ríos | 1917-1919 |
| Enrique Moreno | 1920-1922 |
| Francisco Modesto Ramírez | 1923-1924 |
| Gustavo A. Vicencio | 1924-1925 |
| Manuel Padilla | 1925-1927 |
| Francisco Díaz Lombardo | 1927-1928 |
| Jesús Guzmán Vaca | 1928-1929 |
| Julio García | 1929-1933 |
| Francisco H. Ruíz | 1934 |
| Daniel V. Valencia | 1935-1940 |
| Salvador Urbina | 1941-1951 |
| Roque Estrada | 1952 |

**MINISTROS PRESIDENTES DE LA SUPREMA CORTE, 1825-2005 (continuación)**

| Nombre | Periodo |
|---|---|
| Hilario Medina | 1953 |
| José María Ortiz Tirado | 1954 |
| Vicente Santos Guajardo | 1955-1956 |
| Hilario Medina | 1957 |
| Agapito Pozo | 1958 |
| Alfonso Guzmán Neyra | 1959-1964 |
| Agapito Pozo | 1965-1968 |
| Alfonso Guzmán Neyra | 1969-1973 |
| Euquerio Guerrero López | 1974-1975 |
| Mario G. Rebolledo | 1976 |
| Agustín Téllez Cruces | 1977-1981 |
| Mario G. Rebolledo | 1982 |
| Jorge Inárritu y Ramírez de Aguilar | 1985 |
| Carlos del Río Rodríguez | 1986-1990 |
| Ulises Schmill Ordóñez | 1991-1994 |
| José Vicente Aguinaco Alemán | 1995-1999 |
| Genaro David Góngora Pimentel | 1999-2003 |
| Mariano Azuela Güitrón | 2003- |

Fuente: Suprema Corte de Justicia de la Nación, 2004.

## ESTADOS UNIDOS

**ESTRUCTURA DEL PODER JUDICIAL FEDERAL EU, 2003**

| Concepto | Total |
|---|---|
| **Titulares** | |
| Ministros Suprema Corte de Justicia | 9 |
| Jueces federales | 1,266 |
| En cortes de apelación | 265 |
| En cortes de distrito | 1,001 |

**ESTRUCTURA DEL PODER JUDICIAL FEDERAL DE EU, 2003 (continuación)**

| Concepto | Total |
|---|---|
| **Organización** | |
| Cortes de apelación | 13 |
| Cortes de distrito | 94 |
| Cortes de bancarrota | 91 |
| Corte de comercio internacional | 1 |
| Corte de reclamaciones federales | 1 |

Fuente: Suprema Corte de Justicia de Estados Unidos, 2004.


**MIEMBROS DE LA SUPREMA CORTE DE JUSTICIA DE EU, 2005**

| Nombre | Lugar y año de nacimiento | Inicio de periodo |
|---|---|---|
| William H. Rehnquist[a] | Wisconsin, 1924 | 1972 |
| John Paul Stevens | Illinois, 1920 | 1975 |
| Sandra Day O'Connor | Texas, 1930 | 1981 |
| Antonin Scalia | Nueva Jersey, 1936 | 1986 |
| Anthony M. Kennedy | California, 1936 | 1988 |
| David H. Souter | Massachussets, 1939 | 1990 |
| Clarence Thomas | Georgia, 1948 | 1991 |
| Ruth Bader Ginsburg | Nueva York, 1933 | 1993 |
| Stephen G. Breyer | California, 1938 | 1994 |

[a] Ministro Presidente de la Suprema Corte desde 1986.
Fuente: Suprema Corte de Justicia de Estados Unidos.

El presidente nombra a los miembros de la Suprema Corte con la aprobación del Senado. La Corte está integrada por un ministro presidente y varios ministros asociados, con cargos vitalicios. Al igual que ocurre con el resto del poder judicial, su filosofía jurídica es abiertamente conservadora o liberal. El ideal es que exista un equilibrio entre ellos, aunque eso varía dependiendo de la duración de los ciclos ideológicos que caracterizan a Estados Unidos.

## CASOS PRESENTADOS ANTE LA SCJ, LAS CORTES DE APELACIÓN Y LAS CORTES DE DISTRITO DE EU, 1970-2002[a]

| Concepto | 1970 | 1980 | 1990 | 2000 | 2002 |
|---|---|---|---|---|---|
| **Suprema Corte de Justicia** | | | | | |
| Total de casos en expedientes | 4,212 | 5,144 | 6,316 | 8,445 | 9,176 |
| Casos discutidos | 151 | 154 | 125 | 83 | 88 |
| Número de resoluciones | 109 | 123 | 112 | 79 | 85 |
| **Cortes de apelación** | | | | | |
| Casos iniciados | 11,662 | 23,200 | 40,898 | 54,967 | 57,555 |
| Casos terminados | 10,699 | 20,887 | 38,520 | 56,512 | 56,583 |
| Casos para disposición final | 6,139 | 10,607 | 21,006 | 27,516 | 22,502 |
| Meses promedio para la disposición final | 8.2 | 8.9 | 10.1 | 11.6 | 10.7 |
| **Cortes de distrito** | | | | | |
| Casos civiles iniciados | 87,300 | 168,800 | 217,900 | 259,517 | 274,841 |
| Juicios | 8,000 | 10,100 | 9,200 | 5,780 | 6,015 |
| Casos criminales iniciados | 38,100 | 28,000 | 46,500 | 62,745 | 67,000 |
| Juicios | 36,400 | 36,600 | 56,500 | 75,071 | 78,835 |
| Número de personas no culpables | 8,200 | 8,000 | 9,800 | 8,035 | 7,953 |
| Número de personas culpables | 28,200 | 28,600 | 46,700 | 67,036 | 70,882 |

[a] Los datos presentados corresponden a los doce meses anteriores al 30 de septiembre del año indicado.
Fuente: Administrative Office of the U.S. Courts, 2004.

## MINISTROS PRESIDENTES DE LA SUPREMA CORTE DE JUSTICIA DE ESTADOS UNIDOS, 1789-2005

| Nombre | Nombrado por el presidente | Periodo de servicio |
|---|---|---|
| John Jay | George Washington | 1789-1795 |
| John Rutledge | George Washington | 1795 |
| Oliver Ellsworth | George Washington | 1796-1800 |
| John Marshall | John Adams | 1801-1835 |
| Roger Brooke Taney | Andrew Jackson | 1836-1864 |

**MINISTROS PRESIDENTES DE LA SUPREMA CORTE DE JUSTICIA DE ESTADOS UNIDOS, 1789-2005 (continuación)**

| Nombre | Nombrado por el presidente | Periodo de servicio |
| --- | --- | --- |
| Salmon Portland Chase | Abraham Lincoln | 1864-1873 |
| Morrison Remick Waite | Ulysses S. Grant | 1874-1888 |
| Melville Weston Fuller | Grover Cleveland | 1888-1910 |
| Edward Douglass White | William H. Taft | 1910-1921 |
| William H. Taft | Warren G. Harding | 1921-1930 |
| Charles Evans Hughes | Herbert C. Hoover | 1930-1941 |
| Harlan Fiske Stone | Franklin D. Roosevelt | 1941-1946 |
| Fred Moore Vinson | Harry S. Truman | 1946-1953 |
| Earl Warren | Dwight D. Eisenhower | 1953-1969 |
| Warren E. Burger | Richard M. Nixon | 1969-1986 |
| William H. Rehnquist | Ronald Reagan | 1986- |

Fuente: Suprema Corte de Justicia de Estados Unidos, 2004.

Al ser un cargo vitalicio, el número de presidentes de la Suprema Corte es notablemente inferior al que ha tenido México.

## UNA COMPARACIÓN DE LOS RECURSOS A SU DISPOSICIÓN

Si recordamos la población que tienen ambos países, llama la atención lo reducido de la brecha en los recursos que reciben ambos poderes judiciales. Los salarios que reciben los ministros de las Supremas Cortes tampoco están tan distantes entre sí.

**PRESUPUESTO DEL PODER JUDICIAL EN MÉXICO, 2005**

| Concepto | Millones de pesos[a] |
|---|---|
| Suprema Corte de Justicia de la Nación | 2,929 |
| Consejo de la Judicatura Federal | 16,932 |
| Tribunal Electoral del Poder Judicial de la Federación | 1,175 |
| Total | 21,037 |

[a] Sólo se incluye el gasto programable. Cifras redondeadas.
Fuente: Presupuesto de Egresos de la Federación, 2005.

**PRESUPUESTO DEL PODER JUDICIAL EN EU, 2005**

| Concepto | Millones de dólares |
|---|---|
| Suprema Corte | 69 |
| Juzgados de distrito, cortes de apelaciones y otros servicios judiciales | 6,077 |
| Otras dependencias judiciales[a] | 239 |
| Total | 6,385 |

[a] Corte de Apelaciones, Corte para el Comercio Internacional, Oficina Administrativa de las Cortes, Centro Judicial Federal, Fondos para el Retiro Judicial y Comisión de Sentencias.
Fuente: Budget of the United States Government, 2005.

**SALARIO ANUAL DE MINISTROS DE LA SUPREMA CORTE MÉXICO-EU, 2004**

| Concepto | México Pesos | México Dólares[a] | Estados Unidos Pesos | Estados Unidos Dólares |
|---|---|---|---|---|
| Presidente | 1,760,588.16 | 157,195.37 | 2,276,538.00 | 202,900.00 |
| Ministros | 1,727,859.48 | 154,273.17 | 2,175,040.00 | 194,200.00 |

[a] Tipo de cambio: 11.20 pesos por dólar. Mes base: mayo de 2004.
Fuente: Suprema Corte de Justicia de la Nación de México, Infoplease, 2005.

# INFORMACION ÚTIL

## DEPENDENCIAS DEL PODER JUDICIAL FEDERAL MEXICANO

| Dependencia |
|---|
| **Suprema Corte de Justicia de la Nación.** Tiene una gran base de datos, con asuntos y controversias ordenados por año. Web: www.scjn.gob.mx |
| **Consejo de la Judicatura Federal.** Tiene a su cargo la administración, vigilancia, disciplina y carrera judicial del Poder Judicial (a excepción de la Suprema Corte y del Tribunal Electoral). Web: www.cjf.gob.mx |
| **Instituto de la Judicatura Federal.** Auxilia al Consejo de la Judicatura Federal en investigación, formación, capacitación y actualización de los miembros del Poder Judicial. Web: www.ijf.cjf.gob.mx |
| **Instituto Federal de Especialistas de Concursos Mercantiles.** Apoya al Consejo de la Judicatura Federal y tiene autonomía técnica y operativa. Web: www.ifecom.cjf.gob.mx |
| **Tribunal Electoral del Poder Judicial de la Federación.** Califica las elecciones federales y resuelve controversias electorales. Web: www.trife.gob.mx/index.html |
| **Comisión Nacional de Tribunales Superiores de Justicia.** Su objetivo es mejorar la impartición de justicia. Revisa códigos, leyes, reglamentos, etc. Web: www.cntsj.gob.mx |
| **Instituto Nacional de Ciencias Penales.** Centro académico que forma, actualiza y especializa a los agentes del Ministerio Público de la Federación, a los peritos profesionales y a otros servidores públicos. Web: www.inacipe.gob.mx |
| **Orden Jurídico Nacional.** En este sitio se puede encontrar el Diario Oficial de la Federación, la Constitución Política de los Estados Unidos Mexicanos, así como todas las legislaciones del ámbito federal y local. Web: www.ordenjuridico.gob.mx |

## PODER JUDICIAL DE LOS ESTADOS, MÉXICO

| Estado | Página web |
|---|---|
| Aguascalientes | ags.acnet.net/stjeags |
| Baja California | www.poder-judicial-bc.gob.mx |
| Baja California Sur | www.prodigyweb.net.mx/tribunalbcs |
| Campeche | www.tribunalcampeche.gob.mx |

**PODER JUDICIAL DE LOS ESTADOS, MÉXICO (continuación)**

| Estado | Página web |
| --- | --- |
| Chiapas | www.stj-chiapas.gob.mx/_STJ/Pages/index.php |
| Chihuahua | www.gob.mx/wb2/egobierno/egob_Poder_Judicial_del_Estado_de_Chihuahua |
| Coahuila | www.poderjudicialcoahuila.gob.mx/pag/TSJ/tsj.htm |
| Colima | stj.col.gob.mx |
| Distrito Federal | www.tsjdf.gob.mx |
| Durango | www.geocities.com/CapitolHill/Congress/3435 |
| Guanajuato | www.poderjudicial-gto.gob.mx |
| Guerrero | www.gob.mx/wb2/egobierno/egob_Poder_Judicial_del_Estado_de_Guerrero |
| Hidalgo | www.tsjhidalgo.com.mx |
| Jalisco | wcgpj.jalisco.gob.mx |
| Estado de México | www.pjedomex.gob.mx |
| Michoacán | www.tribunalmmm.gob.mx |
| Morelos | www.htsjem.gob.mx |
| Nayarit | www.tsjnay.gob.mx |
| Nuevo León | www.pjenl.gob.mx |
| Oaxaca | www.tribunaloax.gob.mx |
| Puebla | www.htsjpuebla.gob.mx/home.php |
| Querétaro | www.gob.mx/wb2/egobierno/egob_Poder_Judicial_del_Estado_de_Queretaro |
| Quintana Roo | www.tsjqroo.gob.mx |
| San Luis Potosí | www.stjslp.gob.mx |
| Sinaloa | www.stj-sin.gob.mx |
| Sonora | tribunal.uson.mx |
| Tabasco | www.tsj-tabasco.gob.mx |
| Tamaulipas | www.pjetam.gob.mx |
| Tlaxcala | www.tsjtlaxcala.gob.mx |
| Veracruz | www.pjeveracruz.gob.mx |
| Yucatán | www.tsjyuc.gob.mx |
| Zacatecas | www.tsjzac.gob.mx |

## DEPENDENCIAS DEL PODER JUDICIAL FEDERAL ESTADUNIDENSE

| Dependencia |
|---|
| **Supreme Court of the United States.** Contiene una amplia base de datos, con casos terminados y pendientes. Web: www.supremecourtus.gov |
| **Administrative Office of the U.S. Courts.** Apoya a las cortes federales en lo administrativo, en programas y los asuntos que afecten el desempeño del Poder Judicial. Web: www.uscourts.gov/adminoff.html |
| **Federal Judicial Center.** Capacita a los miembros de las cortes federales y realiza trabajos de investigación. Web: www.fjc.gov |
| **U.S. District Courts.** Encargadas de los juicios federales. Tienen jurisdicción sobre casos civiles y penales. Web: www.uscourts.gov/districtcourts.html |
| **U.S. Court of International Trade.** Corte especializada en comercio internacional y asuntos aduanales. Entre otros, clasificación y valoración de la mercancía importada, impuestos aduanales, prácticas de comercio injustas, etc. Web: www.cit.uscourts.gov |
| **U.S. Court of Federal Claims.** Atiende reclamaciones monetarias que tengan sustento en la Constitución, en los Códigos Federales, en las regulaciones del Ejecutivo y en los contratos celebrados con Estados Unidos. Web: www.uscfc.uscourts.gov |
| **Judicial Panel on Multidistrict Litigation.** Determina si las acciones civiles pendientes en diversos distritos federales contienen preguntas comunes que deban ser coordinadas antes de los juicios. Web: www.jpml.uscourts.gov |
| **U.S. Sentencing Comission.** Determina las políticas y las prácticas que establecen las sentencias de las cortes federales. Web: www.ussc.gov |

## PODER JUDICIAL DE LOS ESTADOS, ESTADOS UNIDOS

| Estado | Página web |
|---|---|
| Alabama | www.judicial.state.al.us |
| Alaska | www.state.ak.us/courts/home.htm |
| Arizona | www.supreme.state.az.us |
| Arkansas | courts.state.ar.us/index.html |
| California | www.courtinfo.ca.gov/index.htm |
| Colorado | www.courts.state.co.us |
| Connecticut | www.jud.state.ct.us |
| Delaware | courts.state.de.us |
| District of Columbia | www.dccourts.gov/dccourts/index.jsp |
| Florida | www.flcourts.org |

## PODER JUDICIAL DE LOS ESTADOS, ESTADOS UNIDOS (continuación)

| Estado | Página web |
| --- | --- |
| Georgia | www.georgiacourts.org |
| Hawaii | www.courts.state.hi.us/index.jsp |
| Idaho | www.isc.idaho.gov |
| Illinois | www.state.il.us/state/judicial.htm |
| Indiana | www.state.in.us/judiciary |
| Iowa | www.judicial.state.ia.us |
| Kansas | www.kscourts.org |
| Kentucky | www.kycourts.net/kcojdefault.shtm |
| Louisiana | www.lasc.org/index.asp |
| Maine | www.courts.state.me.us |
| Maryland | www.courts.state.md.us |
| Massachusetts | www.mass.gov/courts/index.html |
| Michigan | courts.michigan.gov/index.htm |
| Minnesota | www.courts.state.mn.us |
| Mississippi | www.mssc.state.ms.us |
| Missouri | www.courts.mo.gov/index.nsf |
| Montana | www.lawlibrary.state.mt.us |
| Nebraska | court.nol.org |
| Nevada | www.nvsupremecourt.us |
| New Hampshire | www.courts.state.nh.us |
| New Jersey | www.judiciary.state.nj.us |
| New Mexico | www.supremecourt.nm.org |
| New York | www.courts.state.ny.us/home.htm |
| North Carolina | www.nccourts.org/Default.asp |
| North Dakota | www.court.state.nd.us |
| Ohio | www.sconet.state.oh.us/introduction |
| Oklahoma | www.oscn.net/oscn/schome/start.htm |
| Oregon | www.ojd.state.or.us |
| Pennsylvania | www.courts.state.pa.us/Index/UJS/Indexujs.asp |
| Rhode Island | www.courts.state.ri.us |
| South Carolina | www.judicial.state.sc.us |
| South Dakota | www.sdjudicial.com |
| Tennessee | www.tsc.state.tn.us/index.htm |
| Texas | www.courts.state.tx.us |

## PODER JUDICIAL DE LOS ESTADOS, ESTADOS UNIDOS (continuación)

| Estado | Página web |
| --- | --- |
| Utah | www.utcourts.gov |
| Vermont | www.vermontjudiciary.org/default.aspx |
| Virginia | www.courts.state.va.us |
| Washington | www.courts.wa.gov |
| West Virginia | www.state.wv.us/wvsca/wvsystem.htm |
| Wisconsin | www.courts.state.wi.us |
| Wyoming | courts.state.wy.us |

## SITIOS SOBRE PODER JUDICIAL Y LEYES MEXICANAS

| Nombre |
| --- |
| **Barra Mexicana, Colegio de Abogados A.C.** Sitio que cuenta con diversas publicaciones relacionadas con legislación y jurisprudencia mexicanas. Ofrece servicios de asistencia legal. Web: www.bma.org.mx |
| **Casas de la Cultura Jurídica.** Son centros de la Suprema Corte de Justicia de la Nación establecidos en todo el país. Web: www.ccj.scjn.gob.mx/ccj |
| **Centro de Investigación Jurídica (ITESM).** Ofrece asesoría sobre leyes mexicanas incluyendo su interpretación. Web: www.mty.itesm.mx/daf/centros/ij |
| **Centro Jurídico para el Comercio Internacional (ITESM).** Realiza investigación, consultoría y difusión sobre comercio internacional. Web: www.mty.itesm.mx/daf/centros/jurici/home.htm |
| **División de Estudios Jurídicos (CIDE).** Investigación y docencia en derecho. Tiene biblioteca virtual. Web: www.cide.edu/div_estudios_juridicos.htm |
| **Instituto de Investigaciones Jurídicas (UNAM).** Uno de los principales centros mexicanos. Tiene una amplia actividad de difusión. Web: www.juridicas.unam.mx |
| **Mexican Law (University of San Diego, California).** Sitio en inglés sobre el poder judicial mexicano y leyes mexicanas. Web: www.mexlaw.com |
| **Mexican Online Legal Research.** Base de datos que contiene sitios de internet mexicanos e internacionales sobre la materia. Web: www.aallnet.org/sis/ripssis/mexonline.htm |
| **Tepantlato (Instituto de Ciencias Jurídicas de Egresados de la UNAM).** Revista trimestral. Contiene una amplia base de datos sobre las tesis emitidas por la SCJN. Web: www.tepantlato.com.mx/inicio.htm |

## SITIOS DEDICADOS A LA INVESTIGACIÓN DEL PODER JUDICIAL Y LAS LEYES DE ESTADOS UNIDOS

| Nombre |
|---|
| **American Judicature Society.** Se concentra en la integridad e independencia de las cortes estadunidenses. Web: www.ajs.org/ajs/home.asp |
| **Avalon Project (Yale University).** Enorme cantidad de documentos sobre el derecho y la historia legal de Estados Unidos y otros países. Web: www.yale.edu/lawweb/avalon/ |
| **Federal Courts Law Review.** Muy útil para lo relacionado con las cortes federales estadunidenses. Web: www.fclr.org/content/fclr.htm |
| **Guide to Law Online.** Compendio de leyes, reglamentos, decisiones, etc. Incluye análisis y comentarios de abogados. Web: www.loc.gov/law/guide/index.html |
| **John M. Olin Center (Harvard Law School).** Documentos de trabajo elaborados en la escuela de derecho de la Universidad de Harvard. Web: www.law.harvard.edu/programs/olin_center |
| **Legal Information Institute (Cornell University).** Amplia base de datos sobre leyes y jurisprudencia estadunidense. Tiene una sección dedicada a la Suprema Corte de Justicia de Estados Unidos. Web: www.law.cornell.edu |
| **Pritzker Legal Research Center (Northwestern University).** Realiza investigaciones sobre las leyes, los reglamentos y el poder judicial estadunidense. Una amplia cantidad de información. Web: www.law.nwu.edu/lawlibrary |
| **The Ames Foundation.** Una gran cantidad de información (principalmente artículos académicos) sobre la historia legal de Estados Unidos. Web: www.law.harvard.edu/programs/ames_foundation/main.html |
| **The National Center for State Courts.** Se concentra en la impartición de justicia en las cortes federales y estatales estadunidenses. Web: www.ncsconline.org |

# MIGRACIÓN

# MIGRACIÓN

La geopolítica nos hizo vecinos y eso ha facilitado un éxodo monumental y constante de mexicanos a Estados Unidos. Las causas son variadas. México expulsa por conflictos políticos o crisis económicas; Estados Unidos atrae (y en algunos momentos rechaza) por las necesidades de su economía. Con el tiempo se han generado dinámicas autosustentables como las redes migratorias o la próspera industria de traficantes de seres humanos.

Un fenómeno asociado es que millones de ciudadanos de varios países (a ciencia cierta nadie sabe cuántos) han utilizado a México como vía de acceso a Estados Unidos.

La gigantesca frontera estuvo abierta durante la mayor parte de la historia. Eso cambió en los años noventa del siglo XX, cuando Estados Unidos empezó a cerrar los puntos de cruce tradicional, lo que desvió el flujo humano a lugares inhóspitos. Eso incrementó el costo en vidas. Pese a que las dificultades crecieron, tras la entrada en vigor del Tratado de Libre Comercio se incrementó la migración y se originó una revolución demográfica de consecuencias todavía impredecibles.

## BOSQUEJO DEL ÉXODO

**MEXICANOS EN ESTADOS UNIDOS, 2002**

| Concepto | Millones |
| --- | --- |
| Población de origen mexicano en EU | 25.1 |
| Migrantes nacidos en México | 9.8 |
| Indocumentados | 4.8 |

Fuente: U.S. Census Bureau, 2004.

Estas cifras encierran una gran heterogeneidad. En esos 25 millones se mezclan los que se quedaron en Estados Unidos después de la guerra de 1846-48, los que fueron asentándose a raíz de los "Convenios Bracero" y los que todavía ahora siguen dejando México.

**RESIDENTES EN EU NACIDOS EN MÉXICO RESPECTO DEL TOTAL DE POBLACIÓN DE ORIGEN MEXICANO, 1970-2000**

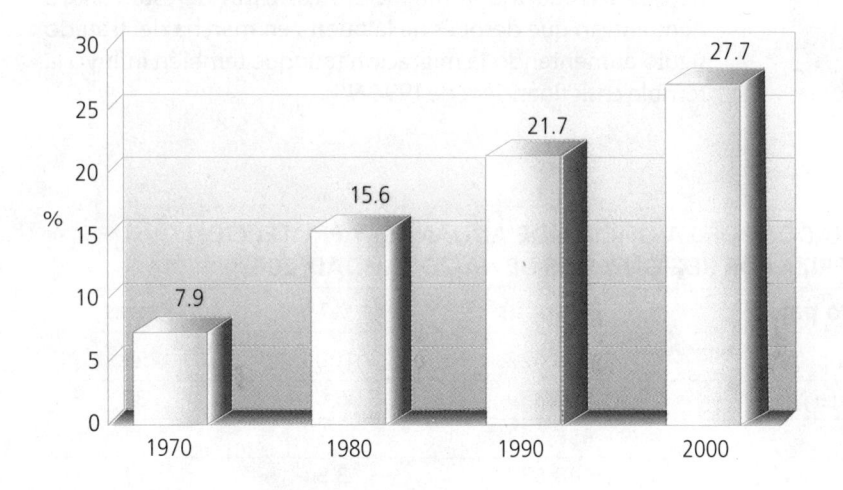

| Año | % |
|---|---|
| 1970 | 7.9 |
| 1980 | 15.6 |
| 1990 | 21.7 |
| 2000 | 27.7 |

Fuente: Center for Immigration Studies, 2003.

En 25 años la migración duplicó el número de residentes mexicanos en Estados Unidos. Esta gráfica ilustra desde otra perspectiva la avalancha de mexicanos que se han dirigido hacia el norte para escapar de la sucesión de crisis económicas.

**AÑO DE INGRESO A EU**

| Concepto | % |
|---|---|
| Antes de 1975 | 13.5 |
| De 1975 a 1985 | 20.9 |
| De 1986 a 1993 | 27.1 |
| De 1994 a 2002 | 38.5 |

Fuente: Conapo, 2004.

El Tratado de Libre Comercio fue promovido con la tesis de que se reduciría la migración. Las cifras de este cuadro demuestran que después de la puesta en marcha del tratado siguió aumentando la migración (aunque también influyó la terrible crisis financiera de 1994-95).

**DEPORTADOS POR LA OFICINA DE ADUANAS Y PROTECCIÓN FRONTERIZA POR REGIÓN Y PAÍS DE NACIONALIDAD, 2003**

| Región o país | Personas | %[a] | Países |
|---|---|---|---|
| Todos los países | 1,046,422 | 100 | 221 |
| América del Norte | 1,010,389 | 96.6 | 32 |
| México | 956,963 | 91.5 | 1 |
| América Central | 40,687 | 3.9 | 7 |
| Caribe | 9,459 | 0.9 | 23 |
| Canadá | 3,280 | 0.3 | 1 |
| Asia | 17,086 | 1.6 | 37 |
| América del Sur | 10,479 | 1.0 | 13 |
| África | 4,707 | 0.4 | 48 |
| Europa | 3,420 | 0.3 | 46 |
| Oceanía | 331 | 0.0 | 13 |

[a] El número de personas por región no coincide con la cifra inicial de "todos los países"; existe una diferencia de 10 personas; a pesar de ello, se decidió tomar la cifra inicial para calcular porcentajes.
Fuente: U. S. Department of Homeland Security. Office of Immigration Statistics. 2004.

Ciudadanos de 221 países fueron detenidos y deportados después de ingresar a Estados Unidos. Los mexicanos representan 91.5% de esa masa humana. En esas cifras se refleja la importancia de la geopolítica.

**PRESUPUESTO PARA REFORZAR LA FRONTERA Y MUERTES DE ILEGALES MEXICANOS, 1995-2004**

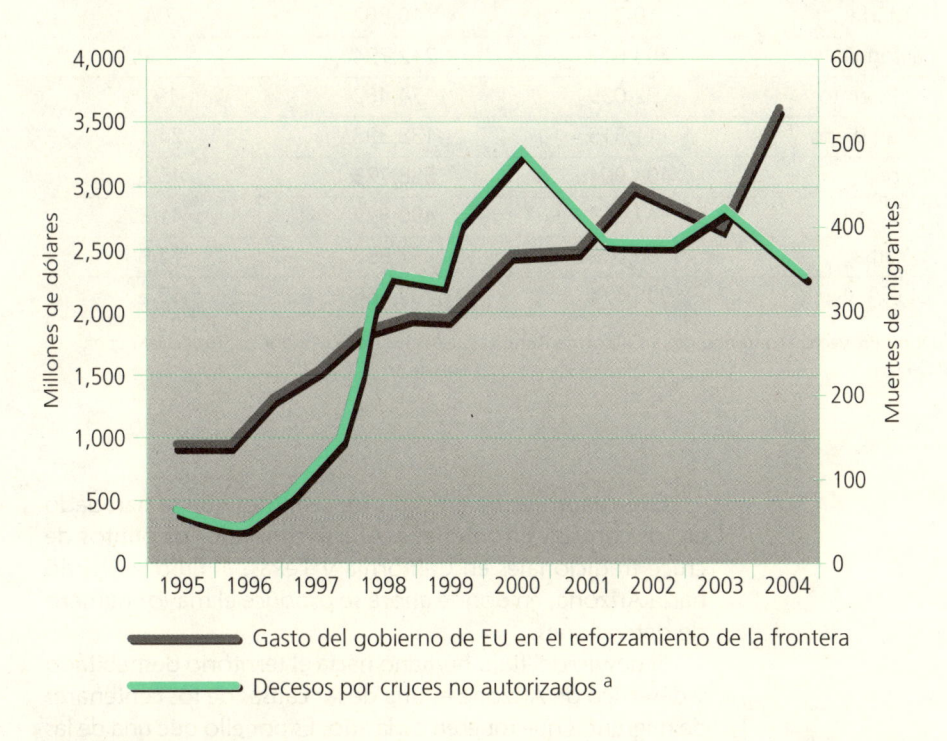

[a] Incluye cuerpos identificados, no identificados y restos óseos localizados en la frontera suroeste de Estados Unidos.
Fuente: Wayne A. Cornelius, 2005.

En los años noventa, Estados Unidos empezó a cerrar los puntos de cruce tradicionales. El flujo se desvió hacia montañas y desiertos. En la medida en la que fue aumentando el control (lo que se infiere de los presupuestos cada vez mayores), aumentó el número de muertos. La correlación es clara.

**DETENCIONES DE LA PATRULLA FRONTERIZA, 2003-2004**

| Sector | 2003 | 2004 | Incremento (%) |
|---|---|---|---|
| Texas | 297,553 | 336,049 | 12.9 |
| El Paso | 88,816 | 104,228 | 17.4 |
| McAllen | 77,749 | 92,897 | 19.5 |
| Laredo | 70,521 | 74,552 | 5.7 |
| Del Rio | 50,145 | 53,806 | 7.3 |
| Marfa | 10,319 | 10,562 | 2.4 |
| California | 203,617 | 212,794 | 4.5 |
| El Centro | 92,099 | 74,462 | -19.2 |
| San Diego | 111,515 | 138,398 | 24.1 |
| Arizona | 403,904 | 588,723 | 45.8 |
| Tucson | 347,263 | 490,827 | 41.3 |
| Yuma | 56,638 | 97,892 | 72.8 |
| Total | 905,074 | 1,137,566 | 63.2 |

Fuente: Proyecto Fronterizo de la California Rural Legal Assistance Foundation. *StopGateKeeper*, 2004.

Este cuadro pone en cifras los reajustes que se han dado en los controles fronterizos. Al irse cerrando los puntos de cruce tradicionales en California y Texas, el flujo se desvió hacia Arizona, en donde ahora se produce el mayor número de detenciones.

El desvío del flujo humano hacia el territorio deshabitado y desértico de Arizona es una de las causas de los centenares de migrantes que mueren cada año. Es por ello que una de las defensoras más conocidas de los derechos de los migrantes, Claudia Smith, califica al tramo entre Sásabe y Yuma como "el camino del diablo".

Otra consecuencia es la aparición de grupos de civiles que, inconformes con la llegada de migrantes a su territorio, se dedican a la cacería de migrantes para entregarlos a la Patrulla Fronteriza. Es una actividad discutible que contribuye al intenso debate en México y Estados Unidos sobre la materia.

**MIGRANTES DETENIDOS POR LA PATRULLA FRONTERIZA, 1998-2001**

| Concepto | Total |
| --- | --- |
| Devueltos (promedio anual) | 660,000 |
| Condición de jefatura de hogar (%) | |
|   Jefe | 50.1 |
|   No jefe | 49.9 |
| Experiencia migratoria (%) | |
|   Con experiencia | 34.9 |
|   Sin experiencia | 65.1 |
| Pago de "pollero" (%) | |
|   Sin pago | 81.5 |
|   Con pago | 18.5 |
| Reintento de cruce (%) | |
|   Intentará nuevamente | 72.1 |
|   No intentará | 27.9 |
| Número de intentos de cruce (%) | |
|   Uno | 20.9 |
|   Dos | 43.5 |
|   Tres | 18.3 |
|   Cuatro o más | 17.2 |
| Mexicanos fallecidos en intentos de cruce a EU (1997-2003) | 2,352 |

Fuente: Conapo, 2003.

Este cuadro expresa las realidades del cruce fronterizo. Los centenares de miles que deporta cada año la Patrulla Fronteriza son, en su mayor parte, aquellos que carecen de experiencia o del dinero que cobran los "polleros" que conocen los puntos vulnerables de una frontera gigantesca. También forman mayoría los decididos a seguir intentando ingresar a Estados Unidos.

Desde otro punto de vista, el aumento constante del número de mexicanos en la potencia del norte confirma que la frontera sigue siendo porosa porque, después de todo, en México y Estados Unidos persisten las fuerzas económicas, las redes migratorias y la cultura que hacen posible esta migración.

**MIGRANTES TEMPORALES A EU, 1998-2001**

| Concepto | Total |
|---|---|
| Migrantes (promedio anual) | 325,000 |
| Situación legal (%) | |
| Autorizados | 41.0 |
| No autorizados | 59.0 |
| Sexo (%) | |
| Hombres | 93.1 |
| Mujeres | 6.9 |
| Nivel de escolaridad (%) | |
| Sin escolaridad | 6.5 |
| Primaria incompleta | 23.3 |
| Primaria completa | 29.8 |
| Secundaria o más | 40.4 |
| Localidad de residencia (%) | |
| Urbana | 56.0 |
| Rural | 44.0 |
| Región de origen (%) | |
| Tradicional[a] | 50.2 |
| Norte | 17.8 |
| Centro | 17.5 |
| Sur-sureste | 14.5 |
| Experiencia migratoria (%) | |
| Sin experiencia | 53.1 |
| Con experiencia | 46.9 |
| Condición de actividad en su residencia (%) | |
| Ocupados | 57.8 |
| Desocupados | 16.1 |
| Inactivos | 26.1 |

[a] Esta región incluye los estados de Aguascalientes, Colima, Durango, Guanajuato, Jalisco, Michoacán, Nayarit, San Luis Potosí y Zacatecas.
Fuente: Conapo, 2003.

La migración temporal se refiere a aquellas personas que no intentan establecer residencia permanente en Estados Unidos, sino que van a trabajar de manera temporal. Se trata de un estilo de vida porque en el centro del país irse al "norte" es parte de una cultura fundamentalmente masculina.

**PERSONAS ASEGURADAS EN MÉXICO SEGÚN NACIONALIDAD, 2004**

| Nacionalidad | Personas aseguradas | % |
|---|---|---|
| Guatemala | 86,023 | 45.9 |
| Honduras | 61,900 | 33.0 |
| El Salvador | 29,301 | 15.6 |
| Nicaragua | 2,150 | 1.1 |
| Ecuador | 1,789 | 1.0 |
| Brasil | 1,641 | 0.9 |
| Estados Unidos | 751 | 0.4 |
| Cuba | 582 | 0.3 |
| Perú | 341 | 0.2 |
| China | 310 | 0.2 |
| Colombia | 264 | 0.1 |
| República Dominicana | 244 | 0.1 |
| Costa Rica | 223 | 0.1 |
| Belice | 198 | 0.1 |
| Venezuela | 185 | 0.1 |
| Argentina | 174 | 0.1 |
| Bolivia | 172 | 0.1 |
| Corea del Sur | 134 | 0.1 |
| Italia | 78 | 0.0 |
| Otros | 1,154 | 0.6 |
| Total | 187,614 | 100.0 |

Fuente: Instituto Nacional de Migración, 2004.

Es difícil establecer el número de personas que han utilizado a México para llegar a Estados Unidos. Deben ser millones si se considera que en 2004 el Instituto Nacional de Migración deportó a 187 mil extranjeros (faltan estimaciones sobre los que lograron cruzar o permanecieron en México).

El elevado número de guatemaltecos se debe tal vez a que un porcentaje indeterminado declara esa nacionalidad para ser deportado al país vecino y así poder regresar más fácilmente.

## ORIGEN DE LOS MIGRANTES DURANTE EL QUINQUENIO 1997-2002

| Entidad | Migrantes a EU | Migrantes que regresaron de EU[1] | Migrantes que no retornaron de EU[2] |
|---|---|---|---|
| Nacional | 2,474,222 | 951,101 | 1,523,121 |
| Aguascalientes | 36,036 | 18,500 | 17,536 |
| Baja California | 45,188 | 15,348 | 29,840 |
| Baja California Sur | 1,312 | b | c |
| Campeche | 4,864 | b | c |
| Coahuila | 35,108 | 24,916 | 10,192 |
| Colima | 12,182 | 4,108 | 8,074 |
| Chiapas | 43,741 | b | c |
| Chihuahua | 76,864 | 37,292 | 39,572 |
| Distrito Federal | 50,928 | b | c |
| Durango | 79,781 | 34,842 | 44,939 |
| Guanajuato | 366,123 | 152,492 | 213,631 |
| Guerrero | 58,539 | 10,102 | 48,437 |
| Hidalgo | 91,007 | 25,408 | 65,599 |
| Jalisco | 291,657 | 127,401 | 164,256 |
| México | 111,837 | b | c |
| Michoacán | 248,040 | 97,208 | 150,832 |
| Morelos | 47,408 | 18,844 | 28,564 |
| Nayarit | 38,828 | 20,243 | 18,585 |
| Nuevo León | 46,701 | 25,759 | 20,942 |
| Oaxaca | 109,693 | 21,085 | 88,608 |
| Puebla | 97,604 | 34,545 | 63,059 |
| Querétaro | 38,391 | 14,906 | 23,485 |
| Quintana Roo | a | b | c |
| San Luis Potosí | 135,383 | 49,656 | 85,727 |
| Sinaloa | 65,148 | 28,316 | 36,832 |
| Sonora | 56,439 | 33,034 | 23,405 |
| Tabasco | a | b | c |
| Tamaulipas | 50,905 | 21,679 | 29,226 |
| Tlaxcala | 15,067 | 4,496 | 10,571 |
| Veracruz | 85,196 | b | c |
| Yucatán | a | b | c |
| Zacatecas | 116,351 | 44,988 | 71,363 |

[1] Población que se fue a vivir a Estados Unidos entre 1997 y 2002, pero que regresó a México.
[2] Población que se quedó a vivir en Estados Unidos entre 1997 y 2002, y para el 2002 se encontró residiendo en Estados Unidos.
[a] En conjunto, los migrantes de quinquenio de estas entidades federativas suman 17,901 personas.
[b] En conjunto, los migrantes circulares de estas entidades federativas suman 85,933 personas.
[c] En conjunto, los migrantes que no retornaron de estas entidades federativas suman 229,846 personas.
Fuente: Conapo, 2004.

Se confirma que el centro del país sigue siendo el principal expulsor. Es lógico porque la migración es parte integral de las tradiciones de Jalisco, Michoacán, Zacatecas y Guanajuato. Lo novedoso es que después de la aprobación del Tratado de Libre Comercio se incorporaron entidades que usualmente no eran expulsoras de migrantes (el Distrito Federal y Puebla, por ejemplo).

**INDICADORES DEMOGRÁFICOS DE LA POBLACIÓN NACIDA EN MÉXICO EN PRINCIPALES ENTIDADES DE EU, 2002**

| Concepto | California | Texas | Florida | Illinois | Arizona |
|---|---|---|---|---|---|
| Migrantes | 8,781,000 | 2,443,000 | 2,767,000 | 1,155,000 | 630,000 |
| Nacidos en México | 3,785,000 | 1,452,000 | 196,000 | 468,000 | 402,000 |
| Indocumentados | 1,453,000 | 488,000 | 96,000 | 164,000 | 137,000 |
| % del total de ilegales | 38.4 | 33.6 | 49.0 | 35.0 | 34.1 |
| Tasa de ciudadanía (%) | | | | | |
| Inmigrantes mexicanos | 20.2 | 25.1 | 13.2 | 22.0 | 20.4 |
| Todos los migrantes | 36.2 | 31.2 | 40.8 | 38.5 | 30.2 |
| En o cerca de la pobreza (%) | | | | | |
| Migrantes mexicanos | 69.0 | 62.9 | 58.8 | 39.3 | 72.3 |
| Todos los migrantes | 49.1 | 53.2 | 46.6 | 26.0 | 60.2 |
| Nativos de EU | 25.7 | 31.6 | 28.9 | 23.3 | 31.2 |
| En programas de beneficio social (hogares, %) | | | | | |
| Migrantes mexicanos | 36.3 | 26.6 | 25.9 | 15.7 | 34.0 |
| Todos los migrantes | 25.7 | 22.8 | 17.9 | 12.0 | 21.9 |
| Nativos de EU | 13.9 | 13.8 | 12.4 | 13.0 | 11.8 |
| Sin seguro de salud (%) | | | | | |
| Migrantes mexicanos | 41.4 | 50.0 | 62.6 | 32.3 | 53.5 |
| Todos los migrantes | 32.7 | 42.6 | 32.7 | 33.7 | 40.7 |
| Nativos de EU | 13.5 | 19.3 | 15.3 | 12.7 | 16.8 |

Fuente: Center for Inmigration Studies, 2003.

El estado de California concentra al mayor número de mexicanos, pero es allí donde están en una situación más desventajosa. En cambio, en Illinois se encuentran un poco mejor, mientras que Florida está concentrando a los recién llegados.

## ¿QUIÉNES SON Y CÓMO ESTÁN?

**INDICADORES DEMOGRÁFICOS DE LA POBLACIÓN NACIDA EN MÉXICO RESIDENTE EN EU, 2002**

| Concepto | % |
| --- | --- |
| Sexo | |
| Hombres | 53.8 |
| Mujeres | 46.2 |
| Grupos de edad | |
| De 0 a 9 años | 3.9 |
| De 10 a 19 años | 11.6 |
| De 20 a 29 años | 24.4 |
| De 30 a 39 años | 26.3 |
| De 40 a 49 años | 17.6 |
| De 50 a 59 años | 8.8 |
| De 60 o más | 7.4 |
| Estado civil | |
| Unidos | 59.8 |
| No unidos | 40.2 |
| Tamaño del hogar | |
| De 1 a 3 miembros | 28.9 |
| De 4 a 6 miembros | 54.2 |
| De 7 o más miembros | 16.9 |

Fuente: Conapo, 2004.

Los mexicanos en Estados Unidos son predominantemente jóvenes. También pueden encontrarse algunas diferencias frente a los que permanecieron en México. Por ejemplo, en Estados Unidos es superior la población masculina, la cantidad de casados o en unión libre y el tamaño de la familia a lo que se encuentra en México.

### EDUCACIÓN DE LOS NACIDOS EN MÉXICO RESIDENTES EN EU, 2002

| Escolaridad[a] | % |
| --- | --- |
| Hasta cuarto grado | 12.1 |
| De quinto a octavo grado | 29.8 |
| De noveno a onceavo grado | 19.3 |
| Doce grados sin diploma | 4.0 |
| Doce grados con diploma | 21.0 |
| Universidad incompleta | 9.4 |
| Licenciatura | 3.5 |
| Posgrado | 1.0 |

[a] Población de 15 años o más.
Fuente: Conapo, 2004.

Resulta lógico el mayor nivel educativo de los que ya tienen tiempo viviendo en Estados Unidos. Por otro lado, aumenta el porcentaje de los mexicanos con estudios universitarios que migran. Esto resulta lógico si consideramos el desempleo profesional que existe en México.

### NIVEL SOCIOECONÓMICO DE LA POBLACIÓN NACIDA EN MÉXICO Y DE LA POBLACIÓN NATIVA DE EU, 2002

| Concepto | % |
| --- | --- |
| Viven en o cerca de la pobreza | |
|    Nativos de EU | 27.9 |
|    Inmigrantes mexicanos | 65.6 |
|    Inmigrantes mexicanos con más de 20 años en EU | 54.7 |
| Sin seguro de salud | |
|    Nativos de EU | 13.5 |
|    Inmigrantes mexicanos | 52.6 |
|    Inmigrantes mexicanos con más de 20 años en EU | 35.2 |
| Reciben beneficios sociales | |
|    Nativos de EU | 14.8 |
|    Inmigrantes mexicanos | 30.9 |
|    Inmigrantes mexicanos con más de 20 años en EU | 29.6 |

Fuente: Center for Inmigration Studies, 2002.

Los migrantes recién llegados están en mayor desventaja frente a los otros grupos. Así se confirma la tesis de que la primera generación debe pagar un noviciado lleno de privaciones antes de poder incorporarse al "sueño americano" según el cual con esfuerzo y trabajo cualquiera puede obtener poder y riquezas.

**INDICADORES LABORALES DE LA POBLACIÓN NACIDA EN MÉXICO RESIDENTE EN EU, 2002**

| Concepto | Total |
|---|---|
| Condición de actividad (%) | |
| Población económicamente activa[a] | 68.1 |
| Ocupados | 62.3 |
| Desocupados | 5.8 |
| Económicamente inactiva | 31.9 |
| Sector de actividad (%) | |
| Primario | 5.6 |
| Secundario | 28.1 |
| Terciario | 66.3 |
| Tipo de trabajador (%) | |
| Asalariado | 95.2 |
| Otro | 4.8 |
| Ocupación laboral (%) | |
| Profesionistas | 14.0 |
| Servicios | 57.5 |
| Operadores | 28.5 |
| Horas trabajadas por semana (%) | |
| 34 o menos | 14.0 |
| De 35 a 44 horas | 71.3 |
| De 45 o más | 14.7 |
| Promedio de horas trabajadas por semana | 38.5 |
| Salario anual en dólares (%) | |
| Menos de 10,000 | 17.8 |
| De 10,000 a 19,999 | 33.4 |
| De 20,000 a 29,999 | 23.0 |
| De 30,000 a 39,999 | 11.9 |
| De 40,000 o más | 14.0 |
| Salario promedio anual (dólares) | 23,131 |

[a] Población de 15 años o más.
Fuente: Conapo, 2004.

Los mexicanos están en una situación desventajosa frente a los otros hispanos. Por ejemplo, en el 2003, 38.9% de los mexicanos tenían 12 grados o más de educación pero el porcentaje llegaba a 66.9 de las otras nacionalidades de América Latina y el Caribe. Por otro lado, el salario que ganan los mexicanos en Estados Unidos es en promedio nueve veces superior al que obtenían en su último empleo en México. Esta disparidad condensa los factores de expulsión de México y atracción a Estados Unidos.

## LO QUE HACE EL GOBIERNO PARA DEFENDER LOS DERECHOS DE LOS MIGRANTES

En los últimos años el Estado mexicano ha mostrado más determinación en la defensa de los derechos de los mexicanos en Estados Unidos. Más adelante se abordará el caso de los condenados a muerte. En esa sección se describe el uso de la matrícula consular, la *Guía del migrante* y los Grupos Beta.

**MATRÍCULA CONSULAR**

| Concepto | Total |
| --- | --- |
| Fecha de primera expedición | 1871 |
| Inicio de expedición de la matrícula consular de alta seguridad (MCAS) | Marzo de 2002 |
| MCAS expedidas (hasta julio de 2004, millones) | 2.2 |
| Vigencia (años) | 5 |
| Lugares en los que las MCAS son aceptadas como documento de identificación | |
| Ciudades | 377 |
| Condados | 163 |
| Estados | 33 |
| Instituciones financieras | 178 |
| Departamentos de policía | 1,180 |
| Estados que las aceptan como requisito para obtener la licencia de conducir | 12 |

Fuente: Instituto Nacional de Migración, 2004.

La matrícula consular de alta seguridad (MCAS) es uno de los programas más exitosos del gobierno federal. Los consulados entregan ese documento de identidad a los migrantes, el cual les permite abrir una cuenta de banco para hacer transferencias electrónicas y defenderse de las empresas que cobran porcentajes excesivos por los envíos de dinero.

## GUÍA DEL MIGRANTE

En noviembre del 2004 la Secretaría de Relaciones Exteriores distribuyó un millón y medio de ejemplares de la *Guía del migrante*. El documento explica las formas de enfrentar los riesgos asociados con el cruce, la conducta que deben seguir los indocumentados en Estados Unidos y los derechos que tienen en caso de ser detenidos (entre otros pedir asesoría de los consulados mexicanos). Aunque la guía explícitamente recomienda que se migre legalmente, un sector de la opinión pública estadunidense lo vio como un espaldarazo oficial a la migración ilegal.

# GRUPOS BETA

El Instituto Nacional de Migración, dependiente de la Secretaría de Gobernación, coordina a los 15 Grupos Beta que trabajan en las fronteras norte y sur. Su función es proteger la integridad personal y los derechos de los migrantes, independientemente de su nacionalidad. Este trabajo es necesario porque, además de los riesgos que se desprenden de la geografía, los migrantes están sujetos a todo tipo de abusos durante su viaje.

### ACCIONES DE LOS GRUPOS BETA DE LA FRONTERA NORTE,[a] 2004

| Concepto | Total |
|---|---|
| Migrantes rescatados | 3,077 |
| Migrantes con lesiones o heridas | 464 |
| Migrantes extraviados localizados | 142 |
| Asistencia social a migrantes | 105,842 |
| Asistencia y gestoría jurídica a migrantes | 130 |
| Migrantes protegidos de conductas delictivas | 132 |
| Migrantes orientados | 425,851 |
| Cartillas del migrante entregadas | 137,373 |
| Trípticos guía preventiva entregados | 116,574 |
| Señalamientos preventivos reparados | 20 |
| Migrantes repatriados atendidos | 83,234 |
| Migrantes con mutilaciones | 1 |

[a] Incluye: Grupo Beta Tijuana, Grupo Beta Tecate, Grupo Beta Mexicali, Grupo Beta Nogales, Grupo Beta Sásabe, Grupo Beta Agua Prieta, Grupo Beta San Luis Río Colorado, Grupo Beta Somoyta, Grupo Beta Ciudad Juárez, Grupo Beta Piedras Negras y Grupo Beta Matamoros. Cifras de enero a noviembre.
Fuente: Instituto Nacional de Migración, 2004.

## ACCIONES DE LOS GRUPOS BETA DE LA FRONTERA SUR,[a] 2004

| Concepto | Total |
| --- | --- |
| Migrantes rescatados | 24 |
| Migrantes con lesiones o heridas | 261 |
| Migrantes extraviados localizados | 28 |
| Asistencia social a migrantes | 9,140 |
| Asistencia y gestoría jurídica a migrantes | 377 |
| Migrantes protegidos de conductas delictivas | 5 |
| Migrantes orientados | 205,512 |
| Cartillas del migrante entregadas | 79,661 |
| Trípticos guía preventiva entregados | 54,030 |
| Señalamientos preventivos reparados | 118 |
| Migrantes repatriados atendidos | 1,421 |
| Migrantes con mutilaciones | 75 |

[a] Incluye: Grupo Beta Acayucan, Grupo Beta Tapachula, Grupo Beta Comitán y Grupo Beta Tabasco. Cifras de enero a noviembre.
Fuente: Instituto Nacional de Migración, 2004.

# DIRECTORIO DE GRUPOS BETA DE PROTECCIÓN A MIGRANTES

### BAJA CALIFORNIA

**Tijuana**
Puerta Puente México
Línea Internacional 1
Col. Federal, C.P. 22310
Tels.: (664) 6-82-94-54 o 6-83-30-68
Fax: (664) 6-83-53-18

**Tecate**
Calle 18 esq. con Tanama s/n
Col. Bella Vista, C.P. 21440
Tel.: (665) 6-54-24-49
Fax: (665) 6-54-37-80

**Mexicali**
Madero 710
Col. Altos, Zona Centro, C.P. 21100
Tels.: (686) 5-57-68-35 y 5-56-61-42
Fax: (686) 5-57-60-02

### SONORA

**Nogales**
Reforma 465
Col. El Rosario, C.P. 84000
Tel.: (631) 3-12-61-80
Fax: (631) 3-12-61-81

**Agua Prieta**
Calle 19 y 20, Avenida 29 N° 1966
Col. Salsipuedes, C.P. 84200
Tel.: (633) 3-31-25-98
Fax: (633) 3-31-26-02

**Sásabe**
Calle Primera s/n
Col. Solidaridad
Tel.: (637) 3-74-80-71

## COAHUILA

**Piedras Negras**
Calle Colón 203, Altos Oriente
Zona Centro, C.P. 26000
Tels.: (878) 7-82-11-69 y 7-82-88-32
Fax: (878) 7-82-88-46

## CHIHUAHUA

**Ciudad Juárez**
General Rivas Guillén 950
Col. Centro, C.P. 32000
Tel. y Fax: (656) 6-32-33-02

## TAMAULIPAS

**Matamoros**
Av. Álvaro Obregón s/n
Col. Jardín Puente Nuevo Internacional
Puerta México 2° piso, C.P. 87380
Tel.: (868) 8-12-34-68
Fax: (868) 8-12-36-64

## CHIAPAS

**Tapachula**
35 Calle Poniente
Col. 5 de Febrero, C.P. 30710
Tels.: (962) 6-26-73-32 y 6-25-69-81
Fax: (962) 6-25-79-86

**Comitán**
9ª Calle Sur Poniente 31
Barrio de Nicalococ, C.P. 30000
Tel.: (963) 6-32-64-37
Fax: (963) 6-32-57-51

## TABASCO

**Tenosique**
Leandro Rovirosa Wade s/n
Fraccionamiento María Luisa, C.P. 3000
Tel.: (934) 3-42-01-10

## VERACRUZ

**Acayucan**
Km. 60+800, Carretera Federal 185
Tel.: (924) 2-45-33-66

# ORGANISMOS CIVILES DE APOYO A MIGRANTES

Pese a las declaraciones oficiales, durante mucho tiempo el gobierno mexicano brindó escasa protección al migrante. Gradualmente han ido surgiendo organismos civiles en todo el país que les dan ayuda o refugio. Aquí se incluyen los más conocidos.

## FRONTERA NORTE

### Baja California

**Casa del Migrante de Tijuana, AC Centro Scalabrini**
Tijuana
Responsable: padre Luis Kendzierski
Servicios: asistencia
Tel.: (664) 6-82-51-80
Fax: (666) 6-82-63-58

**Casa YMCA Menores Migrantes**
Tijuana
Responsable: Oscar Escalada
Servicios: asistencia
Tel. y fax: (664) 6-86-13-59

**Centro Madre Asunta**
Tijuana
Responsable: madre Gemma Lisot
Servicios: asistencia
Tels.: (664) 6-83-05-75 y 6-83-15-33
Fax: (664) 6-83-17-05
E-mail: assunta@telnor.net

**Casa del Migrante de Nuestra Señora de Guadalupe**
Tecate
Responsable: José Luis Castañeda
Servicios: asistencia
Tel.: (665) 54-24-62

**Albergue Juvenil del Desierto**
Mexicali
Responsable: Mónica Rodríguez
Servicios: asistencia
Tel.: (686) 5-54-53-64
Fax: (686) 5-54-60-45
E-mail: albergue@telnor.net

**Centro de Apoyo al Trabajador Migrante**
Mexicali
Responsable: María Rosario Ayala
Servicios: asistencia, investigación y defensa
Tel. y fax: (686) 5-53-48-82

### Sonora

**Albergue Juan Bosco**
Nogales
Responsable: Juan Francisco Loureiro Herrera
Servicios: asistencia
Tel.: (631) 3-13-16-67
Fax: (631) 3-13-68-33

**Dormitorio Iglesia Sagrada Familia**
(Albergue Carmen)
Agua Prieta
Responsable: padre Cayetano Cabrera Durán
Servicios: asistencia
Tel.: (633) 3-38-05-30

### Chihuahua

**Casa del Migrante de Ciudad Juárez**
Ciudad Juárez
Responsable: padre Francisco Pelizzari
Servicios: asistencia
Tel.: (656) 6-87-06-76
Fax: (656) 6-87-06-77
E-mail: casajuarez@migrante.com.mx

### Tamaulipas

**Casa del Migrante Equipo Diocesano Migratorio**
Nuevo Laredo
Responsable: Elizabeth Rangel
Servicios: asistencia
Tel.: (867) 7-12-81-45
Fax: (867) 7-14-26-54

**Centro de Estudios Fronterizos y de Promoción de Derechos Humanos**
Reynosa
Responsable: Arturo Solís / Omeheira López
Servicios: asistencia, investigación y defensa
Tel.: (899) 9-22-49-22
Fax: (899) 9-22-24-41
E-mail: cefprodh@mail.giga.com

## DISTRITO FEDERAL

**Comisión Episcopal para la Pastoral Social**
Responsable: padre Alberto Athié
Servicios: difusión y asistencia
Tel.: (55) 55-63-16-04
Fax: (55) 55-63-39-68

**Frente Auténtico del Trabajo**
Servicios: defensa laboral a migrantes
Tels.: (55) 55-56-93-14 y 55-56-93-75
Fax: (55) 55-56-93-16
E-mail: fat@laneta.apc.org

**Misioneros de San Carlos Scalabrinianos**
Responsable: padre Miguel Álvarez
Servicios: asistencia
Tel.: (55) 56-06-69-23
Fax: (55) 56-06-88-47

**Sin Fronteras**
Responsable: Fabianne Venet
Servicios: asistencia, defensa, difusión e investigación
Tels.: (55) 55-14-15-19 y 55-14-15-21
Fax: (55) 55-14-15-24
E-mail: enlace@sinfronteras.org.mx

## FRONTERA SUR

### Chiapas

**Albergue Belén-Casa del Migrante**
Tapachula
Responsable: padre Flor María Rigoni
Servicios: asistencia
Tel.: (962) 6-25-48-12
Fax: (962) 6-26-77-70
E-mail: casami@prodigy.net.mx

**Centro de Derechos Humanos "Fray Matías de Córdoba"**
Tapachula
Responsable: Ana Isabel Soto
Servicios: investigación y defensa
Tel.: (962) 6-25-56-86
Fax: (962) 6-25-48-12
E-mail: cdhac@tap.com.mx

# ORGANIZACIONES DE AYUDA A INMIGRANTES Y REFUGIADOS

**American Civil Liberties Union Immigrant Rights Project**
125 Broad St., New York, NY 10004
Tel. (212) 549-2660
Web: www.aclu.org/immigrantsrights/immigrantsrightsmain.cfm

**American Friends Service Committee**
Tiene oficinas en todo el país.
Oficinas centrales: 1501 Cherry St.
Philadelphia, PA 19102
Director: Michael Jackson
Tel. (215) 241-7034; fax (215) 241-7275
E-mail: afscinfo@afsc.org
Web: www.afsc.org

**Amnesty International**
5 Penn Plaza 14th Floor
New York, NY 10001
Tel. (212) 807-8400; fax (212) 627-1451
E-mail: aimember@aiusa.org
Web: www.aiusa.org

**Border Network for Human Rights**
611 S. Kansas, El Paso, TX 79901
Tel. (915) 577-0724
Fax (915) 577-0370
E-mail: bordernet2001@yahoo.com

**California Rural Legal Assistance**
Tiene oficinas en todo el estado de California
Central Office - San Francisco, 631 Howard Street, Suite 300
San Francisco, California 94105-3907
Tel. (415) 777-2752
Web: www.crla.org

**Catholic Legal Immigration Network**
McCormick Pavillion, 415 Michigan Ave. NE, Washington, DC 20017
Tel. (202) 635-2556
E-mail: national@cliniclegal.org
Web: www.cliniclegal.org

**Central American Resource Center**
91 N. Franklin St., Suite 211
Hempstead, NY 11550
Tel. (516) 489-8330; fax (516) 489-8308
E-mail: carecen@pb.net
Web: www.icomm.ca/carecen

**Church World Service**
28606 Phillips St., PO Box 968
Elkhart, IN 46515
Tel. (800) 297-1516 y 264-3102
Fax (574) 262-0966
E-mail: info@churchworldservice.org
Web: www.churchworldservice.org/Immigration

**Citizens and Immigrants for Equal Justice**
E-mail: ciejinfo@aol.com
Web: www.ciej.org

**Coalition for Humane Immigrant Rights of Los Angeles**
2533 W. Third St., Suite 101
Los Angeles, CA 90057
Tel. (213) 353-1333; fax (213) 353-1344
E-mail: info@chirla.org
Web: www.chirla.org

**Coalition to Abolish Slavery and Trafficking**
5042 Wilshire Blvd., Suite 586
Los Angeles, CA 90036
Tel. (213) 365-1906; fax (213) 365-5257
E-mail: info@castla.org
Web: www.castla.org

**December 18**
ONG que defiende a los migrantes.
Myriam De Feyter, Postbus 22 B-9820
Merelbeke (Belgium)
Tel. 00 (329) 324-00-92
E-mail: info@december18.net
Web: www.december18.net

**El Pueblo**
118 S. Person St., Raleigh, NC 27601
Tel. (919) 835-1525; fax (919) 835-1526
E-mail: elpueblo@elpueblo.org
Web: www.elpueblo.org

**Episcopal Migration Ministries**
815 Second Ave., New York, NY 10017
Tel. (800) 334-7626
E-mail: emm@episcopalchurch.org
Web: www.episcopalchurch.org/emm

**Farm Labor Organizing Committee**
1221 Broadway, Toledo OH 43609
Tel. (419) 243-3456
E-mail: info@floc.com
Web: www.floc.com

**Illinois Coalition for Immigrant and Refugee Rights**
36 S. Wabash, Suite 1425
Chicago, IL 60603
Tel. (312) 332-7360; fax (312) 332-7044
E-mail: info@icirr.org
Web: www.icirr.org

**Immigrant Legal Resource Center**
1663 Mission St., Suite 602
San Francisco, CA 94103
Tel. (415) 255-9499; fax (212) 255-9792
Web: www.ilrc.org

**Inmigrantes Latinos en Acción**
1034 E. 6th St., #3, Austin, TX 78702
Tel. (512) 474-2399; fax (512) 474-6950
E-mail: organizate@yahoo.com.mx

**Lawyers Committee for Human Rights**
333 Seventh Ave., 13th Floor
New York, NY 10001-5004
Tel. (212) 845-5200; fax (212) 845-5299
E-mail: feedback@humanrightsfirst.org
Web: www.humanrightsfirst.org

**Lutheran Immigration and Refugee Services**
700 Light St., Baltimore, MD, 21230
Tel. (410) 230-2700 fax (410) 230-2890
E-mail: lirs@lirs.org; web: www.lirs.org

**Mexican American Legal Defense and Educational Fund**
634 S. Spring St., Los Angeles, CA 90014
Tel. (213) 629-2512
Web: www.maldef.org

**National Coalition for Dignity and Amnesty**
Contact Association Tepeyac of New York
251 West 14th Street, New York, NY 10011
Tel. (212) 633-7108; fax (212) 633-1554
E-mail: AsocTepeyac@tepeyacny.org
Web: www.tepeyac.org

**National Council of La Raza**
1111 19th St. NW, Suite 1000
Washington, DC 20036
Tel. (202) 785-1670
E-mail: webmaster@nclr.org
Web: www.nclr.org

**National Immigration Forum**
220 I St. NE, Suite 220
Washington, DC 20002
Tel. (202) 347-0040
E-mail: info@immigrationforum.org
www.immigrationforum.org

**National Immigration Law Center**
3435 Wilshire Blvd., Suite 2850
Los Angeles, CA 90010
Tel. (213) 639-3900; fax (213) 639-3911
E-mail: info@nilc.org
Web: www.nilc.org

**National Immigration Project of the National Lawyers Guild**
14 Beacon St., Suite 602
Boston, MA 02108
Tel. (617) 227-9727; fax (617) 227-5495
E-mail: phil@nationalimmigrationproject.org
Web: www.nationalimmigrationproject.org

**National Network for Immigrant and Refugee Rights**
310 Eighth St., Suite 303
Oakland, CA 94607
Tel. (510) 465-1984; fax (510) 465-1885
E-mail: nnirr@nnirr.org
Web: www.nnirr.org

**United Methodist Committee on Relief**
General Board of Global Ministries
United Methodist Church
Room 330, 475 Riverside Drive
New York, NY 10115
Tel. (212) 870-3816; fax (212) 870-3624
E-mail: umcor@gbgm-umc.org
Web: gbgm-umc.org/umcor/refugees

**U.S. Committee for Refugees**
1717 Massachusetts Ave. NW, Suite 200
Washington, DC 20036-2203
Tel. (202) 347-3507; fax (202) 347-3418
E-mail: uscr@irsa-uscr.org
Web: www.refugees.org

**U.S. Conference of Catholic Bishops**
**Migration and Refugee Services**
3211 Fourth St. NE
Washington, DC 20017-1194
Tel. (202) 541-3000; fax (202) 541-3399
E-mail: mrs@usccb.org
Web: www.nccbuscc.org/mrs

**Women's Commission for Refugee Women and Children**
122 E. 42nd St., 12th Floor
New York, NY 10168
Tel. (212) 551-3000; fax (212) 551-3180
E-mail: webmaster@womenscommission.org
Web: www.womenscommission.org

# OTRAS ORGANIZACIONES

**American Bar Association**
**Commission on Immigration**
**Policy and Practice**
740 15th Street NW
Washington, DC 20005-1019
Tel. (202) 662-1000
E-mail: askaba@abanet.org
Web: www.abanet.org

**Center for Law and Social Policy**
1015 15th Street NW, Suite 400
Washington, DC 20005
Tel. (202) 906-8000
Fax (202) 842-2885
E-mail: ahouse@clasp.org
Web: www.clasp.org

**Center on Budget and Policy Priorities**
820 First St. NE, # 510
Washington, DC 20002
Tel. (202) 408-1080
Fax (202) 408-1056
E-mail: bazie@cbpp.org
Web: www.cbpp.org

**Equal Rights Advocates**
1663 Mission St., Suite 250
San Francisco, CA 94103
Tel. (415) 621-0672; fax (415) 621-6744
E-mail: info@equalrights.org
Web: www.equalrights.org

**Farmworker Justice Fund**
1010 Vermont Ave. NW, Suite 915
Washington, DC 20005
Tel. (202) 783-2628; fax (202) 783-2561
E-mail: fjf@nclr.org
Web: www.fwjustice.org

**National Interfaith Committee for Worker Justice**
1020 W. Bryn Mawr Ave., 4th Floor
Chicago, IL 60660
Tel. (773) 728-8400; fax (773) 728-8409
E-mail: bridget@nicwj.org
Web: capwiz.com/nicwj/home

**National Organizers Alliance**
715 G St. SE, Washington, DC 20003
Tel. (202) 543-6603 fax (202) 543-2462
E-mail: info@noacentral.org
Web: www.noacentral.org

**Political Research Associates**
1310 Broadway, Suite 201
Somerville, MA 02144
Tel. (617) 666-5300; fax (617) 666-6522
E-mail: pra@igc.org
Web: www.publiceye.org

**Religious Task Force on Central America and Mexico**
3053 Fourth St. NE
Washington, DC 20017
Tel. (202) 529-0441
E-mail: general@rtfcam.org
Web: www.rtfcam.org

**Resource Center of the Americas**
3019 Minnehaha Ave.
Minneapolis, MN 55406-1931
Tel. (612) 276-0788; fax (612) 276-0898
E-mail: info@americas.org
Web: www.americas.org

**Water Stations**
911 Skylark Drive, La Jolla, CA 92037
Tel. (619) 318-0371
E-mail: lauracelina96@hotmail.com
Web: www.deserwater.org

## GRUPOS ANTIINMIGRANTES

**Californians for Population Stabilization**
1129 State St., Suite 3-D
Santa Barbara, CA 93101
Tel. (805) 564-6626; fax (805) 564-6636
E-mail: info@capsweb.org
Web: www.capsweb.org

**Carrying Capacity Network**
2000 P St. NW, Suite 310
Washington, DC 20036
Tel. (202) 296-4548; fax (202) 296-4609
E-mail: carryingcapacity@covad.net
Web: www.carryingcapacity.org

**Federation for American Immigration Reform**
1666 Connecticut Ave. NW, Suite 400
Washington, DC 20009
Tel. (202) 328-7004; fax (202) 387-3447
E-mail: comments@fairus.org
Web: www.fairus.org

**Negative Population Growth**
2861 Duke St., Suite 36
Alexandria, VA 22314
Tel. (703) 370-9510; fax (703) 370-9514
E-mail: npg@npg.org
Web: www.npg.org

## INFORMACIÓN ÚTIL

### MÉXICO (GOBIERNO)

**Consejo Nacional de Población.** Abundante información sobre la población mexicana. Web: www.conapo.gob.mx

**Instituto de los Mexicanos en el Exterior.** Información sobre las comunidades mexicanas y sus enlaces. Web: www.sre.gob.mx/ime

**Instituto Nacional de Estadística, Geografía e Informática.** Cuenta con cifras sobre México. Es de consulta indispensable. Web: www.inegi.gob.mx/inegi/default.asp

**Instituto Nacional de Migración.** Órgano de la Secretaría de Gobernación encargado de los servicios migratorios. Web: www.inami.gob.mx

**Precisa.** Directorio de la Presidencia de la República que permite acceder por Internet a los tres niveles de gobierno. Web: www.directorio.gob.mx/

**Programa Paisano.** Comisión intersecretarial creada para proteger a los mexicanos que visitan México. Web: http: www.paisano.gob.mx

## ESTADOS UNIDOS DE AMÉRICA (GOBIERNO)

**Bureau of Consular Affairs.** Información sobre visas de Estados Unidos. Incluye ligas a los consulados de dicho país en México. Web: travel.state.gov

**U.S. Citizenship and Immigration Services.** Depende del Departamento de Seguridad Interna, DSI (Department of Homeland Security). Administra la inmigración y naturalización. Web: uscis.gov/graphics/index.htm

**U.S. Commission on Immigration Reform.** Comisión bipartidista que revisó hasta 1997 la aplicación e impacto de la política migratoria. Web: www.utexas.edu/lbj/uscir

**U.S. Customs & Border Protection.** También depende del DSI. Se encarga de la inspección aduanal, migratoria, fitosanitaria y de la Patrulla Fronteriza. Web: www.cbp.gov

**U.S. Department of Labor.** Información sobre asalariados y jubilados de los Estados Unidos. Web: www.dol.gov

**U.S. Immigration and Customs Enforcement.** Dependencia del DSI que investiga los puntos vulnerables en la seguridad fronteriza. Web: www.ice.gov/graphics/index.htm

## UNIVERSIDADES Y CENTROS DE INVESTIGACIÓN

**El Colegio de la Frontera Norte.** Referencia obligada con información sobre la frontera con EU. Web: 200.23.245.225/Alwebaplicaciones

**Centro de Investigaciones sobre América del Norte (UNAM).** Esta página también incluye a Canadá. Web: www.cisan.unam.mx

**Immigration Issues: A Bibliography (University of Southern California).** Libros seleccionados y documentos gubernamentales sobre la migración a Estados Unidos de 1980 a la fecha. Web: www-lib.usc.edu/~anthonya/imm.htm

**Migration Dialogue (University of California at Davis).** Abundante información sobre temas migratorios. Web: migration.ucdavis.edu

**Programa Interinstitucional de Estudios sobre la Región de América del Norte (El Colegio de México).** Promueve las investigaciones trilaterales. Web: www.colmex.mx/centros/cei/pieran_index.htm

**The Mexican Migration Project (Princeton University-Universidad de Guadalajara).** Amplia base de datos sobre la migración mexicana a Estados Unidos. Web: mmp.opr.princeton.edu/home-en.aspx

**Universidad Autónoma de Zacatecas.** Información sobre la migración de Zacatecas a EU. Web: www.doctoradoendesarrollo.net

## ORGANISMOS CIVILES

**American Immigration Lawyers Association.** Defiende la migración e informa sobre la forma de hacerla de manera legal. Web: www.aila.org

**California Rural Legal Assistance Foundation.** Creada para favorecer a los trabajadores huéspedes. Web: www.crlaf.org

**Center for Immigration Studies.** Centro especializado en investigación. Contiene información útil. Web: www.cis.org

**Farmworker Justice Fund.** Promueve mejoras en los salarios y condiciones de trabajo de los migrantes. Web: www.fwjustice.org

**National Immigration Law Center.** Brinda asesoría sobre los derechos de los inmigrantes de bajos recursos en Estados Unidos. Web: www.nilc.org

**Sin Fronteras.** Una de las principales organizaciones que defiende los derechos de los migrantes. Web: www.sinfronteras.org.mx

**The Mexico-US Advocates Network.** Promueve el enlace entre organizaciones de la sociedad civil de los dos países. Web: www.mexicousadvocates.org

# COORDINACIÓN NACIONAL DE OFICINAS ESTATALES DE ATENCIÓN A MIGRANTES (CONOFAM)

La Conofam agrupa a las oficinas de los gobiernos estatales responsables de los programas de atención a migrantes. Sin embargo, los gobernadores han dado a estas oficinas un trato muy diferente: algunas tienen capacidad real de atención a los migrantes, otras son casi decorativas. Con todo, sus funcionarios están en contacto con migrantes de sus estados. La Conofam está presente en 27 estados de la República (incluido el Distrito Federal).

**Aguascalientes**
Pedro Parga 221
Zona Centro, C.P. 20000
Aguascalientes
Tel.: (449) 918-76-45
Fax: (449) 916-11-88
E-mail: coespoags@prodigy.net.mx

**Chiapas**
Toledo 22
Col. Juárez, C.P. 06600
México, Distrito Federal
Tels.: (55) 52-07-42-60 y 52-07-26-52

**Chihuahua**
Calle Aldama y 5ª 501 Altos
Col. Centro, C.P. 31000
Chihuahua
Tel.: (614) 429-33-00 ext. 14434 y 14432
Fax: (614) 429-33-06
E-mail: coespo@buzon.chihuahua.gob.mx

**Coahuila**
Padre Flores 181 Altos
Centro Histórico, C.P. 25000
Saltillo
Tels.: (844) 412-46-49 y 412-46-82
Fax: (844) 410-77-81
E-mail: oeace@ffcoahuila.gob.mx y hgomezr@hotmail.com

**Colima**
Portal Hidalgo 50 Altos, interior 5
Col. Centro, C.P. 28000, Colima
Tels.: (312) 330-30-14 y (312) 330-30-15
Fax: (312) 312-18-10

**Distrito Federal**
Dirección General de Equidad y Desarrollo Social
Calzada México-Tacuba 235, 1° piso
Col. Un Hogar Para Nosotros
C.P. 11330, México, D.F.
Tel.: (55) 53-41-14-83
Fax: (55) 53-41-76-94
E-mail: dapied@df.gob.mx

**Durango**
Calle Bruno Martínez 143 Norte
Zona Centro, C.P. 34000
Durango
Tel.: (618) 811-41-36
Fax: (618) 812-82-12
E-mail: comunidades_dgo@hotmail.com

**Estado de México**
Monte Pelvoux 111, 6° piso
Col. Lomas de Chapultepec
C.P. 11000, México, D.F.
Tels.: (55) 55-40-55-92
Fax: (55) 55-40-50-63
E-mail: migrantesmexiquenses@mail.edomex.gob.mx

**Guanajuato**
Paseo de la Presa 99
Col. Centro, C.P. 36000
Guanajuato
Tels.: 1-888-597-2811 (sin costo desde Estados Unidos o Canadá)
01-800-215-4411 (sin costo desde el interior de la República)
(473) 735-36-25 y (473) 735-36-26
E-mail: comunidades@guanajuato.gob.mx

**Guerrero**
Plaza Cívica Primer Congreso de Anáhuac
Palacio de Gobierno 3° piso
C.P. 39000, Chilpancingo
Tel.: (747) 471-98-11
Fax: (747) 472-79-94
E-mail: desarrollosocial@guerrero.gob.mx

**Hidalgo**
Avenida Madero 100, 1° piso
Col. Periodistas, C.P. 42060
Pachuca
Tels.: 01-800-717-0828 (sin costo desde el interior de la República) y
(771) 717-60-52
Fax: (771) 717-60-76
E-mail: cahiee@e-hidalgo.gob.mx y
lparkinson@e-hidalgo.gob.mx

**Jalisco**
Palacio de Gobierno, planta baja
Zona Centro, C.P. 44100
Guadalajara
Tel.: (33) 36-68-18-01
Fax: (33) 36-68-18-50
E-mail: echavoll@jalisco.gob.mx

**Michoacán**
Calle Dr. Miguel Silva 486
Col. Centro, C.P. 58000
Morelia
Tels.: (443) 317-83-01, (443) 317-83-02
(443) 317-82-98 y (443) 317-82-99
Fax: (443) 315-62-92
E-mail: mcoordmigrante@terra.com y
claudiomigrante@michoacan.gob.mx

**Morelos**
Elefante 82
Col. Del Valle, C.P. 03100
México, Distrito Federal
Tels.: (55) 55-24-94-50 y (55) 55-24-53-04
Fax: (55) 55-24-90-32
E-mail: representación@morelos.gob.mx

**Nayarit**
Durango 32 Sur
Col. Centro, C.P. 63000
Tepic
Tel.: (311) 217-28-09
Fax: (311) 217-28-10
E-mail: nenabach@hotmail.com

**Nuevo León**
Plan de Guadalupe 401
Col. Antonio I. Villarreal, C.P. 64390
Monterrey
Tel.: (81) 81-90-11-71
Fax: (81) 81-90-00-94
E-mail: nlprobem@hotmail.com y
nlmigrante@hotmail.com

**Oaxaca**
Xicoténcatl 121
Col. Centro, C.P. 68000
Oaxaca de Juárez
Tels.: (951) 514-42-58 y (951) 514-18-43
Fax: (951) 516-74-97
E-mail: ceamo@oaxaca.gob.mx

**Puebla**
Av. Reforma 710 Altos
Col. Centro, C.P. 72000
Puebla
Tels.: (222) 242-52-46 y (222) 242-81-10
Fax: (222) 242-75-89 y (222) 242-81-17
E-mail: conofampuebla78@hotmail.com

**Querétaro**
5 de mayo N° 83
Zona Centro, C.P. 76000
Querétaro
Tels.: (442) 238-50-81 y (442) 238-50-37
Fax: (442) 238-51-56
E-mail: jnavarrocarrillo@hotmail.com

**San Luis Potosí**
Avenida Universidad 340
Col. Centro, C.P. 78000
San Luis Potosí
Tel.: (444) 812-98-19
Fax: (444) 812-69-34
E-mail: ssg_vmtorres@slp.gob.mx

**Sinaloa**
Palacio de Gobierno 3° piso
Col. Centro, C.P. 80129
Culiacán
Tel.: (667) 714-22-97
Fax: (667) 714-57-22
E-mail: garmienta@ges.gob.mx

**Sonora**
Centro Estatal de Gobierno
Edificio Sonora, 2º Nivel Ala Norte
Comonfort y Paseo del Canal s/n
C.P. 83280, Hermosillo
Tel.: (662) 213-46-13
Fax: (662) 213-68-46
E-mail: crespo_sonora@prodigy.net.mx

**Tamaulipas**
Nueve Hernán Cortés 136
Col. Pedro Sosa, C.P. 87120
Ciudad Victoria
Tels.: 01-800-710-6532
(834) 315-62-48 y (834) 315-61-36
Fax: (834) 315-60-97
E-mail: alfonsosalazar@terra.com

**Tlaxcala**
Interior Ex-Hacienda de San Manuel s/n
Col. San Miguel Contra
C.P. 90640, Tlaxcala
Tel.: (246) 461-03-29
Fax: (246) 461-03-66
E-mail: ofateg@yahoo.com.mx

**Veracruz**
Palacio Federal 2º piso
Col. Centro, C.P. 91000
Jalapa
Tels.: 01-800-221-7195 (sin costo desde el interior de la república)
(228) 812-26-43 y (228) 812-07-38
Fax: (228) 812-26-05
E-mail: migrantes_sdp@hotmail.com

**Yucatán**
Calle 66 N° 532
Col. Centro, C.P. 97000
Mérida
Tel. y Fax: (999) 928-72-67, extensión 26017
E-mail: estela.guzman@yucatan.gob.mx

**Zacatecas**
Palacio de Gobierno planta baja
Avenida Hidalgo 604
Col. Centro, C.P. 98000
Zacatecas
Tel.: (492) 923-95-98
Fax: (492) 923-95-13
E-mail: aesparza@mail.zacatecas.gob.mx

Fuente: *Guía Paisano 2004-2005*
http://www.paisano.gob.mx

# LOS CRUCES
# LEGALES E ILEGALES

# LOS CRUCES LEGALES E ILEGALES

El tiempo, la geopolítica y las migraciones masivas han creado una cultura del "cruce" que tiene vertientes legales e ilegales que se bosquejan en este capítulo.

El procedimiento legal es aparentemente similar en ambos países. Quienes quieran entrar legalmente al otro país tienen que cumplir con requisitos que varían dependiendo de si se quiere estar por un tiempo determinado o si la migración es definitiva. Quienes optan por la vía legal también deben apegarse a ciertas reglas no escritas.

El cruce con papeles en las ciudades fronterizas (en ambas direcciones) puede ser una experiencia muy desagradable porque hay ocasiones en que el tiempo de espera puede ser hasta de cinco horas. Quienes conocen la frontera más utilizada del mundo sugieren evitar días festivos, quincenas y de ser posible cruzar muy temprano o en horas de la tarde. Una actitud sensata es informarse a través de las estaciones de radio o televisión o de las páginas de los periódicos que con frecuencia informan constantemente sobre lo que puede esperarse en la "línea".

## EL PROCEDIMIENTO LEGAL PARA ENTRAR A MÉXICO

Quienes ingresan deben tener una autorización oficial. Aunque en teoría la obtención de la visa no garantiza el ingreso a México, es poco común que sea negado el acceso.

### LOS VISITANTES TEMPORALES

La frontera sigue estando abierta para los estadunidenses que quieran entrar como turistas y permanecer en el país hasta por 180 días. Si carecen de pasaporte son aceptados con un acta de nacimiento o cualquier documento con fotografía (por ejemplo, la licencia de manejo o una credencial de alguna institución o entidad pública) y con una "Forma Migratoria de Turista" que pueden obtener en agencias de viaje, en los consulados, durante el vuelo o en los puntos de llegada a México.

**Asilados y refugiados.** México tiene una larga tradición de asilo que ha sido aprovechada en algunas etapas por los estadunidenses. La solicitud deberá formularse al ingresar al territorio nacional o dentro de 15 días naturales siguientes. Para mayor información acudir a la Comisión Mexicana de Ayuda a Refugiados (dependiente de la Secretaría de Gobernación) o a la oficina del Alto Comisionado de Naciones Unidas para Refugiados. Es aconsejable visitar sus páginas: www.gobernacion.gob.mx y www.acnur.org

**LA RESIDENCIA PERMANENTE**

Hay rentistas, inversionistas, profesionistas, científicos, parejas, familiares, etc. que quieren radicar permanentemente en México. Los trámites pueden hacerse en cualquiera de las 32 delegaciones o subdelegaciones del Instituto Nacional de Migración (Inami). Estas visas también pueden ser solicitadas en el extranjero o por un representante legal. Todos los requisitos deberán ser presentados en original y copia. Algunos de los originales son devueltos posteriormente.

Cada categoría de inmigrante tiene requisitos específicos que se ejemplifican con los exigidos a los profesionistas.

a) Llenar y firmar la "Solicitud de Trámite Migratorio".
b) Pasaporte vigente.
c) Carta dirigida al Inami en español solicitando la internación al país y dando las razones de la solicitud.
d) Carta membretada en español (dirigida al Inami) de la institución que utilizará los servicios del profesionista. Debe mencionarse el lugar dónde trabajará, la naturaleza del proyecto o actividad, la remuneración que recibirá y los lugares donde desarrollará su actividad.
e) Identificación oficial vigente con fotografía y firma de la persona que suscribe la carta (si es extranjero, documento migratorio).
f) En el caso de ser independiente deberá explicar la actividad y el lugar donde desarrollará la actividad, el título profesional y, en su caso, la cédula profesional que da la Dirección General de Profesiones de la Secretaría de Educación Pública.
g) Costo: 2,246 pesos.

La página del Inami (www.inami.gob.mx) tiene los requisitos exigidos para cada categoría. Es altamente recomendable revisarla con cuidado antes de empezar los trámites.

## EL PROCEDIMIENTO LEGAL PARA ENTRAR A ESTADOS UNIDOS

Es posible obtener una visa para entrar a Estados Unidos de manera legal. Sin embargo, el interesado debe saber que el proceso es complicado, caro e incierto y que obtener una visa no garantiza el acceso.

Las leyes migratorias suponen que todo visitante temporal es un inmigrante en potencia (o sea un residente permanente) y quien solicite una visa debe demostrar lo contrario. La visa sólo autoriza a viajar a un puerto de entrada estadunidense en donde un funcionario del Departamento de Seguridad Nacional (Department of Homeland Security) puede autorizar o negar el acceso a Estados Unidos.

Los **solicitantes de visa para una estadía temporal** tienen que dar información para demostrar que: el propósito del viaje es vacacional, de negocios, estudio o para tratamiento médico; que planean quedarse en el país por un periodo específico; dar pruebas de que cuentan con recursos para cubrir sus gastos y demostrar sus vínculos de tipo social y económico con México.

También tienen que llenar y firmar la solicitud para visas para no-inmigrantes (la forma DS-156 debe tener fecha de al menos febrero de 2003, no se aceptan versiones anteriores); llenar la forma DS-157 que pide información adicional sobre los planes del viaje a Estados Unidos; tener un pasaporte válido y con vigencia de por lo menos más de seis meses después de concluido el periodo de estancia en Estados Unidos; una fotografía de 5.08 x 5.08 centímetros (la fotografía no es necesaria para visas tipo "láser"). El costo es de 100 dólares, sin derecho a reembolso.

Otra posibilidad son las **visas para inmigrantes (residentes permanentes).** Cada año se otorgan 140,000 visas a mexicanas y mexicanos que quieren vivir en Estados Unidos. El proceso es largo y complejo y requiere, de entrada, ser propuestos por uno o varios parientes estadunidenses o por algún empleador, un certificado del Departamento del Trabajo y una solicitud que debe entregarse al Buró de Ciudadanía y Servicios de Inmigración del Departamento de Seguridad Nacional (BCIS por sus siglas en inglés). El costo de este tipo de visa es de 335 dólares.

La página del Departamento de Estado (travel.state.gov) tiene los requisitos exigidos para cada categoría. Es altamente recomendable revisarla con cuidado antes de empezar los trámites.

## EL CRUCE ILEGAL A MÉXICO

México se ha convertido en un lugar de destino y tránsito para docenas de nacionalidades. La frontera sur es muy porosa y los mecanismos de control implementados por el Inami son insuficientes para controlar un flujo de grandes dimensiones.

Los ciudadanos de Estados Unidos (y de otros países industrializados) tienen relativamente pocos problemas para internarse y permanecer en México. Un indicador es la disparidad que existe entre las cifras sobre el número de estadunidenses en México. Para el Departamento de Estado hay más de un millón de estadunidenses viviendo en México, para el INEGI 342 mil.

## EL CRUCE ILEGAL A ESTADOS UNIDOS

Cada año millones de personas cruzan (o intentan cruzar) ilegalmente a Estados Unidos desde México. La frontera puede ser muy peligrosa para quien no se prepara. Durante mucho tiempo el gobierno mexicano siguió una línea de bajo perfil que ha ido desechando gradualmente. A finales del 2004 publicó la *Guía del migrante*. En esta sección se incorporan algunas de sus sugerencias complementadas con lo dicho por defensores de los derechos humanos como Arturo Solís de Reynosa, Tamaulipas.

**Cómo distinguir a los "polleros".** Es común que quienes desean cruzar utilicen "polleros" que a cambio de dinero conducen a la gente por las veredas que desembocan, en teoría, en el "sueño americano". Existe el riesgo de que los migrantes sean robados, abandonados o utilizados para llevar droga. Quienes conocen la frontera recomiendan que el mejor "pollero" es el que conoce la comunidad y que debe evitarse a los que están en la frontera que, con la protección de las autoridades locales, se aprovechan de los desprevenidos.

**Cruce por zonas desérticas.** Lo mejor es caminar cuando el calor no sea intenso, llevar una buena dotación de agua y no tomarla con sal porque ésta deshidrata y guiarse por postes de luz, vías de tren o caminos de terracería.

**Cruce por ríos.** No cruzar solo, ni hacerlo de noche, ni utilizar ropa gruesa porque ésta aumenta de peso con el agua y dificulta nadar o flotar.

**Prepararse para la detención.** Es poco recomendable usar documentos falsos, resistirse o tratar de escapar, agredir o insultar, y llevar en las manos objetos que puedan parecer armas.

Los **detenidos** tienen el derecho a saber dónde se encuentran, a comunicarse al Consulado mexicano, a abstenerse de firmar documentos sin asesoría de un representante del Consulado, a recibir atención médica, a ser respetados y tratados con dignidad y a pedir un comprobante para recuperar las pertenencias que hayan entregado.

Quienes terminen en la **cárcel** tiene derecho a no ser discriminados, a recibir visitas de funcionarios consulares y familiares, a recibir asesoría legal, a preguntar y saber qué es el "Acuerdo de culpabilidad" y a no declararse culpables sin consultar a un abogado.

Para más información véase la *Guía del migrante*: www.sre.gob.mx/tramites/consulares/guiamigrante/page1.htm

# LA FRONTERA

# LA FRONTERA

La frontera entre México y Estados Unidos ha experimentado una profunda metamorfosis. De ser un territorio escasamente poblado se ha transformado en una zona con bolsones de alta densidad de población a la que se añade una población flotante que quiere atravesar una frontera que alguna vez fue abierta. En estas regiones semidesérticas se encuentran también los senderos por los que pasan las avalanchas de todo tipo de mercancías legales e ilegales.

Existe una visión fronteriza, muy diferente de la que se tiene en el resto de los dos países. La identidad es tan fuerte que algunos analistas hablan de que estamos frente a un "tercer país". Aunque en cierto sentido es una exageración, la metáfora sirve para recordar que se trata de un espacio radicalmente diferente al que puede encontrarse en otros lugares del mundo. En este capítulo se hace un bosquejo de estas regiones.

## UNA PRIMERA APROXIMACIÓN

**POBLACIÓN DE LAS ENTIDADES, MUNICIPIOS Y CONDADOS FRONTERIZOS**

| Concepto | México (2000) | EU (2003) | Total | % |
|---|---|---|---|---|
| Población total | 97,483,412 | 290,809,777 | 388,293,189 | 100.0 |
| Población en entidades fronterizas | 16,642,676 | 65,058,387 | 81,701,063 | 21.0 |
| Población que habita en municipios o condados adyacentes a la frontera | 5,532,013 | 6,631,234 | 12,163,247 | 3.1 |

Fuente: INEGI, U.S. Census Bureau, 2004.

El número de mexicanos y estadunidenses que habitan en los estados fronterizos es bastante parecido. El equilibrio se alteraría si incluyéramos a la población de origen mexicano en Estados Unidos y a los millones que cada año llegan con la esperanza de cruzar al "otro lado".

**ESTADOS, MUNICIPIOS Y CONDADOS COLINDANTES**[a]

| Municipios mexicanos | Condados estadunidenses |
| --- | --- |
| Baja California: Tijuana, Tecate y Mexicali. | California: San Diego e Imperial. Arizona: Yuma. |
| Sonora: San Luis Río Colorado, Puerto Peñasco, Gral. Plutarco Elías Calles, Caborca, Altar, Sáric, Nogales, Santa Cruz, Naco y Agua Prieta. | Arizona: Yuma, Pima, Santa Cruz y Cochise. Nuevo México: Hidalgo. |
| Chihuahua: Janos, Ascensión, Juárez, Guadalupe, Práxedes Guerrero, Ojinaga y Manuel Benavides. | Nuevo México: Hidalgo, Luna y Doña Ana. Texas: El Paso, Hudspeth, Jeff Davis, Presidio y Brewster, |
| Coahuila: Ocampo, Acuña, Jiménez, Piedras Negras, Nava, Guerrero e Hidalgo. | Texas: Brewster, Terrell, Val Verde, Kinney, Maverick y Webb. |
| Nuevo León: Anáhuac. | Texas: Webb. |
| Tamaulipas: Nuevo Laredo, Guerrero, Mier, Miguel Alemán, Camargo, Gustavo Díaz Ordaz, Reynosa, Río Bravo, Valle Hermoso y Matamoros. | Texas: Webb, Zapata, Starr, Hidalgo y Cameron. |

[a] Las entidades y sus unidades (municipios y condados) están ordenados geográficamente de oeste a este.
Fuente: INEGI, U.S. Census Bureau, 2004.

Los 38 municipios mexicanos colindan con 23 condados estadunidenses. Además de las disparidades en número de habitantes y tipo de actividad económica, se trata de formas de administración con diferencias enormes en la forma de gobernarse.

## COMPARACIÓN DE LA POBLACIÓN DE LOS MUNICIPIOS Y CONDADOS MÁS IMPORTANTES

|  | Municipio (2000) | Condado (2003) | Población |
|---|---|---|---|
| Tijuana-San Diego | 1,210,820 | 2,930,886 | 4,141,706 |
| Juárez-El Paso | 1,218,817 | 705,436 | 1,924,253 |
| Reynosa-Hidalgo | 420,463 | 635,540 | 1,056,003 |
| Mexicali-Imperial | 764,602 | 149,232 | 913,834 |
| Matamoros-Cameron | 418,141 | 363,092 | 781,233 |
| Nuevo Laredo-Webb | 310,915 | 213,615 | 524,530 |
| San Luis Río Colorado-Yuma | 145,006 | 171,134 | 316,140 |
| Nogales-Santa Cruz | 159,787 | 40,267 | 200,054 |
| Agua Prieta-Cochise | 61,944 | 122,161 | 184,105 |
| Piedras Negras-Maverick | 128,130 | 50,178 | 178,308 |
| Acuña-Valverde | 110,487 | 46,569 | 157,056 |
| Ascensión-Luna | 21,939 | 25,732 | 47,671 |
| Ojinaga-Presidio | 24,307 | 7,591 | 31,898 |
| Total | 4,995,358 | 5,461,433 | 10,456,791 |

Fuente: INEGI, U.S. Census Bureau, 2004.

> Entre estas ciudades gemelas destaca Tijuana-San Diego, punto de inicio de una megalópolis que se extiende hasta Los Ángeles y que desde hace décadas crece constantemente.

## EN EL LADO MEXICANO

### POBLACIÓN DE LOS ESTADOS FRONTERIZOS DE MÉXICO CON EU, 2000

| Entidades | Población | Lugar | % | Crecimiento 1990-2000 (%) |
|---|---|---|---|---|
| México | 97,483,412 | - | 100.0 | 1.8 |
| Nuevo León | 3,834,141 | 9 | 3.9 | 2.1 |
| Chihuahua | 3,052,907 | 12 | 3.1 | 2.2 |

**POBLACIÓN DE LOS ESTADOS FRONTERIZOS DE MÉXICO CON EU, 2000 (continuación)**

| Entidades | Población | Lugar | % | Crecimiento 1990-2000 (%) |
|---|---|---|---|---|
| Tamaulipas | 2,753,222 | 13 | 2.8 | 2.0 |
| Baja California | 2,487,367 | 15 | 2.6 | 4.1 |
| Coahuila de Zaragoza | 2,298,070 | 17 | 2.4 | 1.5 |
| Sonora | 2,216,969 | 19 | 2.3 | 2.0 |
| Total | 16,642,676 | - | 17.1 | 2.8 |

Fuente: INEGI, 2004.

El dinamismo desigual que tiene la frontera se aprecia en el crecimiento que ha tenido la población de Baja California que es receptora de un porcentaje muy importante de la migración.

**POBLACIÓN MEXICANA QUE VIVE EN MUNICIPIOS FRONTERIZOS, 2000**

| Entidad | Municipios fronterizos / total de municipios | Población en municipios fronterizos | Población fronteriza frente a la total (%) |
|---|---|---|---|
| Baja California | 3/5 | 2,053,217 | 82.5 |
| Tamaulipas | 10/43 | 1,382,212 | 50.2 |
| Chihuahua | 7/67 | 1,295,960 | 42.5 |
| Sonora | 10/72 | 495,196 | 22.3 |
| Coahuila | 7/38 | 286,904 | 12.5 |
| Nuevo León | 1/51 | 18,524 | 0.5 |
| Total | 38/276 | 5,532,013 | 33.2 |

Fuente: INEGI, 2004.

Desde esta perspectiva, los estados más fronterizos serían Baja California y Tamaulipas. Sin embargo, todas las entidades tienen relaciones estrechas con el país del norte.

## POBLACIÓN DE LAS CIUDADES FRONTERIZAS DE MÉXICO CON EU, 2000

| Municipio | Población |
| --- | --- |
| Juárez, Chihuahua | 1,218,817 |
| Tijuana, Baja California | 1,210,820 |
| Mexicali, Baja California | 764,602 |
| Reynosa, Tamaulipas | 420,463 |
| Matamoros, Tamaulipas | 418,141 |
| Nuevo Laredo, Tamaulipas | 310,915 |
| Nogales, Sonora | 159,787 |
| San Luis Río Colorado, Sonora | 145,006 |
| Piedras Negras, Coahuila | 128,130 |
| Acuña, Coahuila | 110,487 |
| Río Bravo, Tamaulipas | 104,229 |
| Tecate, Baja California | 77,795 |
| Caborca, Sonora | 69,516 |
| Agua Prieta, Sonora | 61,944 |
| Valle Hermoso, Tamaulipas | 58,573 |
| Puerto Peñasco, Sonora | 31,157 |
| Miguel Alemán, Tamaulipas | 25,704 |
| Ojinaga, Chihuahua | 24,307 |
| Nava, Coahuila | 23,019 |
| Ascensión, Chihuahua | 21,939 |
| Anáhuac, Nuevo León | 18,524 |
| Camargo, Tamaulipas | 16,787 |
| Gustavo Díaz Ordaz, Tamaulipas | 16,246 |
| Ocampo, Coahuila | 12,053 |
| General Plutarco Elías Calles, Sonora | 11,278 |
| Janos, Chihuahua | 10,214 |
| Guadalupe, Chihuahua | 10,032 |
| Jiménez, Coahuila | 9,724 |
| Práxedis G. Guerrero, Chihuahua | 8,905 |
| Altar, Sonora | 7,253 |
| Mier, Tamaulipas | 6,788 |
| Naco, Sonora | 5,370 |

**POBLACIÓN DE LAS CIUDADES FRONTERIZAS DE MÉXICO CON EU, 2000 (continuación)**

| Municipio | Población |
|---|---|
| Guerrero, Tamaulipas | 4,366 |
| Sáric, Sonora | 2,257 |
| Guerrero, Coahuila | 2,050 |
| Manuel Benavides, Chihuahua | 1,746 |
| Santa Cruz, Sonora | 1,628 |
| Hidalgo, Coahuila | 1,441 |
| Total | 5,532,013 |

Fuente: INEGI, 2004.

Son evidentes las variaciones en la densidad de población entre los municipios. Los dos más poblados concentran cerca de la mitad de los habitantes fronterizos. La alta densidad demográfica es uno de los factores que incrementan la conflictividad.

**POBLACIÓN DE ALGUNOS MUNICIPIOS FRONTERIZOS, 2000[a]**

| Ciudad y municipio | Estado | Población |
|---|---|---|
| Juárez, Juárez | Chihuahua | 1,187,275 |
| Tijuana, Tijuana | Baja California | 1,148,681 |
| Mexicali, Mexicali | Baja California | 549,873 |
| Reynosa, Reynosa | Tamaulipas | 403,718 |
| Heroica Matamoros, Matamoros | Tamaulipas | 376,279 |
| Nuevo Laredo, Nuevo Laredo | Tamaulipas | 308,828 |
| Heroica Nogales, Nogales | Sonora | 156,854 |
| San Luis Río Colorado, SLRC | Sonora | 126,645 |
| Piedras Negras, Piedras Negras | Coahuila | 126,386 |
| Acuña, Acuña | Coahuila | 108,159 |
| Agua Prieta, Agua Prieta | Sonora | 60,420 |
| Tecate, Tecate | Baja California | 52,394 |
| Manuel Ojinaga, Ojinaga | Chihuahua | 20,371 |
| Cd. Miguel Alemán, Miguel Alemán | Tamaulipas | 18,368 |
| Anáhuac, Anáhuac | Nuevo León | 15,976 |

**POBLACIÓN DE ALGUNOS MUNICIPIOS FRONTERIZOS, 2000[a]
(continuación)**

| Ciudad y municipio | Estado | Población |
|---|---|---|
| Ascensión, Ascensión | Chihuahua | 10,846 |
| Cd. Camargo, Camargo | Tamaulipas | 9,329 |
| Sonoita, General Plutarco Elías Calles | Sonora | 9,224 |
| Altar, Altar | Sonora | 5,839 |
| Puerta Palomas, Ascensión | Chihuahua | 5,210 |
| Naco, Naco | Sonora | 4,896 |
| Vicente Guerrero (Algodones), Mexicali | Baja California | 4,157 |
| Sásabe, Sáric | Sonora | 989 |
| Sáric, Sáric | Sonora | 722 |
| Colombia, Anáhuac | Nuevo León | 472 |

[a] Incluye poblados que se están convirtiendo en puntos de cruce legal o ilegal entre ambos países.
Fuente: Conapo, INEGI, 2004.

## EN EL LADO ESTADUNIDENSE

**POBLACIÓN ESTIMADA DE LOS ESTADOS FRONTERIZOS DE EU CON MÉXICO, 2003**

| Estado | Población | Lugar que ocupa | % | Variación respecto al censo 2000 (%) |
|---|---|---|---|---|
| Estados Unidos | 290,809,777 | - | 100.0 | 3.3 |
| California | 35,484,453 | 1 | 12.2 | 4.8 |
| Texas | 22,118,509 | 2 | 7.6 | 6.1 |
| Arizona | 5,580,811 | 18 | 1.9 | 8.8 |
| Nuevo México | 1,874,614 | 36 | 0.6 | 3.1 |
| Total | 65,058,387 | - | 22.4 | 5.7 |

Fuente: U.S. Census Bureau, 2004.

Es notable el crecimiento que está teniendo Arizona, un estado que, por otro lado, está recibiendo el flujo más grande de migrantes indocumentados, lo que ha provocado una reacción muy fuerte entre quienes los perciben como amenaza a la cultura estadunidense.

**POBLACIÓN DE EU EN CONDADOS FRONTERIZOS CON MÉXICO, 2003**

| Entidad[a] | Condados fronterizos/ total de municipios | Población que vive en condados fronterizos | Población fronteriza frente a la total (%) |
|---|---|---|---|
| California | 2/58 | 3,080,118 | 8.7 |
| Arizona | 4/15 | 1,226,360 | 22.0 |
| Nuevo México | 3/33 | 213,131 | 11.4 |
| Texas | 14/254 | 2,111,625 | 9.5 |
| Total | 23/360 | 6,631,234 | 10.2 |

[a] Para la lista de condados de cada entidad que colindan con México véase p. 153.
Fuente: U.S. Census Bureau, 2004.

Desde la perspectiva del número de habitantes, el estado más fronterizo de Estados Unidos es Arizona, aunque es obvio el peso que tiene California.

**POBLACIÓN DE LOS CONDADOS FRONTERIZOS DE EU CON MÉXICO, 2003**

| Condado y estado | Población | Variación respecto al censo 2000 (%) |
|---|---|---|
| San Diego, California | 2,930,886 | 4.2 |
| Pima, Arizona | 892,798 | 5.8 |
| El Paso, Texas | 705,436 | 3.8 |
| Hidalgo, Texas | 635,540 | 11.6 |
| Cameron, Texas | 363,092 | 8.3 |
| Webb, Texas | 213,615 | 10.6 |
| Doña Ana, Nuevo México | 182,165 | 4.3 |
| Yuma, Arizona | 171,134 | 6.9 |
| Imperial, California | 149,232 | 4.8 |
| Cochise, Arizona | 122,161 | 3.7 |
| Starr, Texas | 57,678 | 7.6 |
| Maverick, Texas | 50,178 | 6.1 |
| Val Verde, Texas | 46,569 | 3.8 |
| Santa Cruz, Arizona | 40,267 | 4.9 |
| Luna, Nuevo México | 25,732 | 2.9 |
| Zapata, Texas | 12,905 | 5.9 |
| Brewster, Texas | 9,247 | 4.3 |

## POBLACIÓN DE LOS CONDADOS FRONTERIZOS DE EU CON MÉXICO, 2003 (continuación)

| Condado y estado | Población | Variación respecto a censo 2000 (%) |
|---|---|---|
| Presidio, Texas | 7,591 | 3.9 |
| Hidalgo, Nuevo México | 5,234 | -11.8 |
| Kinney, Texas | 3,311 | -2.0 |
| Hudspeth, Texas | 3,193 | -4.5 |
| Jeff Davis, Texas | 2,236 | 1.3 |
| Terrell, Texas | 1,034 | -4.3 |
| Total | 6,631,234 | - |

Fuente: U.S. Census Bureau, 2004.

## POBLACIÓN EN CIUDADES FRONTERIZAS DE EU CON MÉXICO, 2000

| Ciudad y condado | Estado | Población |
|---|---|---|
| San Diego, San Diego (área metropolitana) | California | 2,813,833 |
| Tucson, Pima (área metropolitana) | Arizona | 843,746 |
| El Paso, El Paso (área metropolitana) | Texas | 679,622 |
| McAllen, Hidalgo (área metropolitana) | Texas | 569,463 |
| Brownsville, Cameron (área metropolitana) | Texas | 335,227 |
| Laredo, Webb (área metropolitana) | Texas | 193,117 |
| Las Cruces, Doña Ana (área metropolitana) | Nuevo México | 174,682 |
| Yuma, Yuma (área metropolitana) | Arizona | 160,026 |
| El Centro, Imperial | California | 37,835 |
| Del Rio, Val Verde | Texas | 33,867 |
| Calexico, Imperial | California | 27,109 |
| Eagle Pass, Maverick | Texas | 22,413 |
| Nogales, Santa Cruz | Arizona | 20,878 |
| Douglas, Cochise | Arizona | 14,312 |
| Deming, Luna | Nuevo México | 14,116 |
| Rio Grande, Starr | Texas | 11,923 |
| Presidio, Presidio | Texas | 4,167 |
| Columbus, Luna | Nuevo México | 1,765 |
| Naco, Cochise | Nuevo México | 833 |

Fuente: U.S. Census Bureau, 2004.

# PUERTOS DE CRUCE DE PERSONAS, VEHÍCULOS Y CARGA*

**TOTAL DE ADUANAS EN MÉXICO, 2004**

| Aduanas de México | Total | % |
|---|---|---|
| Frontera norte | 19 | 39.6 |
| Aduanas marítimas[a] | 17 | 35.4 |
| Aduanas interiores[b] | 10 | 20.8 |
| Frontera sur | 2 | 4.2 |
| Número total | 48 | 100.0 |

[a] Incluye Ensenada, B. C., Guaymas, Son., Altamira y Tampico, Tamps.
[b] Incluye Chihuahua, Chih., Torreón, Coah. y Monterrey, N. L.
Fuente: Aduana México, 2005

La diferencia entre las aduanas del norte y el sur es la expresión más elocuente de la orientación que tiene el comercio mexicano.

**PUNTOS DE REVISIÓN EN LAS ADUANAS DE LA FRONTERA MÉXICO-EU, 2004**

| Entidad | Ciudades con aduanas | Puntos de revisión |
|---|---|---|
| Tamaulipas | 5 | 32 |
| Sonora | 5 | 25 |
| Chihuahua | 3 | 19 |
| Baja California | 3 | 12 |
| Coahuila de Zaragoza | 2 | 13 |
| Nuevo León | 1 | 2 |
| Total | 19 | 103 |

Fuente: Aduana México, 2005.

* Por la disparidad en la información disponible, esta sección se concentra en el tráfico hacia Estados Unidos.

Por el número de aduanas y puntos de revisión es evidente que la carga se desplaza por los estados del este.

### CRUCE DE VEHÍCULOS PARTICULARES QUE ENTRAN A EU, 1994-2003

| Puerto de entrada a EU | 1994 | 2003 | Diferencia % 1994-2003 |
|---|---|---|---|
| Arizona | 9,581,261 | 9,913,062 | 3.5 |
| California | 13,773,102 | 32,674,582 | 137.2 |
| Nuevo México | 296,005 | 650,025 | 119.6 |
| Texas | 42,759,186 | 44,830,722 | 4.8 |
| Frontera México-EU | 66,409,554 | 88,068,391 | 32.6 |

Fuente: Departamento de Transporte EU, 2004.

En la frontera se prefiere el uso de los autos privados cuya utilización, es obvio, crece incesantemente. En esta categoría el crecimiento en California ha sido impresionante.

### CRUCE DE PASAJEROS QUE ENTRAN A EU EN VEHÍCULOS PERSONALES, 1995-2003

| Puerto de entrada a EU | 1995 | 2003 | Diferencia % 1995-2003 |
|---|---|---|---|
| Arizona | 21,560,000 | 24,424,403 | 13.3 |
| California | 36,264,970 | 70,757,903 | 95.1 |
| Nuevo México | 502,347 | 1,620,337 | 222.6 |
| Texas | 110,825,112 | 96,894,839 | -12.6 |
| Frontera México-EU | 169,152,429 | 193,697,482 | 14.5 |

Fuente: Departamento de Transporte EU, 2004.

Nuevo México es el estado en donde más se está incrementando el cruce en automóvil. Entretanto, ha bajado la utilización del territorio texano.

**CRUCES DE PEATONES QUE ENTRAN A EU POR LA FRONTERA CON MÉXICO, 1994-2003**

| Puerto de entrada a EU | 1994 | 2003 | Diferencia % 1994-2003 |
|---|---|---|---|
| Arizona | 7,779,089 | 9,154,958 | 17.7 |
| California | 8,244,261 | 18,193,283 | 120.7 |
| Nuevo México | 102,216 | 259,312 | 153.7 |
| Texas | 18,822,178 | 21,056,220 | 11.9 |
| Frontera México-EU | 34,947,744 | 48,663,773 | 39.2 |

Fuente: Departamento de Transporte EU, 2004.

Cualquiera que haya hecho largas filas para cruzar en automóvil la línea fronteriza comprenderá que caminar sea la segunda forma más habitual de transitar al vecino país.

**AUTOBUSES DE PASAJEROS QUE ENTRAN A EU DESDE MÉXICO, 1994-2003**

| Puerto de entrada a EU[a] | 1994 | 2003 | Diferencia % 1994-2003 |
|---|---|---|---|
| Arizona | 3,904 | 13,407 | 243.4 |
| California | 17,986 | 185,725 | 932.6 |
| Nuevo México | 1 | 1,406 | 140,500.0 |
| Texas | 78,826 | 118,549 | 50.4 |
| Frontera México-EU | 100,717 | 319,087 | 216.8 |

[a] Se excluyen los puertos de entrada de Sasabe, Arizona, Fabens y Río Grande, Texas, porque sus datos no son aplicables o no están disponibles.
Fuente: Departamento de Transporte EU, 2004.

La cambiante vitalidad de los estados se hace evidente cuando se observa que Nuevo México tuvo un crecimiento de 140 mil por ciento en la cantidad de autobuses que utilizan su territorio.

**PASAJEROS QUE ENTRAN EN AUTOBUSES A EU, 1994-2003**[a]

| Puerto de entrada a EU | 1994 | 2003 | Diferencia % 1994-2003 |
|---|---|---|---|
| Arizona | 27,198 | 209,897 | 671.7 |
| California | 180,818 | 1,577,189 | 772.3 |
| Nuevo México | 35 | 17,261 | 49,217.1 |
| Texas | 1,083,512 | 1,942,990 | 79.3 |
| Frontera México-EU | 1,291,563 | 3,747,337 | 190.1 |

[a] Se excluyen los puertos de entrada de Sasabe, Arizona, y Rio Grande City, Texas, porque sus datos no son aplicables o no están disponibles.
Fuente: Departamento de Transporte EU, 2004.

> En relación a las otras formas de transporte el autobús es el que más está creciendo, aunque con evidentes diferencias entre los estados.

**TRENES QUE ENTRAN A EU DESDE MÉXICO, 1994-2003**

| Puerto de entrada a EU[a] | 1994 | 2003 | Diferencia % 1994-2003 |
|---|---|---|---|
| Arizona | 492 | 457 | -7.1 |
| California | 486 | 509 | 4.7 |
| Texas | 7,748 | 6,808 | -12.1 |
| Frontera México-EU | 8,726 | 7,774 | -10.9 |

[a] Sólo se incluyen los puertos de entrada a Estados Unidos que disponen de vía de ferrocarril.
Fuente: Departamento de Transporte EU, 2004.

> El transporte por ferrocarril se mantiene estancado aunque hay expectativas de que aumente en los próximos años.

**PASAJEROS QUE VIAJAN EN TRENES A EU DESDE MÉXICO, 1994-2003**

| Puerto de entrada a EU[a] | 1994 | 2003 | Diferencia % 1994-2003 |
|---|---|---|---|
| Arizona[b] | 4,752 | 1,664 | 84.9 |
| California | 1,941 | 2,072 | 6.7 |
| Texas | 2,604 | 8,365 | 221.2 |
| Frontera México-EU | 4,545 | 12,101 | 166.2 |

[a] Sólo se incluyen los puertos de entrada a Estados Unidos que disponen de vía de ferrocarril.
[b] Los datos corresponden a 1999 porque los de 1994 no aplican o no están disponibles.
Fuente: Departamento de Transporte EU, 2004.

En algunos estados agoniza el transporte de pasajeros por ferrocarril. La única excepción es Texas, en donde el aumento es espectacular.

**CAMIONES DE CARGA QUE ENTRAN A EU DESDE MÉXICO, 1994-2003[a]**

| Puerto de entrada a EU | 1994 | 2003 | Diferencia % 1994-2003 |
|---|---|---|---|
| Arizona | 282,482 | 313,250 | 10.9 |
| California | 657,457 | 1,019,908 | 55.1 |
| Nuevo Mexico | 1,229 | 33,263 | 2,606.5 |
| Texas | 1,821,952 | 2,871,624 | 57.6 |
| Frontera México-EU | 2,763,120 | 4,238,045 | 53.4 |

[a] Las cifras indican el número de veces que cruzaron camiones, no el número de vehículos únicos, e incluye tanto camiones con carga como vacíos.
Fuente: Departamento de Transporte EU, 2004.

Una gran parte del tráfico de bienes se hace en forma terrestre. Es impresionante el crecimiento que ha habido y que explica las dificultades para evitar el tráfico de bienes. En esa tendencia destaca claramente Nuevo México.

**ESTADUNIDENSES QUE VISITARON CIUDADES FRONTERIZAS MEXICANAS, 2003**

| Concepto | Tijuana | Mexicali | San Luis Río Colorado | Nogales |
|---|---|---|---|---|
| Número de viajes[a] | 19,884 | 4,594 | 1,920 | 3,813 |
| Peatones | 3,149 | 1,494 | 422 | 1,919 |
| Automovilistas | 16,735 | 3,100 | 1,498 | 1,894 |
| Excursionistas | 16,628 | 4,378 | 1,873 | 3,651 |
| Turistas fronterizos | 3,256 | 216 | 47 | 162 |
| Compras | 4,604 | 1,478 | 768 | 2,620 |
| Placer | 5,430 | 1,386 | 113 | 242 |
| Visita familiar | 6,789 | 1,115 | 209 | 730 |
| Otros motivos | 3,061 | 615 | 830 | 221 |

[a] Miles.
Fuente: Banco de México, 2004.

Es muy interesante que la cifra oficial sobre el número de visitantes estadunidenses que llegan a México es considerablemente menor al de quienes cruzan de México a Estados Unidos (77 frente a 200 millones). Es probable que se deba a un registro insuficiente. Fuera de ello, hay una coincidencia en la intensidad de los cruces por ciudades.

## LA INDUSTRIA MAQUILADORA

No existe consenso sobre las maquiladoras. En algunos sectores se elogia la generación de empleos y de divisas, mientras que otros enfatizan los bajos salarios y las distorsiones sociales que causan. Independientemente de ello, su presencia es una realidad que se concentra en la frontera.

| Juárez | Piedras Negras | Nuevo Laredo | Reynosa | Matamoros | Miguel Alemán | Otras ciudades | Total |
|---|---|---|---|---|---|---|---|
| 14,824 | 3,296 | 5,471 | 5,394 | 7,564 | 1,743 | 8,499 | 77,002 |
| 1,780 | 193 | 1,476 | 1,227 | 683 | 61 | 2,106 | 14,510 |
| 13,044 | 3,103 | 3,995 | 4,167 | 6,881 | 1,682 | 6,393 | 62,492 |
| 13,084 | 2,685 | 4,497 | 5,387 | 7,118 | 1,713 | 7,676 | 68,690 |
| 1,740 | 611 | 974 | 7 | 446 | 30 | 823 | 8,312 |
| 3,226 | 873 | 1,828 | 5,278 | 4,553 | 51 | 2,485 | 27,764 |
| 1,322 | 698 | 1,231 | 13 | 116 | 3 | 1,099 | 11,653 |
| 6,788 | 1,397 | 1,653 | 97 | 1,485 | 1,600 | 3,950 | 25,813 |
| 3,488 | 328 | 759 | 6 | 1,410 | 89 | 965 | 11,772 |

**MAQUILADORAS EN ESTADOS FRONTERIZOS CON EU, 2003**

| Entidad federativa | Establecimientos | Establecimientos | % 2003 | Variación % 1997-2003 |
|---|---|---|---|---|
| Total nacional | 2,717 | 2,860 | 100.0 | 5.3 |
| Baja California | 904 | 888 | 31.0 | -1.8 |
| Chihuahua | 402 | 389 | 7.7 | -3.2 |
| Tamaulipas | 323 | 372 | 13.6 | 15.2 |
| Coahuila de Zaragoza | 244 | 219 | 6.2 | -10.2 |
| Sonora | 222 | 203 | 7.1 | -8.6 |
| Nuevo León | 110 | 178 | 13.0 | 61.8 |
| Estados fronterizos | 2,205 | 2,249 | 78.6 | 2.0 |
| Resto de entidades | 512 | 611 | 21.4 | 19.3 |

Fuente: INEGI, 2004.

## CARACTERÍSTICAS DE LA INDUSTRIA MAQUILADORA EN LOS MUNICIPIOS FRONTERIZOS, 2003

| Municipio | Establecimientos en activo | Personal ocupado (personas) | Valor agregado (miles de pesos) | Variación establecimientos en activo 1997-2003 (%) | Variación personal ocupado 1997-2003 (%) | Variación valor agregado 1997-2003 (%) |
|---|---|---|---|---|---|---|
| Total nacional | 2,860 | 1,062,105 | 198,693,683 | 5.3 | 17.6 | 178.0 |
| Tijuana, B.C.[a] | 568 | 141,568 | 23,663,264 | -5.2 | 3.3 | 109.6 |
| Juárez, Chih. | 271 | 194,642 | 36,803,236 | -4.2 | 2.1 | 141.6 |
| Reynosa, Tamps. | 141 | 71,343 | 12,806,835 | 54.9 | 55.7 | 230.5 |
| Mexicali, B.C. | 131 | 50,918 | 11,784,455 | -11.5 | 18.1 | 208.3 |
| Matamoros, Tamps. | 126 | 53,226 | 8,383,000 | 16.7 | 2.3 | 110.7 |
| Tecate, B.C. | 109 | 8,921 | 1,351,957 | 13.5 | 0.1 | 112.8 |
| Nogales, Son. | 78 | 25,666 | 4,665,059 | 4.0 | -13.5 | 115.9 |
| Acuña, Coah. | 50 | 35,749 | 3,727,317 | -5.7 | 30.0 | 149.4 |
| Nuevo Laredo, Tamps. | 45 | 17,917 | 3,844,617 | -15.1 | -10.0 | 83.2 |
| Piedras Negras, Coah. | 32 | 11,818 | 1,319,051 | -27.3 | -7.3 | 96.8 |
| Agua Prieta, Son. | 20 | 5,215 | 533,973 | -37.5 | -51.1 | 2.6 |
| Municipios fronterizos | 1,571 | 616,983 | 108,882,764 | -0.7 | 6.7 | 137.8 |
| Resto de municipios del país | 1,289 | 445,122 | 89,810,919 | 13.6 | 36.8 | 249.6 |

[a] Incluye playas de Rosarito.
Nota: El INEGI considera como importantes centros de maquiladoras, además de los anteriores, a: Torreón, Coah.; Chihuahua, Chih.; Distrito Federal; Estado de México; Guadalajara, Jal.; Guadalupe y Monterrey, N. L.
Fuente: INEGI, 2004.

Aun cuando Tijuana tiene el mayor número de maquiladoras, Ciudad Juárez emplea mucho más personas, lo que en parte se debe a que la maquila inició sus actividades en esa ciudad durante los años sesenta.

# MEXICANOS EN ESTADOS UNIDOS

# MEXICANOS EN ESTADOS UNIDOS

La presencia mexicana en Estados Unidos ha ido creciendo en ciclos de una intensidad variada y determinada por la historia de los dos países. A principios del siglo XX la Revolución Mexicana expulsó a centenares de miles mientras que por la Segunda Guerra Mundial Estados Unidos solicitó mano de obra para sustituir a quienes fueron llamados a filas.

En los últimos veinte años se ha duplicado su número, lo que está "mexicanizando" amplias regiones de Estados Unidos. Es paradójico que eso suceda porque el Tratado de Libre Comercio de América del Norte fue promovido por el gobierno de Carlos Salinas de Gortari con el argumento de que era mejor exportar bienes que personas.

En esta última etapa se han dado otros cambios. Durante décadas la población mexicana en Estados Unidos fue ignorada y tratada como objeto por los gobiernos y políticos de ambos países. En los últimos años se está revirtiendo la tendencia por la creciente organización de los mexicanos. Esto ha creado situaciones totalmente inéditas que se irán mencionando en éste y otros capítulos.

**INDICADORES DEMOGRÁFICOS DE LA POBLACIÓN DE ORIGEN MEXICANO EN EU, 2002**

| Concepto | TOTAL |
|---|---|
| Mexicanos en el exterior que radican en Estados Unidos (%) | 98.0 |
| Población hispana en Estados Unidos (millones) | 38.8 |
| Población de origen mexicano en Estados Unidos (millones) | 25.1 |
| Porcentaje de la población total de Estados Unidos | 8.7 |
| Porcentaje de la población hispana de Estados Unidos | 66.9 |
| Migrantes nacidos en México (millones) | 9.8 |
| Indocumentados (millones) | 4.8 |

Fuente: U.S. Census Bureau, 2004.

La población mexicana tiene grandes diferencias en su interior. Quienes se han asimilado a la cultura del vecino país observan con desconfianza las oleadas de recién llegados, una quinta parte de los cuales son indocumentados.

**CRECIMIENTO DE LA POBLACIÓN DE ORIGEN MEXICANO EN EU, 1900-2002**

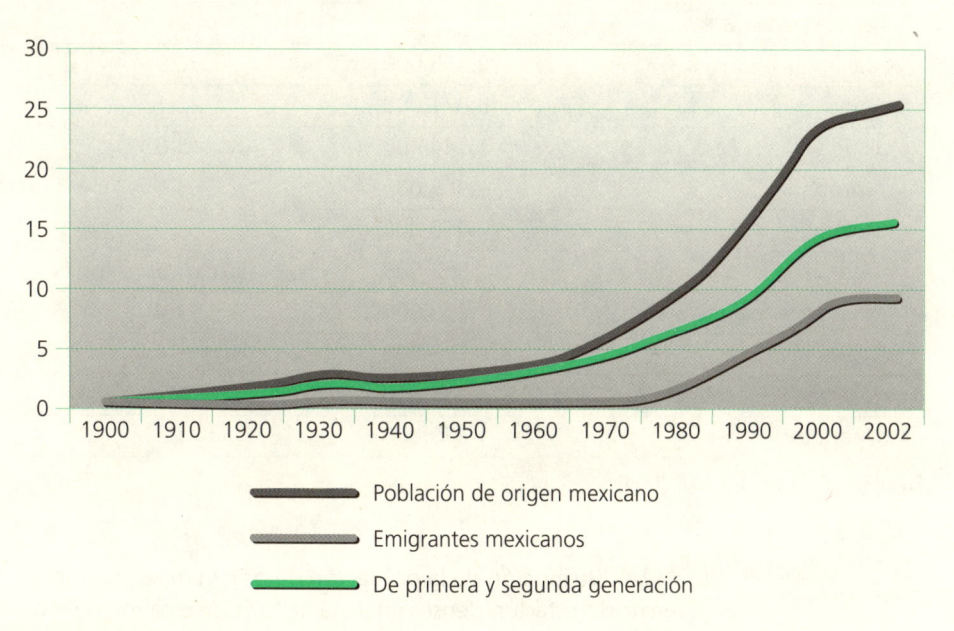

― Población de origen mexicano
― Emigrantes mexicanos
― De primera y segunda generación

Fuente: Conapo, 2004.

Durante la mayor parte de su historia, México fue un país cerrado al mundo. Empezó a abrirse en los años ochenta y fue entonces que se aceleró el desplazamiento hacia Estados Unidos. Si a mediados de los ochenta eran 10 millones, un par de décadas después rebasan los 25. Una pregunta sin respuesta es si el éxodo tendrá algún límite. Por ahora ya revolucionó el panorama demográfico de América del Norte.

**DISTRIBUCIÓN POR REGIÓN DE LA POBLACIÓN DE ORIGEN MEXICANO EN EU, 2002**

| Concepto | Total | % |
|---|---|---|
| Oeste | 13,689,000 | 54.6 |
| Sur | 8,601,000 | 34.3 |
| Centro-Oeste | 2,189,000 | 8.7 |
| Noreste | 595,000 | 2.4 |
| Zonas metropolitanas | 22,437,000 | 89.5 |
| Zonas rurales | 2,637,000 | 10.5 |
| Principales estados | | |
| California | 8,455,000 | 36.9 |
| Texas | 5,071,000 | 22.1 |
| Illinois | 1,144,000 | 5.0 |
| Arizona | 1,065,000 | 4.6 |
| Colorado | 450,000 | 2.0 |
| Florida | 363,000 | 1.6 |
| Nuevo México | 330,000 | 1.4 |
| Washington | 329,000 | 1.4 |
| Nevada | 285,000 | 1.2 |
| Georgia | 275,000 | 1.2 |

Fuente: U.S. Census Bureau, 2004.

La distribución de la población de origen mexicano en el territorio estadunidense refleja la historia de esta migración. Resulta lógico que las mayores concentraciones se den en los tres puntos de destino tradicionales: California, Texas e Illinois. La presencia cada vez mayor en otros estados es testimonio de la llegada masiva de mexicanos a Estados Unidos. La importancia que ha adquirido Arizona es consecuencia de la modificación que se ha venido dando en los puntos de cruce.

Casi 90% de la población mexicana vive en zonas metropolitanas, lo que corrige el viejo estereotipo de que "al norte" se iban los campesinos desposeídos. Por otro lado, su mayor concentración se da en California y por ello es que en esa entidad tienen una mayor presencia política.

**INDICADORES POR EDAD Y SEXO DE LA POBLACIÓN DE ORIGEN MEXICANO EN EU, 2002**

| Concepto | Total | % |
|---|---|---|
| Población | 25,074,000 | 100.0 |
| Mujeres | 12,030,000 | 48.0 |
| Hombres | 13,044,000 | 52.0 |
| Grupos de edad | | |
| Menores de 5 años | 2,888,000 | 11.5 |
| De 5 a 14 años | 5,208,000 | 20.7 |
| De 15 a 24 años | 4,598,000 | 18.4 |
| De 25 a 34 | 4,837,000 | 19.3 |
| De 35 a 44 | 3,417,000 | 13.6 |
| De 45 a 54 | 2,023,000 | 8.1 |
| De 55 a 64 | 1,112,000 | 4.4 |
| De 65 a 74 | 600,000 | 2.4 |
| De 75 y más | 392,000 | 1.6 |

Fuente: U.S. Census Bureau, 2004.

Los mexicanos en Estados Unidos se distinguen por su juventud y porque un gran porcentaje de ellos tuvieron el dinamismo y la audacia de emigrar en condiciones cada vez más adversas. Desde ese punto de vista, el desplazamiento ha sido una pérdida para México y un beneficio para la economía estadunidense.

**ESTADO CIVIL DE LA POBLACIÓN DE ORIGEN MEXICANO EN EU, 2002[a]**

| Concepto | Total | % |
|---|---|---|
| Solteros | 6,219,000 | 36.6 |
| Casados | 8,769,000 | 51.6 |
| Divorciados | 1,003,000 | 5.9 |
| Separados | 485,000 | 2.9 |
| Viudos | 501,000 | 3.0 |

[a] Población mayor de 15 años.
Fuente: U.S. Census Bureau, 2004.

## HOGARES Y CARACTERÍSTICAS FAMILIARES DE LA POBLACIÓN DE ORIGEN MEXICANO EN EU, 2002

| Concepto | Total | % |
|---|---|---|
| Hogares | 6,537,000 | 100.0 |
| De 1 a 2 integrantes | 2,002,000 | 30.6 |
| De 3 a 4 integrantes | 2,698,000 | 41.3 |
| De 5 a 6 integrantes | 1,424,000 | 21.8 |
| 7 o más integrantes | 413,000 | 6.3 |
| Propio | 3,268,000 | 50.0 |
| Rentado | 3,269,000 | 50.0 |
| Hogares familiares | 5,441,000 | 83.2 |
| Biparental | 3,818,000 | 70.2 |
| Monoparental (jefe) | 544,000 | 10.0 |
| Monoparental (jefa) | 1,078,000 | 19.8 |
| Hogares no familiares | 1,097,000 | 16.8 |
| Jefe | 636,000 | 58.0 |
| Jefa | 461,000 | 42.0 |

Fuente: U.S. Census Bureau, 2004.

Si se hace una comparación entre quienes encabezan los hogares resulta que en Estados Unidos hay 29.8% que está dirigido por una sola persona, mientras que en México son sólo un 21%. Esa diferencia de 9% significa que los mexicanos en Estados Unidos tienen una estructura familiar menos convencional.

## IDIOMA DE LA POBLACIÓN DE ORIGEN MEXICANO EN EU, 2002

| Concepto | % |
|---|---|
| Español dominante | 51.0 |
| Bilingües | 26.0 |
| Inglés dominante | 23.0 |

Fuente: Pew Hispanic Center/Kaiser Family Foundation, 2002.

Es impresionante la fuerza que conserva el español porque la mitad de los mexicanos sigue preservando su idioma materno. Esa resistencia cultural lleva a que un sector de intelectuales y políticos estadunidenses rechacen la presencia de los migrantes argumentando su renuencia a incorporarse a la cultura estadunidense.

### AFILIACIÓN RELIGIOSA DE LA POBLACIÓN DE ORIGEN MEXICANO EN EU, 2002

| Concepto | % |
| --- | --- |
| Católicos | 76.0 |
| Evangélicos | 11.0 |
| Cristianos no evangélicos | 5.0 |
| Sin religión | 6.0 |

Fuente: Pew Hispanic Center/Kaiser Family Foundation, 2002.

Una consecuencia del acercamiento a la cultura estadunidense es una caída de 12 puntos en el porcentaje de católicos: mientras que en México ronda al 88%, en Estados Unidos es de solamente 76%.

### ESCOLARIDAD DE LA POBLACIÓN DE ORIGEN MEXICANO EN EU, 2002

| Concepto | Total | % |
| --- | --- | --- |
| Población mayor de 25 años | 12,380,000 | 100.0 |
| Menos de 9 grados | 3,970,000 | 32.1 |
| De 9 a 12 grados (sin diploma) | 2,142,000 | 17.3 |
| 12 grados con diploma | 3,303,000 | 26.7 |
| Universidad incompleta | 2,030,000 | 16.4 |
| Licenciatura | 699,000 | 5.6 |
| Posgrado | 236,000 | 1.9 |

Fuente: U.S. Census Bureau, 2004.

Entre los hispanos, los mexicanos son los menos educados, lo que ha reducido notablemente su influencia en la política de Estados Unidos. Un caso contrario es el de los cubano-americanos, que han tenido la capacidad (en parte por su concentración geográfica) de influir en la política nacional.

**INDICADORES DE LA POBLACIÓN ECONÓMICAMENTE ACTIVA DE ORIGEN MEXICANO EN EU, 2002**

| Concepto | Total | % |
| --- | --- | --- |
| Población mayor de 16 años | 16,516,000 | 100.0 |
| Económicamente activa | 11,490,000 | 69.6 |
| Hombres | 6,987,000 | 60.8 |
| Mujeres | 4,504,000 | 39.2 |
| Económicamente inactiva | 5,026,000 | 30.4 |
| Hombres | 1,633,000 | 32.5 |
| Mujeres | 3,393,000 | 67.5 |
| Tasa de desempleo | 961,000 | 8.4 |
| Hombres | 595,000 | 8.5 |
| Mujeres | 366,000 | 8.1 |
| Ocupación[a] | | |
| Profesionistas | 1,253,000 | 11.9 |
| Técnicos y apoyo administrativo | 2,309,000 | 21.9 |
| Servicios | 2,240,000 | 21.3 |
| Reparaciones | 1,705,000 | 16.2 |
| Operadores y obreros | 2,390,000 | 22.7 |
| Actividades agropecuarias | 633,000 | 6.0 |

[a] De la población empleada.
Fuente: U.S. Census Bureau, 2004.

El desempleo abierto en México es de 3.7%, mientras que el de mexicanos en Estados Unidos es de 8.4% (esta última cifra es superior al promedio nacional de Estados Unidos 5.8%). La situación de aparente desventaja de los mexicanos en Estados Unidos frente a la tasa de desempleo en México se desvanece si se considera el enorme subempleo que en México llegaba en 2002 a 17.4 por ciento.

## INGRESOS DE LA POBLACIÓN DE ORIGEN MEXICANO QUE RESIDE EN EU, 2001

| Concepto | Total | % |
|---|---|---|
| Ingreso por hogar (dólares) | | |
| De 1 a 9,999 | 628,000 | 9.6 |
| De 10,000 a 14,999 | 549,000 | 8.4 |
| De 15,000 a 19,999 | 614,000 | 9.4 |
| De 20,000 a 24,999 | 553,000 | 8.5 |
| De 25,000 a 34,999 | 1,045,000 | 16.0 |
| De 35,000 a 45,999 | 1,201,000 | 18.4 |
| De 50,000 a 74,999 | 1,078,000 | 16.5 |
| De 75,000 o más | 870,000 | 13.3 |
| Ingreso por trabajador (dólares) | | |
| De 1 a 9,999 | 425,000 | 5.4 |
| De 10,000 a 14,999 | 1,249,000 | 16.0 |
| De 15,000 a 19,999 | 1,454,000 | 18.6 |
| De 20,000 a 24,999 | 1,286,000 | 16.5 |
| De 25,000 a 34,999 | 1,544,000 | 19.8 |
| De 35,000 a 45,999 | 1,018,000 | 13.1 |
| De 50,000 a 74,999 | 575,000 | 7.4 |
| De 75,000 o más | 248,000 | 3.2 |
| Pobreza | | |
| Personas por debajo del nivel de pobreza | 5,698,000 | 22.8 |
| Personas por encima del nivel de pobreza | 19,293,000 | 77.2 |
| Familias por debajo del nivel de pobreza | 1,110,000 | 20.4 |
| Familias por encima del nivel de pobreza | 4,331,000 | 79.6 |

Fuente: U.S. Census Bureau, 2004.

En comparación con el resto de la población estadunidense, es alto el porcentaje de personas y familias de origen mexicano que están por abajo del nivel de pobreza. Sin embargo, es notablemente inferior al 50% de pobres en México. Esta diferencia es uno de los principales motores tras el enorme desplazamiento de población hacia el norte.

**AFILIACIÓN POLÍTICA DE LA POBLACIÓN DE ORIGEN MEXICANO CON REGISTRO PARA VOTAR EN EU, 2004**

| Concepto | % |
| --- | --- |
| Demócrata | 47.0 |
| Republicano | 18.0 |
| Independiente | 22.0 |
| Otro | 7.0 |
| No sabe | 5.5 |

Fuente: Pew Hispanic Center/Kaiser Family Foundation, 2004.

En Estados Unidos la mayoría de los hispanos se identifica con los demócratas, lo que se refleja en la afiliación política declarada por la población mexicana. Eso está cambiando. En las elecciones presidenciales de noviembre del 2004, 44% de los latinos le dieron su voto a George Bush. En otras palabras, los mexicanos se han ido incorporando a la revolución conservadora.

# PENA DE MUERTE

Otro indicador de la importancia que el gobierno mexicano está dando a los expatriados en Estados Unidos es la defensa de aquellos que fueron condenados a muerte, uno de los temas que divide a las sociedades. En Estados Unidos 67% está a favor y 27% en contra. En México 50% estaría a favor de que se implantara y 45% la rechaza bajo cualquier circunstancia.[1]

Para ello, la Secretaría de Relaciones Exteriores estableció un grupo binacional de abogados y presentó una demanda ante la Corte Internacional de Justicia, acusando a Estados Unidos de violar el Artículo 36 de la Convención de Viena sobre Relaciones Consulares al no informar a los detenidos de su derecho a ser asesorados por el consulado. La Corte dio la razón a México.

---

[1] *Source Book of Criminal Justice Statistics*, 2001 y encuesta nacional de 2002 de Grupo Reforma.

**MEXICANOS SENTENCIADOS A LA PENA CAPITAL EN EU POR ENTIDAD FEDERATIVA, 2004**

| Entidad | Total |
| --- | --- |
| California | 30 |
| Texas | 16 |
| Arizona | 2 |
| Florida | 1 |
| Nevada | 1 |
| Ohio | 1 |
| Oklahoma | 1 |
| Oregon | 1 |

Fuente: Death Penalty Information Center, 2004.

Uno de los ángulos del problema está en el federalismo. Algunos estados (en especial Texas) se resisten a respetar la Convención de Viena sobre Relaciones Consulares, argumentando que ellos son soberanos.

**CARACTERÍSTICAS DE LOS MEXICANOS SENTENCIADOS A LA PENA CAPITAL EN EU, 2004**

| Concepto | Total |
| --- | --- |
| Casos en los que hubo violación a sus derechos consulares | 46 |
| Enfermedad mental | 9 |
| Mexicanos ejecutados desde 1976 | 5 |
| Recibieron perdón | 4 |
| Delincuentes juveniles | 3 |
| Ejecución en futuro cercano | 3 |
| Casos en los que sí hubo notificación de sus derechos consulares | 2 |
| Apelan inocencia | 2 |
| Casos en los que se discute si hubo violación a los derechos consulares | 1 |
| Liberados por falta de elementos | 1 |
| Mexicanos en cárceles federales | 34,545 |

# INFORMACIÓN ÚTIL

## PRINCIPALES ORGANIZACIONES DE MEXICANOS EN ESTADOS UNIDOS

| Organización | Página web |
| --- | --- |
| **Nacionales** | |
| Asociación Mundial de Mexicanos en el Exterior | mexicanosenelexterior.com |
| Border Environment Meeting (Encuentro Fronterizo) | www.borderlinks.org/bl/index.htm |
| Organizaciones de Mexicanos en el Exterior | omeusa.20m.com |
| Pueblo sin Fronteras | www.pueblosinfronteras.org |
| **Regionales** | |
| *Jalisco* | |
| Ameca | www.amecaweb.com |
| Casimiro Castillo | www.casimirocastillo.com |
| Club Comunitario de Jamay Jalisco | www.jamayjalisco.com |
| Club San Martín de Bolaños | www.sanmartinjalisco.com |
| Comité San José de los Reynoso | www.sanjosedelosreynoso.net |
| Huejuquilla | www.huejuquilla.com |
| Refugianos | www.refugianos.com |
| *Michoacán* | |
| Huandacareo | www.huandacareo.net/apiocosecha1.html |
| Tlaza | www.tlazaonline.com |
| *Nayarit* | |
| Federación de Nayaritas en USA | www.federaciondenayaritasenusa.org |
| *Oaxaca* | |
| Frente Indígena Oaxaqueño Internacional | www.fiob.org |
| *Zacatecas* | |
| Atolinga | www.atolinga.com |
| Club Regional Valparaíso | www.clubregionalvalparaiso.homestead.com |
| Federación de Clubes Zacatecanos del Sur de California | www.federacionzacatecana.org |

## PRINCIPALES ORGANIZACIONES DE MEXICANOS EN ESTADOS UNIDOS (continuación)

| Organización | Página web |
| --- | --- |
| Federación de Clubes Zacatecanos en Illinois | www.ilzacatecanos.com |
| Hermandad Jalpense | www.jalpense.org |
| Juchipila | www.juchipila.com |
| Mazapil | www.mazapil.8m.com |
| Tlaltenango | www.tlaltenango.com |
| Zacatecanos | www.zacatecanos.org |

Fuente: www.ime.org, 2005.

## ORGANIZACIONES DE ATENCIÓN A MEXICANOS Y MEXICOAMERICANOS EN ESTADOS UNIDOS

| Organización | Página web |
| --- | --- |
| American Federation of Labor and Congress of Industrial Organizations (AFL-CIO) | www.aflcio.org |
| American Friends Service Committee | www.afsc.org |
| Association of Community Organizations for Reform Now (ACORN) | www.acorn.org |
| Citizens and Immigrants for Equal Justice | www.ciej.org |
| Coalición Nacional por la Dignidad y Amnistía para todos los Inmigrantes Indocumentados | www.dignityandamnesty.org |
| Coalition for the Future American Worker (CFAW) | www.americanworker.org |
| Coalition of Immokalee Workers | www.ciw-online.org |
| Enlaces América | www.enlace.org |
| Federation of American Immigration Reform | www.fairus.org |
| Heartland Alliance | www.heartlandalliance.org |
| League of United Latin American Citizens (LULAC) | www.lulac.org |
| Legal-Database.com | www.legal-database.com |
| Local Organization Involved in the Immigration Reform Effort | www.fairus.org/Team/Team.cfm?ID=1569&c=41 |

**ORGANIZACIONES DE ATENCIÓN A MEXICANOS Y MEXICOAMERICANOS EN ESTADOS UNIDOS (continuación)**

| Organización | Página web |
|---|---|
| Massachusetts Immigrant and Refugee Advocacy Coalition (MIRA) | www.miracoalition.org |
| Mexican American Legal Defense and Educational Fund (MALDEF) | www.maldef.org |
| Migration and Refugee Services | www.usccb.org |
| National Association of Latino Elected and Appointed Officials Educational Fund (NALEO Educational Fund) | www.naleo.org |
| National Council of La Raza | www.nclr.org |
| National Interfaith Committee for Worker Justice (NICWJ) | www.nicwj.org |
| National Network for Immigrants and Refugees Rights | www.nnirr.org |
| National Organizers Alliance (NOA) | www.noacentral.org |
| Project Vote | www.projectvote.org |
| Sin Fronteras I.A.P | www.sinfronteras.org.mx |
| Sixth Section | www.sixthsection.com |

Fuente: www.ime.org

## EL CONSEJO CONSULTIVO DEL INSTITUTO DE LOS MEXICANOS EN EL EXTERIOR

El Consejo se integra por 105 líderes comunitarios de origen mexicano residentes en los Estados Unidos y Canadá y elegidos por sus propias comunidades. Asimismo, lo componen también 10 representantes de las organizaciones latinas más importantes en los Estados Unidos, 10 asesores especiales y 32 representantes de las entidades federativas de México. Dos veces al año entregan sus recomendaciones y se dividen en 6 comisiones (asuntos económicos y de negocios, educativos, fronterizos, legales, políticos y salud).

El Consejo Consultivo del IME se renovará en su totalidad a finales del 2005.

## CONSEJEROS, 2005

| Procedencia | Nombre | Correo electrónico |
|---|---|---|
| Albuquerque | Guillermina Engelbrecht | imealb@unm.edu |
| Albuquerque | Henrique Valdovinos | hvaldovinos@yahoo.com |
| Atlanta | Audrey García | agarcia@kennesaw.edu |
| Atlanta | María Espinosa-García | mariagarcia@ccfduluth.org |
| Austin | Jaime Chahin | tc03@swt.edu |
| Boston | Julio César Aragón | Julio885@cox.net |
| Brownsville | Benigno Peña | BenignoPena@aol.com |
| Calexico | José M. López | cuijml@cuibrawley.com |
| Chicago | Roberto Ramírez | RobertoRamirez@tidyintl.com |
| Chicago | Francisco Cisneros | FCisneros1@aol.com |
| Chicago | Anselmo Villareal | anselmo@lacasadeesperanza.org |
| Chicago | Marcia Soto | osmar349@aol.com |
| Chicago | José Luis Gutiérrez | jlmorelia@hotmail.com |
| Chicago | Porfirio Uribe | Pilo_pillo@yahoo.com.mx |
| Chicago | Ángel Morales | FAMILIAMORALES77@aol.com |
| Chicago | Manuel Martínez | tlatzala2003@yahoo.com |
| Chicago | Felipe de Jesús Mota | eureka1@hotmail.com |
| Chicago/NABE | Zaida Citron | zcintron@csu.edu |
| Dallas | Jacobo Kupersztoch | Jacobo@ccm-dfw.org |
| Dallas | Nancy Guerrero | nguerrero@diariolaestrella.com |
| Dallas | Jorge Navarrete | navarrete_jorge@yahoo.com |
| Dallas | Laura González | glezla@utdallas.edu |
| Dallas/League of United Latin American Citizens (LULAC) | Héctor Flores | hflores@dallasisd.org |
| Del Rio | Vidal González | vidal@aggienetwork.com |
| Denver | Martha Rubí-Byers | m_rubi@paginasadc.com |
| Denver | Jaime di Paulo | jdipaulo@aol.com |
| Denver | Arturo Rivera | artrivera@hotmail.com |
| Detroit | Isidore Torres | izzy507914@aol.com |
| Detroit | Beatriz Mancilla | beatriz.mancilla@mail.house.gov |
| Detroit | Francis Richard Krajenke | frankkrajenke@ameritech.net |
| El Paso | José Alexandro Lozano | district#3@elpasotexas.gov |
| El Paso | José Contreras | famco@jz.cablemas.com |
| Filadelfia | Kathleen Goddard Snyder | KSnyder291@aol.com |

## CONSEJEROS, 2005 (continuación)

| Procedencia | Nombre | Correo electrónico |
|---|---|---|
| Fresno | Armando Rodríguez | comunidades@consulmexfresno.net |
| Fresno | Noé Hernández | noehernandez5@hotmail.com |
| Fresno | Ricardo Flores | losamigosmex@aol.com |
| Fresno | María Teresa García | teredelarosa@ocsnet.net |
| Houston | Olga Beatriz Aguilar | Quiubolga@satx.rr.com |
| Houston | Andrés Peña | andrespenajr@yahoo.com |
| Houston | Domiciano Aldape | aldape@tierracaliente.com |
| Houston | Tom Castro | dbarajas@eldoradocorp.com |
| Houston | Cristóbal Hinojosa | mexicanosenaccion@hotmail.com |
| Houston/Coalición por los Derechos de los Mexicanos en el Exterior | Luis de la Garza | teleamerica44@msn.com |
| Indianápolis | Juana O. Watson | juanawatson@sbcglobal.net |
| Kansas City | Dolores Arce-Kaptain | ArceKaptainD@umkc.edu |
| Kansas City | Anita L. Martínez | amartinez@elcentroinc.com |
| Kansas City | Raúl Murguía | raulmurguia@hotmail.com |
| Las Vegas | Priscilla Rocha | procha@interact.ccsd.net |
| Las Vegas | Meter Padilla | ppadilla@hcnn.org |
| Los Angeles | Jorge de Soto | licjorgedesoto@yahoo.com |
| Los Angeles | George Pla | gpla@cordobacorp.com |
| Los Angeles | Sebastián Domínguez | sebasdominguez@hotmail.com |
| Los Angeles | José Guadalupe Gómez | lupegomez@earthlink.net |
| Los Angeles | María S. Quezada | maria@bilingualeducation.org |
| Los Angeles | Salvador García | fedjaliscoca@hotmail.com |
| Los Angeles | Sergio Aguirre | AARQUISER@cs.com |
| Los Angeles | Guillermo Roacho | desastrecolima@aol.com |
| Los Angeles | Daniel Gustavo Santiago | priusa1@hotmail.com |
| Los Angeles | Martha Sámano | alla@azteca.net |
| Los Angeles | Ivonne María Jiménez | ymariajimenez@nls-la.org |
| Los Angeles | Francisco Javier Garcidueñas | garciduenas1@yahoo.com |
| Los Angeles/Ex senador | Richard Polanco | senpolanco22@aol.com |
| Los Angeles/Mexican American Legal Defense Fund (MALDEF) | Vibiana Andrade | vandrade@maldef.org |

## CONSEJEROS, 2005 (continuación)

| Procedencia | Nombre | Correo electrónico |
|---|---|---|
| Los Angeles/ New America Alliance | Moctesuma Esparza | moctesuma@sbc.global.net |
| Los Angeles/SEIU | Eliseo Medina | MEDINAE@seiu.org |
| Los Angeles/UCLA | Leo Estrada | leobard@ucla.edu |
| Los Angeles/United Farmworkers of America (UFW) | Arturo Rodríguez | euranday@ufwmail.com |
| McAllen | Arturo Ramírez | ceolrgv@quik.com |
| McAllen | María Louisa García | mlgarcia@rgv.rr.com |
| Miami | Diana Margarita Ortega | dsen295980@aol.com |
| MIT | Mario Molina | mmolina@mit.edu |
| Montreal | Abraham Garza | agarza@total.net |
| Nogales | José María Lerma | joselerma2003@yahoo.com |
| Nueva York | Juana Isabel Guadalupe | juanagpe@hotmail.com |
| Nueva York | Erasmo Ponce | Eponce3294@aol.com |
| Nueva York | Irma Shaw | IRMASHAW@aol.com |
| Nueva York | Rudy de la Garza | rod2001@columbia.edu |
| Omaha | José Rafael Romero | jrromero@unmc.edu |
| Orlando | Tirso Moreno | tirsomoreno@hotmail.com |
| Orlando | Lilia Guadalupe Nacianceno | lilianacianceno@yahoo.com |
| Ottawa | Héctor Carranco | hcarranc@magma.ca |
| Oxnard | Rosa Saucedo-Rodríguez | rosasrdz@yahoo.com |
| Oxnard | Héctor Delgado | hdelgado@crla.org |
| Phoenix | Alejandro A. Chávez | alejandrochavez72@hotmail.com |
| Phoenix | Lydia Hernández | lhernandez@cox.net |
| Phoenix | José Reyes | Reyesjr2000@hotmail.com |
| Portland | Miguel Amescua Salinas | miandli@comcast.com |
| Presidio | Fernando de la Rosa | fdlrintl@cox.net |
| Raleigh | Juvencio Rocha | rochaperalta@esn.net |
| Raleigh | Juana Leticia López | leticia.lopez@self-help.org |
| Sacramento | Jesús Fernández | FRNDZBRRGN@aol.com |
| Sacramento | Arnoldo S. Torres | arnoldotorres@excite.com |
| Salt Lake City | Joe Reyna | joereyna@ci.ogden.ut.us |
| San Antonio | Emilio España | emilio@usher-mints.com |
| San Antonio | Roberto Rosas | rrosas@stmarytx.edu |
| San Antonio | María Elena Torralva-Alonso | mariat@guadalupeculturalarts.org |
| San Antonio | Carlos Truán | ctruan@ft.newyorklife.com |

## CONSEJEROS, 2005 (continuación)

| Procedencia | Nombre | Correo electrónico |
|---|---|---|
| San Bernardino | Salvador Valencia | evsalvadorvm@aol.com |
| San Bernardino | Antonio Madrigal | todec@earthlink.net |
| San Bernardino | Luz María González | luzmariayala@todec.org |
| San Bernardino | Jorge O. Amezcua | donjorgeo@hotmail.com |
| San Diego | María de la Luz Chávez | mchavez@sdcoe.k12.ca.us |
| San Diego | Pablo Jiménez-Marroquín | pablo@serincorporated.org |
| San Diego | Enrique Morones | enriquemorones@cox.net |
| San Diego/Hispanic National Bar Association | Yuri Calderón | ycalderon@bwslaw.com |
| San Francisco | Maricela M. Gallegos | m2g@sbcglobal.net |
| San Francisco | Xóchitl María Castañeda | xochitl.castaneda@ucop.edu |
| San Francisco | Aurelio Hurtado | aurelio.hurtado@chdcorp.org |
| San Francisco/ AFOP | George Ortiz | george.ortiz@chdcorp.org |
| San Francisco/ National Hispanic Scholarship Fund | Sara Martínez Tucker | stucker@hsf.net |
| San José | Josué García | josue@scbtc.org |
| San José | Hilario López | alianzaluda@aol.com |
| Santa Ana | Leticia Vargas | promotoracomunidades@consulmexsantana.org |
| Santa Ana | Alfredo M. Amezcua | amezcualglsrvcs@aol.com |
| Santa Ana | José Guadalupe Hernández | josehernandez2004@yahoo.com |
| Santa Ana/Coalición por los Derechos de los Mexicanos en el Exterior | Carlos Olamendi | olamendi@cox.net |
| Seattle | José de Jesús Vega | pepevegawa@msn.com |
| Seattle | Alberto Díaz | aldiazg@aol.com |
| Tucson | Isabel García | igarcia@ids.co.pima.az.us |
| Tucson/US Hispanic Chamber of Commerce | Pete Alonso Granillo | pete@brownandwhiteinc.com |
| Vancouver | Salvador Huerta | ginasal@shaw.ca |
| Washington | Héctor Barreto | hectorbarreto@esposanchez.com |
| Washington/SC | Leni González | Melga315@aol.com |
| Yuma | Marci Ríos | mrrios@ft.newyorklife.com |

Fuente: http://www.sre.gob.mx/ime/ime.htm

# ESTADUNIDENSES EN MÉXICO

# ESTADUNIDENSES EN MÉXICO

Por la vecindad, resulta lógico que el mayor número de extranjeros que llegan a México sean estadunidenses. Así ha sido a lo largo de la historia y así seguirá siendo.

Los motivos de esta migración son de diverso tipo. Son ampliamente conocidas las historias de los que llegaban a las ciudades fronterizas buscando divorcios rápidos y los que siguen visitándolas por recreación. También llegan inversionistas y retirados que se establecen por el clima y las ventajas que les da la fortaleza del dólar.

Vale la pena recordar que México también ha sido tierra de asilo. A territorio mexicano llegaron miles de los confederados derrotados durante la Guerra Civil y quienes huían de la "cacería de brujas" que caracterizó a la Guerra Fría.

Por los motivos que sea, México hospeda a la cuarta parte de todos los estadunidenses que viven en el extranjero.

**ESTADUNIDENSES EN MÉXICO, 2000**

| Concepto | Total |
| --- | --- |
| Ciudadanos de EU en México | 1,036,300 |
| Porcentaje de la población de México | 1.1 |
| Porcentaje de los estadunidenses en el extranjero | 25.0 |

Fuente: US Department of State, 2002

Se desconoce el número de estadunidenses que viven en México. El Departamento de Estado tiene registrados a más de un millón, mientras que el INEGI habla de 342 mil. La disparidad puede explicarse por las facilidades que tienen los estadunidenses para llegar a México en donde se quedan a vivir sin obtener la calidad migratoria que exigen las leyes mexicanas. En otras palabras, estamos ante indocumentados estadunidenses en México.

**POBLACIÓN NACIDA EN EU RESIDENTE EN MÉXICO, 2000**

| Entidad | Total | Hombres | Mujeres |
| --- | --- | --- | --- |
| Nacional | 342,131 | 172,684 | 169,447 |
| Aguascalientes | 5,614 | 2,713 | 2,901 |
| Baja California | 55,817 | 29,319 | 26,498 |
| Baja California Sur | 2,153 | 1,191 | 962 |
| Campeche | 258 | 151 | 107 |
| Coahuila | 9,176 | 4,652 | 4,524 |
| Colima | 3,402 | 1,729 | 1,673 |
| Chiapas | 434 | 218 | 216 |
| Chihuahua | 41,996 | 21,396 | 20,600 |
| Distrito Federal | 10,788 | 4,964 | 5,824 |
| Durango | 7,028 | 3,495 | 3,533 |
| Guanajuato | 15,300 | 7,463 | 7,837 |
| Guerrero | 7,048 | 3,547 | 3,501 |
| Hidalgo | 2,448 | 1,257 | 1,191 |
| Jalisco | 38,512 | 19,293 | 19,219 |
| México | 10,334 | 4,936 | 5,398 |
| Michoacán | 21,745 | 10,774 | 10,971 |
| Morelos | 5,370 | 2,702 | 2,668 |
| Nayarit | 5,525 | 2,833 | 2,692 |
| Nuevo León | 12,446 | 6,055 | 6,391 |
| Oaxaca | 3,281 | 1,686 | 1,595 |
| Puebla | 6,714 | 3,347 | 3,367 |
| Querétaro | 2,157 | 1,044 | 1,113 |
| Quintana Roo | 1,588 | 740 | 848 |
| San Luis Potosí | 5,776 | 2,928 | 2,848 |
| Sinaloa | 5,482 | 2,721 | 2,761 |
| Sonora | 15,027 | 7,526 | 7,501 |
| Tabasco | 227 | 129 | 98 |
| Tamaulipas | 33,783 | 17,531 | 16,252 |
| Tlaxcala | 414 | 219 | 195 |
| Veracruz | 2,298 | 1,161 | 1,137 |
| Yucatán | 1,220 | 621 | 599 |
| Zacatecas | 8,770 | 4,343 | 4,427 |

Fuente: INEGI, 2004.

De acuerdo con las estimaciones del gobierno mexicano, las mayores concentraciones de estadunidenses se dan en las entidades fronterizas y en Jalisco. Seguramente el mapa demográfico elaborado por Washington tiene otra forma de distribución.

**CARACTERÍSTICAS SOCIODEMOGRÁFICAS DE INMIGRANTES DE EU EN MÉXICO, 2000**

| Concepto | % |
| --- | --- |
| Sexo | |
|   Mujeres | 49.7 |
|   Hombres | 50.3 |
| Grupo de edad | |
|   De 0 a 9 años | 56.8 |
|   De 10 a 19 | 19.0 |
|   De 20 a 29 | 8.2 |
|   De 30 a 39 | 3.8 |
|   De 40 a 49 | 3.0 |
|   De 50 a 59 | 2.4 |
|   De 60 o más | 6.9 |
| Escolaridad | |
|   Sin escolaridad | 18.0 |
|   Primaria incompleta | 34.3 |
|   Primaria completa | 7.2 |
|   Secundaria | 14.8 |
|   Bachillerato | 14.0 |
|   Licenciatura o más | 11.8 |
| Estadunidenses en cárceles de México (total) | 633 |

Fuente: Conapo, 2004.

En el 2004 había 34,545 mexicanos presos en Estados Unidos. En 2000 sólo estaban 633 estadunidenses en cárceles mexicanas. Lo reducido de este último número se debe a los esfuerzos que hace Washington por llevarse a sus nacionales a purgar sus sentencias en sus prisiones.

**INVERSIONISTAS Y VISITANTES DE EU A MÉXICO, 2003**

| Concepto | Total |
|---|---|
| Visitantes de negocios | 217,192 |
| Comerciantes-inversionistas | 7,192 |
| Profesionistas | 56,583 |
| Transferencia de personal | 1,938 |
| Total | 282,905 |

Fuente: Instituto Nacional de Migración, 2004.

El Tratado de Libre Comercio ha incrementado la presencia de empresarios y profesionistas estadunidenses en México.

**DECLARATORIAS DE INMIGRADOS, 1995-2004**

| Nacionalidad | Total | % |
|---|---|---|
| Estados Unidos | 2,650 | 16.4 |
| España | 1,849 | 11.5 |
| Alemania | 924 | 5.7 |
| Argentina | 923 | 5.7 |
| Colombia | 611 | 3.8 |
| Chile | 504 | 3.1 |
| Cuba | 336 | 2.1 |
| Otros | 8,341 | 51.7 |
| Total | 16,138 | 100.0 |

Fuente: Instituto Nacional de Migración, 2004.

El número tan bajo de inmigrados sugiere que una gran cantidad de extranjeros viven en México como turistas o sin papeles.

# INFORMACIÓN ÚTIL

## ORGANIZACIONES DE APOYO A ESTADUNIDENSES EN MÉXICO

**American Chamber of Commerce in Mexico**
Lucerna 78, Col. Juárez, C.P. 06600, México, D.F.
Tel.: 51-41-38-00
E-mail: amchammx@amcham.com.mx
Web: www.amcham.com.mx

**American Society of Mexico**
Montes Escandinavos 405, Lomas de Chapultepec, C.P. 11000
México, D.F.
Tel.: 52-02-46-00 y 52-02-44-19
Fax: 55-20-38-48
E-mail: pimsa@data.net.com

**Iglesia Anglicana en México**
Avenida de las Américas 73, C.P. 91130, Col. Aguacatal
Xalapa, Ver.
Tels.: (228) 8-14-43-87 y (228) 8-14-69-51
Web: pages.zdnet.com/johnehayes

**Newcomers Club**
Montes Escandinavos 405, Col. Lomas de Chapultepec
C.P. 11000, México, D.F.
Tel.: 55-20-69-12
E-mail: newcomers@newcomers.org.mx
Web: www.newcomers.org.mx

**The American Legion (Department of Mexico)**
Celaya 25, Col. Hipódromo, C.P. 06100, México, D.F.
Tel.: 55-64-33-86
E-mail: bjohnson@iwn.com.mx

# OFICINAS ESTATALES DE ESTADOS UNIDOS CON REPRESENTACIÓN EN MÉXICO

Actualmente 28 entidades de Estados Unidos han establecido por lo menos una oficina de representación en México, y aunque los servicios que ofrece cada una de estas oficinas son diferentes, todas ellas tienen el objetivo común de promover y asistir a empresas estadunidenses que desean expandir sus mercados en México.

**US Association of States Offices in Mexico (ASOM)**
Felipe Corrales, Presidente
Presidente Mazarik 61-2, Col. Polanco
C.P. 11570, México, D.F.
Tel.: 91-38-04-20
E-mail: adminMexico@asom.org.mx
Web: www.asom.org.mx

**Arizona. Oficina de Turismo, Comercio e Inversión**
Steven Sullivan, Director
Ave. Hidalgo 2375, 6° piso
Col. Vallarta Norte
C.P. 44690, Guadalajara, Jal.
Tel.: (333) 6-15-53-79 y 6-30-27-55
E-mail: ssullivan@prodigy.net.mx

**Arkansas**
Ryan Mclean
Durango 353-1, Col. Roma
C.P. 06700, México, D.F.
Tel.: 52-11-63-08
E-mail: rmclean@ccgamericas.com
Web: www.1-800-arkansas.com

**Colorado**
Felipe Corrales, Director
Daniel Molina, Gerente Comercial y de Desarrollo de Negocios
Rayo 2608, Col. Jardines del Bosque
C.P. 44520, Guadalajara, Jal.
Tels. (333) 6-47-59-08 y 6-47-97-99
E-mail: contactanos@coloradoMexico.com
Web: www.coloradoMexico.com

**Connecticut**
Noé de la Flor, Representante
Stirling Dikinson 20 - 6
Col. San Antonio
C.P. 37750
San Miguel de Allende, Gto.
Tel.: (415) 1-54-50-68
E-mail: ndelaflor@prodigy.net.mx

**Florida**
Ana Arroyo, Directora
Ron Brown Business Center
Liverpool 31 Col. Juárez
C.P. 06600, México, D.F.
Tel.: 51-40-26-77
E-mail: ana.arroyo@mail.doc.gov
Web: www.eflorida.com

**Georgia. Departamento de Industria, Comercio y Turismo**
Roberto Coeto, Director
Ron Brown Business Center
Liverpool 31, Col. Juárez
C.P. 06600, México, D.F.
Tel.: 51-40-26-00
E-mail: roberto.coeto@mail.doc.gov

**Idaho. Departamento de Agricultura y Comercio**
Armando Orellana, Representante
Niños Héroes 2905-6
C.P. 44520, Guadalajara, Jal.
Tel.: (333) 1-21-22-20
E-mail: idahomex@compuserve.com.mx

**Illinois. Departamento de Agricultura y Procesamiento de Alimentos**
Amparo Garza Lang, Directora
Paseo de la Reforma 265-14
Col. Cuauhtémoc
C.P. 06500, México, D.F.
Tel.: 55-33-51-74
E-mail: agrillinois@prodigy.net.mx

**Indiana/Iowa**
Antoinette Allegretti, Representante
Nueva York 273, Col. Nápoles
C.P. 03810, México, D.F.
Tel.: 56-87-56-15
E-mail: a.allegretti@tmsamericas.com

**Kentucky. Oficina de Comercio y Agricultura**
Marcos Castillo, Director
Niños Héroes 2903-6
Col. Jardines del Bosque
C.P. 44520, Guadalajara, Jal.
Tel.: (333) 1-22-81-05
E-Mail: KyMexico@infosel.net.mx
Web: www.kentucky.org.mx

**Maryland**
Caroline Verut de Breña, Directora
Bucareli 128-F8, Col. Centro
C.P. 06040, México, D.F.
Tels.: 55-12-40-53 y 54-33-49-26
E-mail: cvMexico@avantel.net

**Massachusetts**
Fernando Hanhausen, Representante
Jorge Elliot 12 - 7° piso, Col. Polanco
C.P. 11560, México, D.F.
Tels.: 52-80-72-33 y 52-28-96-88
E-mail: hanhausen3@aol.com

**Michigan. Desarrollo Económico de Negocios**
Manuel Otalora, Director
Acordada 18 - 201
Col. San José Insurgentes
C.P. 03900, México D.F.
Tels.: 56-11-89-54 y 56-11-89-58
E-mail: medcMexico@prodigy.net.mx

**Missouri. Oficina de Agricultura y Comercio**
David Eaton, Director
Edificio Latino, piso 14 - Desp. A
Juan Ignacio Ramón Ote. 506
Col. Centro
C.P. 64000, Monterrey, N.L.
Tel.: (81) 83-44-83-09
E-mail: deaton@mbcmex.com

**En Guadalajara**
Daniela Zúñiga
Tel.: (33) 30-30-90-30
E-mail: dzuniga@mbcmex.com

**En la ciudad de México**
Patricia Meza
Tel.: 54-40-56-57
E-mail: pmeza@mbcmex.com

**New Jersey**
José Ramón Fernández, Director
Homero 538 - 303, Col. Polanco
C.P. 11600, México, D.F.
Tel.: 52-40-57-22
E-mail: njmex@prodigy.net.mx

**New Mexico**
Felipe Corrales, Director
Rayo 2608, Col. Jardines del Bosque
C.P. 44520,
Guadalajara, Jal.
Tel.: (333) 1-21-61-33
E-mail: cnewMexico@megared.net.mx

**New York**
Cecilia Via, Directora
Liverpool 31, Col. Juárez
C.P. 06600, México, D.F.
Tels.: 51-40-26-00 y 51-40-26-75
E-mail: cecilia.via@mail.doc.gov

**North Carolina**
David Stamey, Director
Paseo de la Herradura 270
Col. Parques de la Herradura,
C.P. 52786, Huixquilucan, Edo. Mex.
Tel.: 52-90-79-84
E-mail: david@stameyinternational.com

**Ohio**
Miguel de Regil, Director
Torre Picasso Building
Boulevard Manuel Ávila Camacho 88-104
Col. Lomas de Chapultepec
C.P. 11000, México, D.F.
Tel.: 55-40-28-25
E-mail: mderegil@ohiomex.com

**Oklahoma**
Luis Doménech Macías, Representante
Jorge Elliot 12 7° piso, Col. Polanco
C.P. 11560, México, D.F.
Tels.: 52-80-72-33 y 52-80-96-88
E-mail: domenec@hdc.com.mx

**Oregon**
Antoinette Allegretti, Representante
Nueva York 273, Col. Nápoles
C.P. 03810, México, D.F.
Tel.: 56-87-56-15
E-mail: a.allegretti@tmsamericas.com

**Pennsylvania**
Efrén Flores, Director de Comercio
Altavista 106, Col. San Ángel
C.P. 01000, México, D.F.
Tel.: 85-90-74-57
E-mail: eflores@gbpMéxico.com

**Texas**
Mónica Sánchez, Directora
Paseo de la Reforma 325 PB
Col. Cuauhtémoc, C.P. 06500
México D.F.
Tels.: 55-14-81-00 y 55-14-23-71
E-mail: msanchez@governor.state.tx.us

**Utah**
Guadalupe Escalante, Representante
Florencia 39, 6° piso, Col. Juárez
C.P. 06600, México D.F.
Tel.: 55-44-51-42
E-mail: escalante@mexis.com

**Virginia**
Margo Galván, Directora
Ron Brown Business Center
Liverpool 31, Col. Juárez
C.P. 06600, México, D.F.
Tels: 51-40-26-00 y 51-40-26-74
E-mail: mgalvan@yesvirginia.org

**Washington**
Antoinette Allegretti, Representante
Nueva York 273, Col. Nápoles
C.P. 03810, México, D.F.
Tel.: 56-87-56-15
E-mail: a.allegretti@tmsamericas.com

**Wisconsin. Departmento de Comercio**
Vincent Lencioni, Director
Cerro de las Campanas 3-102
Col. San Andrés Atenco
C.P. 54040
Tlalnepantla, Edo. Mex.
Tels.: 55-46-92-52 y 55-16-93-61
E-mail: vlencioni@lgaconsulting.com

# ECONOMÍA

# ECONOMÍA

Existe una percepción bastante generalizada de que hay una disparidad enorme en el tamaño de las economías de México y Estados Unidos. El enunciado es correcto pero se matiza en la medida en la que se revisan variables concretas. En algunos aspectos México ya no es tan pobre o débil, ni Estados Unidos tan poderoso.

Ello se relaciona con varias incógnitas sobre el mediano y largo plazo. La más llamativa es la incertidumbre creada por los crecientes déficit fiscal y comercial de Estados Unidos y las repercusiones que podrían tener en México. Igualmente importante es el papel que jugarán la Unión Europea y Asia, que aceleradamente se convierten en polos de poder económico alternativo.

## ESTRUCTURA ECONÓMICA

### INDICADORES ECONÓMICOS COMPARADOS MÉXICO-EU, 2001-2004

| Concepto | 2001 | 2002 | 2003 | 2004 |
|---|---|---|---|---|
| PIB (millones de dólares) | | | | |
| México | 623,913 | 648,592 | 626,128 | 676,861 |
| EU | 10,065,300 | 10,383,100 | 11,004,000 | 11,735,000 |
| PIB per cápita (dólares) | | | | |
| México | 6,150 | 6,260 | 6,112 | 6,424 |
| EU | 35,200 | 35,990 | 37,756 | 39,961 |
| PIB (variación anual, %) | | | | |
| México | -0.1 | 0.7 | 1.3 | 4.4 |
| EU | 0.8 | 1.9 | 3.0 | 4.4 |
| Desempleo (promedio anual, %) | | | | |
| México | 2.4 | 2.7 | 3.3 | 3.7 |
| EU | 4.7 | 5.8 | 6.0 | 5.5 |
| Inflación (promedio anual, %) | | | | |
| México | 4.4 | 5.7 | 4.0 | 5.2 |
| EU | 2.8 | 1.5 | 2.3 | 3.3 |
| Balanza comercial (millones de dólares) | | | | |
| México | -9,954 | -7,916 | -5,690 | -8,530 |
| EU | -362,692 | -421,735 | -496,508 | -678,100 |
| México-EU | 26,529 | 36,491 | 40,973 | 45,067 |

## INDICADORES ECONÓMICOS COMPARADOS MÉXICO-EU, 2001-2004 (continuación)

| Concepto | 2001 | 2002 | 2003 | 2004 |
|---|---|---|---|---|
| Inversión extranjera directa (millones de dólares) | | | | |
| México | 26,843 | 14,775 | 10,783 | 16,602 |
| EU | 159,461 | 62,870 | 29,772 | 104,905 |
| Reservas internacionales (millones de dólares) | | | | |
| México | 40,900 | 48,000 | 58,528 | 65,000 |
| EU | 68,621 | 78,635 | 87,246 | 87,104 |
| Balanza cuenta corriente (% del PIB) | | | | |
| México | -2.9 | -2.2 | -1.5 | -1.3 |
| EU | -3.9 | -4.6 | -4.9 | -5.5 |

Fuente: INEGI, Banxico, US Census, US Department of Commerce, 2004.

Las diferencias en el PIB y en el ingreso per cápita son un claro recordatorio de las diferencias entre los países. Sin embargo, la debilidad estadunidense se observa en el monto de sus déficit comercial y fiscal y en el sorprendente bajo monto de sus reservas internacionales.

Las cifras sobre desempleo abierto deben tomarse con algo de precaución. Es mayor en Estados Unidos que en México pero ello se modifica cuando se piensa en el enorme sector informal mexicano.

## ESTRUCTURA DEL PIB MÉXICO-EU, 2002

| Concepto | México | EU |
|---|---|---|
| PIB (millones de dólares) | 648,592 | 10,383,100 |
| Estructura (%) | | |
| Agricultura | 4.0 | 1.0 |
| Industria | 26.6 | 27.3 |
| Manufacturas | 20.3 | 16.6 |
| Servicios | 69.4 | 71.8 |
| Crecimiento medio anual (1990-2002, %) | | |
| PIB | 3.0 | 3.3 |
| Agricultura | 1.6 | 3.8 |
| Industria | 3.5 | 3.4 |
| Servicios | 3.0 | 3.7 |

Fuente: *The Economist* y Banco Mundial, 2004.

Debe resaltarse la gradual convergencia que se está dando en el peso que tienen los sectores económicos.

**CLIMA DE NEGOCIOS, 2004[a]**

| Concepto | México | EU |
|---|---|---|
| Libertad económica | 2.90 | 1.85 |
| Libertad de comercio | 2.0 | 2.0 |
| Índice de competitividad (lugar) | 47 | 2 |
| Índice tecnológico (lugar) | 43 | 1 |
| Días para abrir un negocio | 58 | 5 |
| Índice de corrupción | 6.4 | 2.5 |
| Índice de libertad personal | 2.5 | 1.0 |

[a] Los valores bajos son mejores.
Fuente: World Economic Forum, Heritage Foundation, World Bank, Transparency International, Freedom House, 2004.

Entre las explicaciones que se ha dado al dinamismo tan diferenciado de las economías estarían el burocratismo, la corrupción y la generación de nuevas tecnologías.

## EMPLEO E INFLACIÓN

**ESTRUCTURA DEL EMPLEO MÉXICO-EU, 2002**

| Concepto | México (%) | EU (%) |
|---|---|---|
| Agricultura | 18.0 | 1.0 |
| Industria | 26.0 | 25.0 |
| Servicios | 56.0 | 74.0 |

Fuente: *The Economist*, 2004.

La estructura social se aprecia en la cantidad de personas que emplea la agricultura en los dos países. Es indudable que éste es uno de los sectores en los que México tiene un rezago mayor.

**REMUNERACIONES Y PRODUCTIVIDAD DE LA INDUSTRIA MANUFACTURERA MÉXICO-EU, 2003**

| Concepto | México | EU |
|---|---|---|
| Salarios (dólares por hora) | 2.49 | 15.75 |
| Costo unitario de la mano de obra (índice 1993 = 100) | 72.74 | 79.77 |
| Productividad de la mano de obra (índice 1993 = 100) | 158.57 | 167.95 |

Fuente: INEGI, 2004.

El tamaño de las diferencias en el ingreso es una de las principales causas de la migración mexicana a Estados Unidos. Por otro lado, llama la atención que pese a los bajos ingresos de los trabajadores mexicanos su productividad sea tan alta.

### INFLACIÓN MÉXICO-EU, 1998-2004

| Concepto | México | EU |
|---|---|---|
| Precios al consumidor (%) | | |
| 1998 | 15.9 | 1.6 |
| 1999 | 16.6 | 2.1 |
| 2000 | 9.5 | 3.4 |
| 2001 | 6.3 | 2.8 |
| 2002 | 5.1 | 1.5 |
| 2003 | 4.5 | 2.3 |
| 2004 | 5.2 | 3.3 |
| Precios al productor (%) | | |
| 1998 | 13.8 | -1.1 |
| 1999 | 15.7 | 1.8 |
| 2000 | 10.0 | 4.1 |
| 2001 | 3.3 | 0.7 |
| 2002 | 4.4 | -0.6 |
| 2003 | 7.5 | 2.6 |
| 2004 | 5.4 | 3.5 |

Fuente: OCDE, 2004.

La inestabilidad de la economía mexicana repercutió en una inflación sustancialmente mayor que, sin embargo, se ha ido reduciendo en los últimos años.

## SECTOR EXTERNO

### COMERCIO EXTERIOR DE MÉXICO CON AMÉRICA DEL NORTE, 2001-2003

| Concepto | 2001 | 2002 | 2003 |
|---|---|---|---|
| México con Estados Unidos | | | |
| Exportaciones (millones de dólares) | 140,296 | 143,048 | 146,335 |
| Variación exportaciones (%) | -5.0 | 2.0 | 2.3 |
| Importaciones (millones de dólares) | 113,767 | 106,555 | 105,363 |
| Variación importaciones (%) | -10.8 | -6.3 | -1.1 |
| Saldo balanza (millones de dólares) | 26,529 | 36,491 | 40,973 |
| México con Canadá | | | |
| Exportaciones (millones de dólares) | 3,070 | 2,806 | 2,827 |
| Variación exportaciones (%) | -8.5 | -8.6 | 0.8 |
| Importaciones (millones de dólares) | 4,235 | 4,480 | 4,121 |
| Variación importaciones (%) | 5.4 | 5.8 | -8.0 |
| Saldo balanza (millones de dólares) | -1,165 | -1,674 | -1,294 |

Fuente: Banxico, 2004.

México tiene un superávit gigantesco en sus relaciones comerciales con Estados Unidos y un déficit modesto con Canadá. Desde otra perspectiva, las relaciones México-Canadá se mantienen estancadas.

**PRODUCTOS MEXICANOS ADQUIRIDOS POR EU, 2003**

| Concepto | Millones de dólares |
| --- | --- |
| Alimentos y animales vivos | 5,483 |
| Bebidas y tabaco | 156 |
| Materias primas no comestibles, excepto combustible | 3,478 |
| Combustibles minerales, lubricantes y materiales relacionados | 2,879 |
| Aceites animales y vegetales, grasas y ceras | 380 |
| Productos químicos y relacionados | 9,911 |
| Bienes manufacturados clasificados por su material | 13,040 |
| Maquinaria y equipo de transporte | 47,215 |
| Artículos manufacturados varios | 11,222 |
| Otros | 3,694 |

Fuente: US Department of Commerce, 2004.

**PRODUCTOS ESTADUNIDENSES ADQUIRIDOS POR MÉXICO, 2003**

| Concepto | Millones de dólares |
| --- | --- |
| Alimentos y animales vivos | 5,257 |
| Bebidas y tabaco | 1,759 |
| Materias primas no comestibles, excepto combustible | 742 |
| Combustibles minerales, lubricantes y materiales relacionados | 15,497 |
| Aceites animales y vegetales, grasas y ceras | 43 |
| Productos químicos y relacionados | 2,158 |
| Bienes manufacturados clasificados por su material | 9,476 |
| Maquinaria y equipo de transporte | 75,883 |
| Artículos manufacturados varios | 21,308 |
| Otros | 5,951 |

Fuente: US Department of Commerce, 2004.

**IMPORTACIONES DE EU POR PAÍSES DE ORIGEN, 2003**

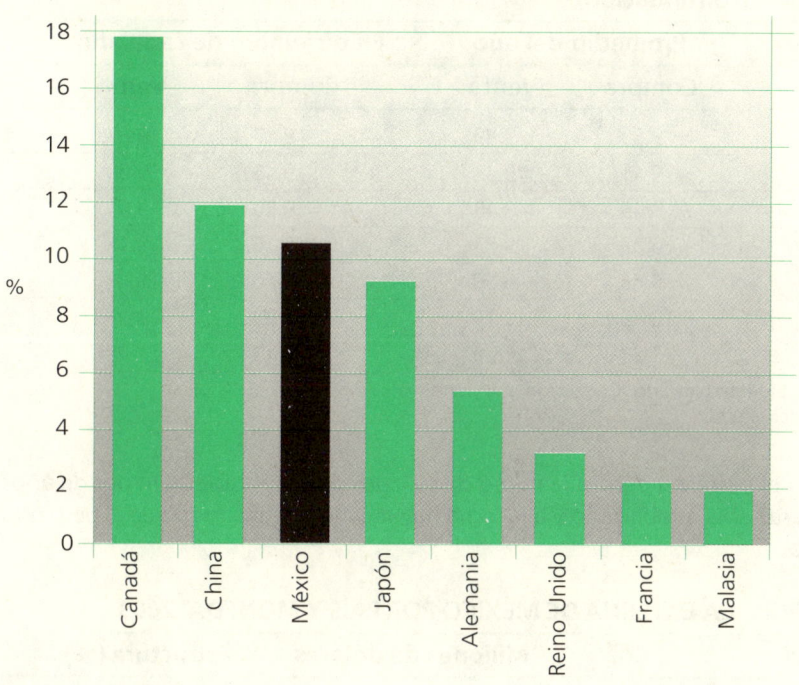

| País | % |
|---|---|
| Canadá | ~17.8 |
| China | ~11.9 |
| México | ~10.5 |
| Japón | ~9.2 |
| Alemania | ~5.3 |
| Reino Unido | ~3.1 |
| Francia | ~2.1 |
| Malasia | ~1.8 |

Fuente: US Census Bureau, 2004.

Canadá mantiene su presencia como el principal socio comercial de Estados Unidos mientras que México ya fue desplazado por China. ¿Se acentuará o se revertirá la tendencia en los próximos años?

**TIPO DE CAMBIO DEL PESO MEXICANO FRENTE AL DÓLAR DE EU, 1990-2004[a]**

| Año | Promedio del año ||  En diciembre de cada año ||
|---|---|---|---|---|
|  | Compra | Venta | Compra | Venta |
| 1990 | 2.94 | 2.94 | 2.95 | 2.95 |
| 1991 | 3.07 | 3.07 | 3.08 | 3.08 |
| 1992 | 3.11 | 3.11 | 3.11 | 3.12 |
| 1993 | 3.10 | 3.11 | 3.11 | 3.11 |
| 1994 | 4.00 | 4.06 | 4.85 | 5.00 |
| 1995 | 7.63 | 7.66 | 7.66 | 7.69 |
| 1996 | 9.88 | 9.89 | 9.87 | 9.87 |
| 1997 | 8.11 | 8.12 | 8.05 | 8.06 |

## TIPO DE CAMBIO DEL PESO MEXICANO FRENTE AL DÓLAR DE EU, 1990-2004[a] (continuación)

| Año | Promedio del año | | En diciembre de cada año | |
|---|---|---|---|---|
| | Compra | Venta | Compra | Venta |
| 1998 | 9.88 | 9.89 | 9.87 | 9.87 |
| 1999 | 9.41 | 9.42 | 9.48 | 9.50 |
| 2000 | 9.45 | 9.45 | 9.60 | 9.61 |
| 2001 | 9.33 | 9.33 | 9.16 | 9.16 |
| 2002 | 9.66 | 9.66 | 10.46 | 10.46 |
| 2003 | 10.78 | 10.79 | 11.23 | 11.23 |
| 2004 | 11.28 | 11.29 | 11.15 | 11.15 |

[a] Tipo de cambio interbancario. Cotizaciones al cierre, valor del mismo día.
Fuente: Banxico, 2004.

En 1994 el peso casi perdió la mitad de su valor frente al dólar. Un par de años después ya se había estabilizado y a la fecha hay quienes argumentan que el peso está subvaluado.

## DEUDA PÚBLICA EXTERNA DE MÉXICO POR PAÍS Y MONEDA, 2003

| Concepto | Millones de dólares | Estructura (%) |
|---|---|---|
| Total | 80,084.2 | 100.0 |
| EU | 36,982.4 | 46.2 |
| Organismos financieros | 17,548.3 | 21.9 |
| Japón | 5,664.9 | 7.1 |
| Gran Bretaña | 6,476.4 | 8.1 |
| Alemania | 5,492.9 | 6.9 |
| Francia | 1,258.9 | 1.6 |
| Canadá | 1,183.8 | 1.5 |
| Suiza | 861.7 | 1.1 |
| Otros | 4,614.9 | 5.8 |
| Por moneda | | |
| D a | 71,361.7 | 89.1 |
| Canasta de monedas | 3,836.4 | 4.8 |
| Yen japonés | 3,639.0 | 4.5 |
| Otras | 1,871.5 | 1.6 |

Fuente: Secretaría de Hacienda, 2004.

Un indicador de la recuperación macroeconómica mexicana es lo manejable que es la deuda pública. Con las reservas se podría liquidar de un solo pago la mayor parte de los compromisos internacionales.

**DEUDA EXTERNA BRUTA EU, 2004**

| Concepto | Total (millones de dólares) |
|---|---|
| Moneda extranjera | 684,505 |
| Corto plazo | 105,508 |
| Largo plazo | 578,997 |
| Moneda nacional | 6,479,341 |
| Corto plazo | 3,035,988 |
| Largo plazo | 3,443,352 |
| Moneda desconocida | 1,196,320 |
| Total deuda externa bruta | 8,360,166 |

Fuente: US Department of Commerce, 2004.

Estados Unidos enfrenta una situación radicalmente diferente porque su deuda externa tiene una magnitud gigantesca.

**APOYO ECONÓMICO DE EU A MÉXICO, 2001**

| Concepto | Millones de dólares |
|---|---|
| Fondo de apoyo a la infancia | 6.0 |
| Asistencia para el desarrollo | 8.6 |
| Fondo de apoyo económico | 6.2 |
| Educación y capacitación militar | 1.0 |
| Control internacional de narcóticos y aplicación de la ley | 10.0 |
| Total | 31.8 |

Fuente: US Agency for International Development, 2003.

El respaldo oficial de Estados Unidos a México es bastante modesto, lo que en parte se debe a la política mexicana de reducir al mínimo este tipo de relaciones con Estados Unidos.

## SECTORES ECONÓMICOS

**USO DE LA TIERRA MÉXICO-EU, 2001**

| Concepto | México (millones de ha) | EU (millones de ha) |
|---|---|---|
| Arables o de labranza | 24.8 | 175.2 |
| Cultivos permanentes | 2.5 | 2.1 |
| Otras[a] | 163.6 | 738.6 |

[a] Incluye praderas y pastos permanentes, terrenos forestales, montes abiertos, superficies edificadas, carreteras y baldíos, entre otros.
Fuente: INEGI, 2004.

La productividad del campo estadunidense es el resultado de sus avances tecnológicos y del tamaño de su superficie arable. Es también consecuencia de los enormes subsidios que el gobierno otorga a ese sector.

## PRODUCCIÓN DE CEREALES MÉXICO-EU, 2003

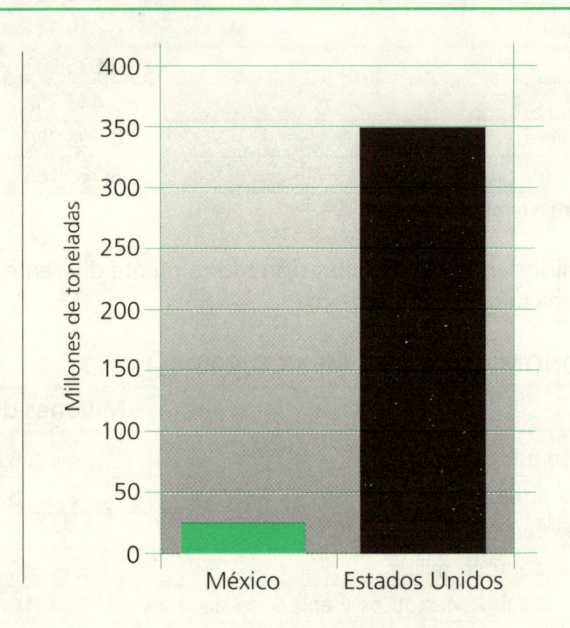

Fuente: FAO, 2004.

## SUBSIDIOS AGROPECUARIOS MÉXICO-EU, 2002

| Concepto | México | EU |
| --- | --- | --- |
| Total (millones de dólares)[a] | 8,908 | 90,273 |
| Per cápita (dólares) | 91 | 317 |
| % del PIB | 1.4 | 0.9 |
| Subsidio productores | | |
| Total (millones de dólares) | 8,080 | 39,559 |
| Dólares por hectárea | 75 | 94 |

[a] Incluye subsidios a productores, consumidores e intermediarios.
Fuente: OCDE, 2004.

Este cuadro pone en entredicho las críticas que los conservadores estadunidenses hacen a la participación del Estado en la economía. Es considerable el respaldo que dan al sector agrícola, lo que repercute en los precios en que venden sus excedentes.

### PRODUCCIÓN Y CONSUMO PESQUERO MÉXICO-EU, 2002

| Concepto | México | EU |
|---|---|---|
| Producción (% del total mundial) | 1.6 | 5.3 |
| Producción acuícola (% del total mundial) | 0.1 | 1.0 |
| Producción de camarón (% del total mundial) | 2.4 | 3.5 |
| Balanza comercial productos pesqueros (millones de dólares, 2001) | 499 | -7,007 |
| Consumo per cápita (kg) | 12.2 | 21.1 |

Fuente: FAO, 2004.

Aunque modesto, México tiene un superávit en la comercialización de productos pesqueros. Por otro lado, la producción y el consumo son reducidos si se recuerda el tamaño de los mares patrimoniales mexicanos.

### PRODUCCIÓN Y RESERVAS DE HIDROCARBUROS MÉXICO-EU, 2003

| Concepto | México | EU |
|---|---|---|
| Petróleo crudo (millones de barriles diarios) | 3.4 | 5.7 |
| Reservas probadas de petróleo (miles de millones de barriles) | 14.1 | 22.7 |
| Capacidad de refinación (millones de barriles diarios) | 1.5 | 16.7 |
| Gas natural (miles de millones de pies$^3$ diarios) | 4.5 | 55.9 |
| Reservas probadas de gas (billones de pies$^3$) | 14.9 | 187.0 |

Fuente: Secretaría de Energía, 2004.

México es una potencia energética más bien modesta que por falta de inversión está en un proceso de declinación. De no revertirse esta tendencia, el futuro energético se ve sombrío.

### MERCADOS ACCIONARIOS MÉXICO-EU, 2001-2003

| Concepto | México | EU |
|---|---|---|
| Importe operado (miles de millones de dólares) | | |
| 2001 | 59.5 | 10,489.3 |
| 2002 | 32.7 | 10,311.2 |
| 2003 | 25.9 | 9,692.3 |
| Valor de capitalización (miles de millones de dólares) | | |
| 2001 | 126.6 | 11,026.5 |
| 2002 | 104.7 | 9,015.2 |
| 2003 | 122.5 | 11,329.0 |

Fuente: Banxico y Federación Internacional de Bolsas de Valores, 2004.

Aunque es evidente el reducido tamaño de la bolsa mexicana frente a la estadunidense, en los dos países los mercados se han estancado en los últimos años.

## TASAS DE INTERÉS EN MERCADOS FINANCIEROS DE MÉXICO Y NUEVA YORK, 2003[a]

| Concepto | México[b] | Nueva York[c] |
|---|---|---|
| 1 mes | 2.79 | 1.15 |
| 3 meses | 2.96 | 1.15 |
| 6 meses | 3.17 | 1.17 |

[a] Promedio anual bruto en por ciento.
[b] Pagaré con rendimiento liquidable al vencimiento.
[c] Certificado de depósito.
Fuente: Banxico y Federal Reserve Board, 2004.

Por sus tasas de interés, México sigue siendo atractivo para los inversionistas estadunidenses.

## TURISMO DE EU A MÉXICO, 2003[a]

| Concepto | Total |
|---|---|
| Visitantes internacionales (millones) | 10.4 |
| Procedentes de EU | 9.3 |
| Nativos de EU | 7.1 |
| Nacionales residentes en EU | 2.2 |
| Vía de acceso (visitantes de EU, millones) | |
| Aérea | 6.7 |
| Terrestre | 2.7 |
| Gasto visitantes de EU (millones de dólares) | 5,773.67 |
| Gasto medio visitantes de EU (dólares) | 623.92 |

[a] No incluye los cruces fronterizos o visitantes de un solo día.
Fuente: Banxico, 2004.

México continúa siendo un destino favorito para los turistas estadunidenses y el avión se ha convertido en el principal medio de transporte.

**TURISMO DE MÉXICO A EU, 2003**

| Concepto | Total |
|---|---|
| Turistas al extranjero (millones) | 6.6 |
| Turistas a EU | 6.1 |
| Vía de acceso (visitantes a EU, millones) | |
| Aérea | 1.6 |
| Terrestre | 4.5 |
| Gasto visitantes a EU (millones de dólares) | 2,012.0 |
| Gasto medio visitantes a EU (dólares) | 330.7 |

Fuente: Banxico, 2004.

Es notable el incremento en el número de mexicanos que va a Estados Unidos. Sin embargo, pese a la fama de manirrotos que tienen los mexicanos, gastan bastante menos que los vecinos.

**PRINCIPALES EMPRESAS MULTINACIONALES DE EU EN MÉXICO, 2003**

| Empresa | Ventas (millones de dólares) | Activos (millones de dólares) | Personal |
|---|---|---|---|
| Wal-Mart | 11,149.7 | 5,836.6 | 99,881 |
| General Motors | 11,000.8 | 4,290.3 | 12,200 |
| Delphi Corporation | 9,271.7 | 1,117.1 | 65,800 |
| Hewlett-Packard | 4,390.5 | n.d. | 3,000 |
| GE International | 4,331.6 | 4,601.0 | 30,900 |
| Lear Corporation | 4,085.0 | n.d. | 34,000 |
| Ford Motor Company | 3,800.5 | 1,301.1 | 4,735 |
| Banamex Citigroup | 3,738.7 | 36,333.0 | 30,980 |
| Coca Cola | 3,378.6 | n.d. | 80,000 |
| Pepsico | 2,642.0 | 869.0 | 67,800 |
| Alcoa Fujikura y Subs. | 2,163.0 | n.d. | 25,750 |

n.d. No disponible.
Fuente: *Expansión*, 2004.

Es impresionante el crecimiento de Wal-Mart y la cantidad de personas que emplea, lo que es el resultado de los precios tan bajos que ofrece. Sus agresivas políticas de precios también son condenadas porque según algunos de sus críticos aniquilan a las pequeñas y medianas empresas.

**PRINCIPALES EMPRESAS MULTINACIONALES DE MÉXICO, 2003[a]**

| Empresa | Giro | Ventas externas (millones de dólares) | Empleos en el exterior |
|---|---|---|---|
| Cemex | Cementos | 4,535.0 | 17,023 |
| América Móvil | Telecomunicaciones | 3,037.0 | 16,256 |
| Grupo Maseca | Alimentos | 1,395.5 | 8,519 |
| Grupo Bimbo | Alimentos | 1,475.7 | 15,525 |
| Grupo México | Holding | 1,583.7 | 5,416 |
| Grupo IMSA | Holding industrial | 1,465.2 | 4,397 |
| Grupo Alfa | Holding | 1,863.0 | 4,555 |
| Grupo Vitro | Vidrio y envases | 1,218.0 | 5,533 |
| IUSA | Holding | 675.9 | 883 |
| Grupo Desc | Holding | 860.5 | n.d. |

[a] Empresas nacionales que tienen inversiones y desarrollan alguna operación en América del Norte.
Fuente: *Expansión*, 2004.

> En los últimos años los empresarios mexicanos también han salido a competir al mundo. De las empresas, la más destacada es Cementos Mexicanos.

## INFORMACIÓN ÚTIL

**Banco de México.** Banco central del país que cuenta con grandes bases de datos actualizadas, especialmente sobre aspectos monetarios y financieros. Web: www.banxico.org.mx

**Banco Mundial.** Sitio del principal banco de desarrollo del mundo que incluye una gran cantidad de estudios, bases de datos y estadísticas socioeconómicas de todos los países. Web: www.worldbank.org

**Bureau of Economic Analysis.** Rama del Departamento de Comercio de los Estados Unidos. En su página web se compila una gran cantidad de datos y análisis económicos de los Estados Unidos. Web: www.bea.doc.gov

**Economic Policy Institute.** Organismo no partidista sin fines de lucro. En su sitio se abordan temas y tendencias económicas de Estados Unidos y del mundo. Web: epinet.org

**FedStats.** Portal con ligas a estadísticas federales de los Estados Unidos provenientes de más de 100 agencias gubernamentales. Web: www.fedstats.gov

**Institute for International Economics.** Organismo privado no partidista y sin fines de lucro dedicado al estudio de las políticas económicas en el ámbito internacional. En la página web incluye numerosos estudios económicos sobre temas tan variados como deuda, desarrollo, globalización, comercio internacional, así como investigaciones por países y regiones. Web: www.iie.com

**Instituto Nacional de Estadística, Geografía e Informática.** Centro nacional de estadísticas de México. La sección en el sitio llamada Banco de información Económica reúne estadísticas que se organizan por tema, tiempo y sector. Web: www.inegi.gob.mx

**Secretaría de Economía.** Dependencia del poder ejecutivo federal. En su página web, en la sección de negociaciones comerciales, apartado de estadísticas, se pueden encontrar cifras sobre las exportaciones e importaciones de México por país y principales productos. Web: www.economia.gob.mx

**Secretaría de Hacienda y Crédito Público.** Dependencia del poder ejecutivo. En su sitio se reúnen el mayor número de estadísticas sobre las finanzas públicas y la deuda pública del gobierno federal. Web: www.shcp.gob.mx

# EL TRATADO DE LIBRE COMERCIO
DE AMÉRICA DEL NORTE

# EL TRATADO DE LIBRE COMERCIO DE AMÉRICA DEL NORTE

Con el TLCAN están ligados momentos clave en la historia de México. Desde que empezó a discutirse en 1990 implicó la modificación de uno de los supuestos más arraigados en la cultura mexicana. Durante muchas décadas la retórica oficial insistía en que la vecindad con Estados Unidos era una calamidad. Con el TLCAN se aceptó que la cercanía geográfica es una oportunidad que México debe aprovechar.

El TLCAN también está ligado a la fortuna de Carlos Salinas de Gortari, uno de los presidentes más controvertidos que ha tenido el país. El primero de enero de 1994 entró en vigor el tratado, y ese mismo día se inició la rebelión zapatista, seguida por asesinatos políticos y, en diciembre de ese año, por una devaluación y crisis financiera.

El balance de los primeros diez años es desigual y se presenta en un recuadro. Las cifras están redondeadas; los interesados en mayor precisión pueden visitar www.almanaque.com.mx.

**COMERCIO GLOBAL DE MÉXICO, 1993-2003**

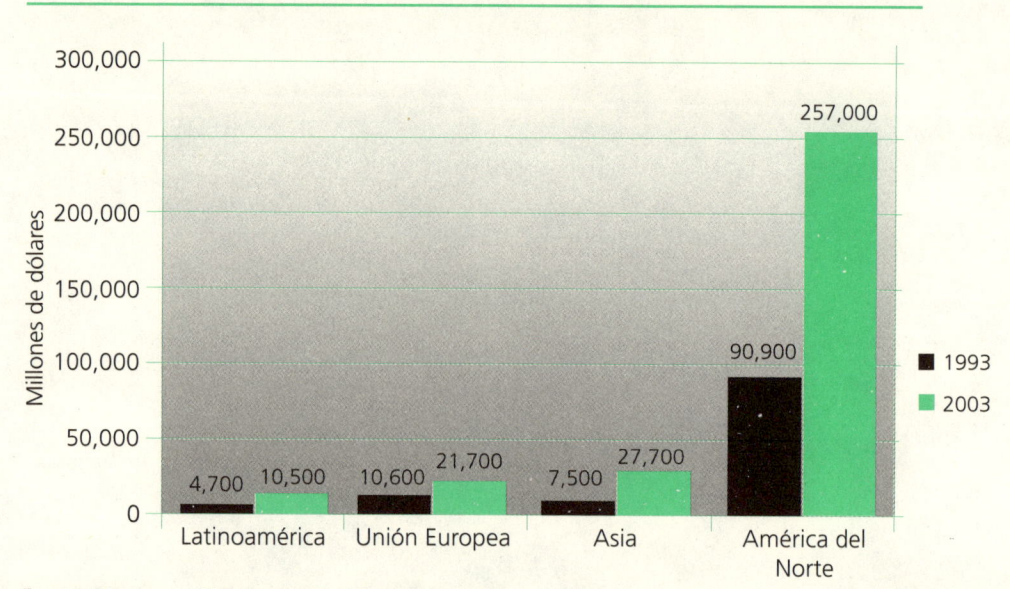

| Región | 1993 | 2003 |
|---|---|---|
| Latinoamérica | 4,700 | 10,500 |
| Unión Europea | 10,600 | 21,700 |
| Asia | 7,500 | 27,700 |
| América del Norte | 90,900 | 257,000 |

Millones de dólares

Fuente: Banxico y US Department of Commerce, 2004.

Desde el siglo XIX México deseaba equilibrar la influencia de Estados Unidos fortaleciendo sus relaciones con Europa. En el siglo XXI la integración con América del Norte sigue dándose y Asia se convierte en el segundo socio comercial.

**COMERCIO EXTERIOR MÉXICO-EU, 1989-2003**

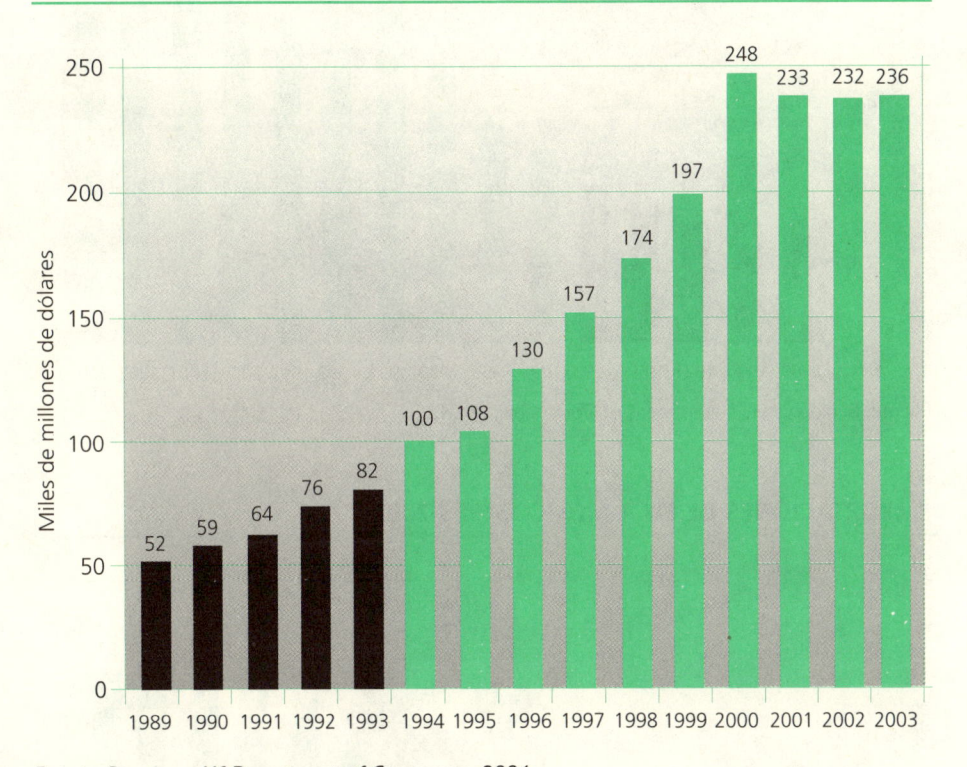

| Año | Miles de millones de dólares |
|---|---|
| 1989 | 52 |
| 1990 | 59 |
| 1991 | 64 |
| 1992 | 76 |
| 1993 | 82 |
| 1994 | 100 |
| 1995 | 108 |
| 1996 | 130 |
| 1997 | 157 |
| 1998 | 174 |
| 1999 | 197 |
| 2000 | 248 |
| 2001 | 233 |
| 2002 | 232 |
| 2003 | 236 |

Fuente: Banxico y US Department of Commerce, 2004.

En menos de tres quinquenios se ha quintuplicado el comercio de México con su vecino del norte. Incluso en el difícil 1995 hubo un crecimiento de 8%. La tendencia al alza ha continuado.

## EXPORTACIONES DE MÉXICO A EU, 1989-2003

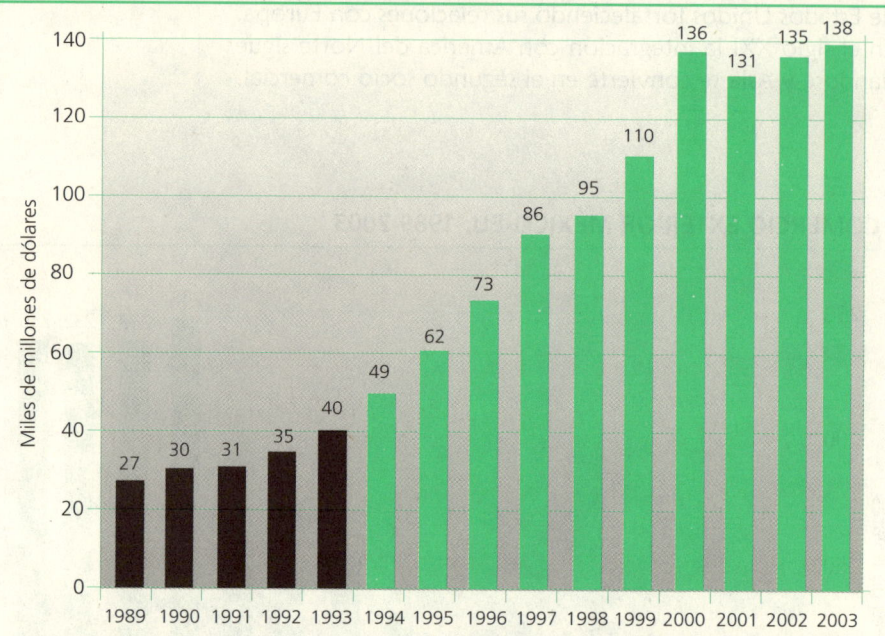

| Año | Miles de millones de dólares |
|---|---|
| 1989 | 27 |
| 1990 | 30 |
| 1991 | 31 |
| 1992 | 35 |
| 1993 | 40 |
| 1994 | 49 |
| 1995 | 62 |
| 1996 | 73 |
| 1997 | 86 |
| 1998 | 95 |
| 1999 | 110 |
| 2000 | 136 |
| 2001 | 131 |
| 2002 | 135 |
| 2003 | 138 |

Fuente: Banxico y US Department of Commerce, 2004.

## IMPORTACIONES DE EU A MÉXICO, 1989-2003

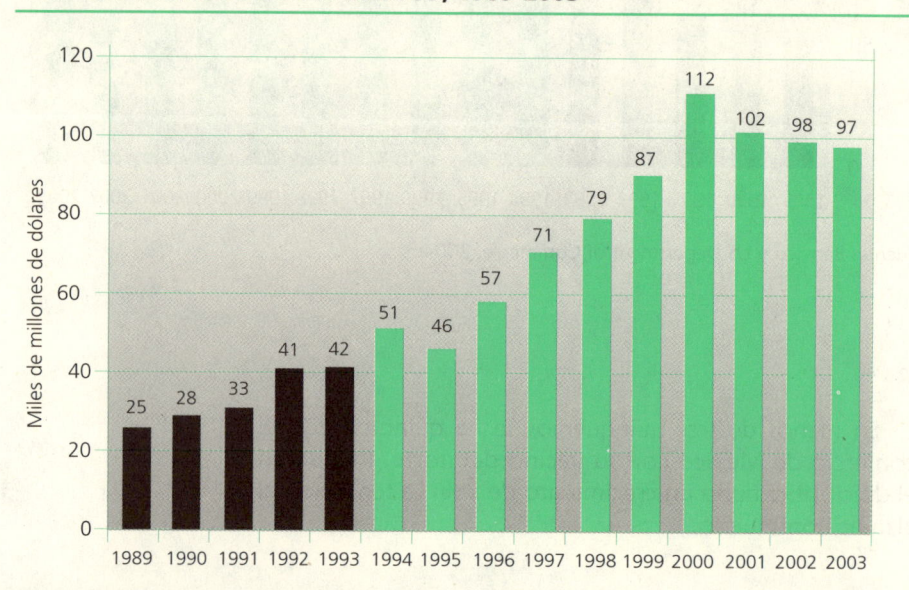

| Año | Miles de millones de dólares |
|---|---|
| 1989 | 25 |
| 1990 | 28 |
| 1991 | 33 |
| 1992 | 41 |
| 1993 | 42 |
| 1994 | 51 |
| 1995 | 46 |
| 1996 | 57 |
| 1997 | 71 |
| 1998 | 79 |
| 1999 | 87 |
| 2000 | 112 |
| 2001 | 102 |
| 2002 | 98 |
| 2003 | 97 |

Fuente: Banxico y US Department of Commerce, 2004.

**BALANZA COMERCIAL MEXICANA FRENTE A EU, 1989-2003**

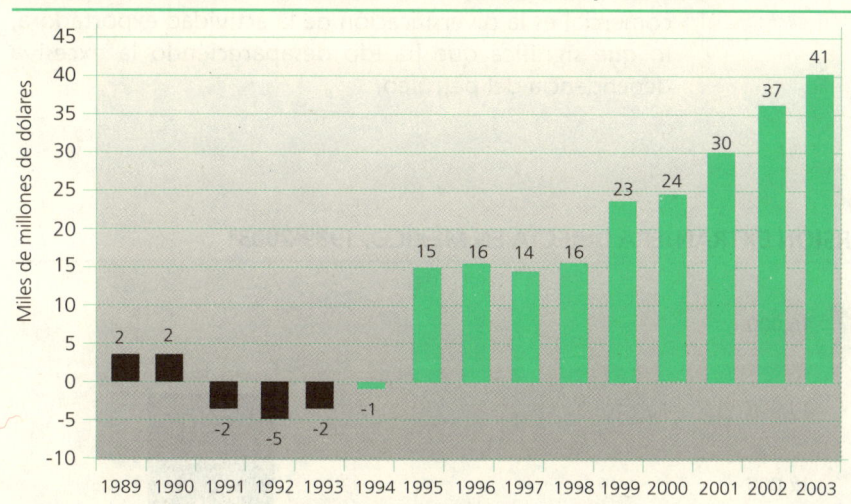

| Año | Miles de millones de dólares |
|---|---|
| 1989 | 2 |
| 1990 | 2 |
| 1991 | -2 |
| 1992 | -5 |
| 1993 | -2 |
| 1994 | -1 |
| 1995 | 15 |
| 1996 | 16 |
| 1997 | 14 |
| 1998 | 16 |
| 1999 | 23 |
| 2000 | 24 |
| 2001 | 30 |
| 2002 | 37 |
| 2003 | 41 |

Fuente: Banxico y US Department of Commerce, 2004.

Pese a algunos pronósticos pesimistas, México ha logrado que su balanza comercial con Estados Unidos tenga un superávit.

**EVOLUCIÓN DE LAS EXPORTACIONES NO PETROLERAS DE MÉXICO, 1989-2003**

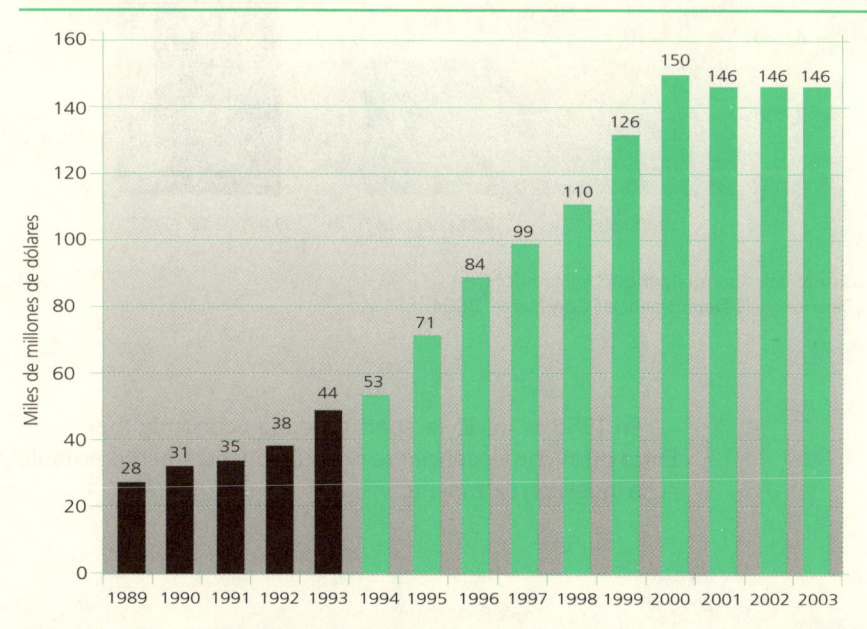

| Año | Miles de millones de dólares |
|---|---|
| 1989 | 28 |
| 1990 | 31 |
| 1991 | 35 |
| 1992 | 38 |
| 1993 | 44 |
| 1994 | 53 |
| 1995 | 71 |
| 1996 | 84 |
| 1997 | 99 |
| 1998 | 110 |
| 1999 | 126 |
| 2000 | 150 |
| 2001 | 146 |
| 2002 | 146 |
| 2003 | 146 |

Fuente: Banxico y US Department of Commerce, 2004.

Uno de los fenómenos más interesantes de la apertura comercial es la diversificación de la actividad exportadora, lo que significa que ha ido desapareciendo la excesiva dependencia del petróleo.

## INVERSIÓN EXTRANJERA DIRECTA EN MÉXICO, 1989-2003[a]

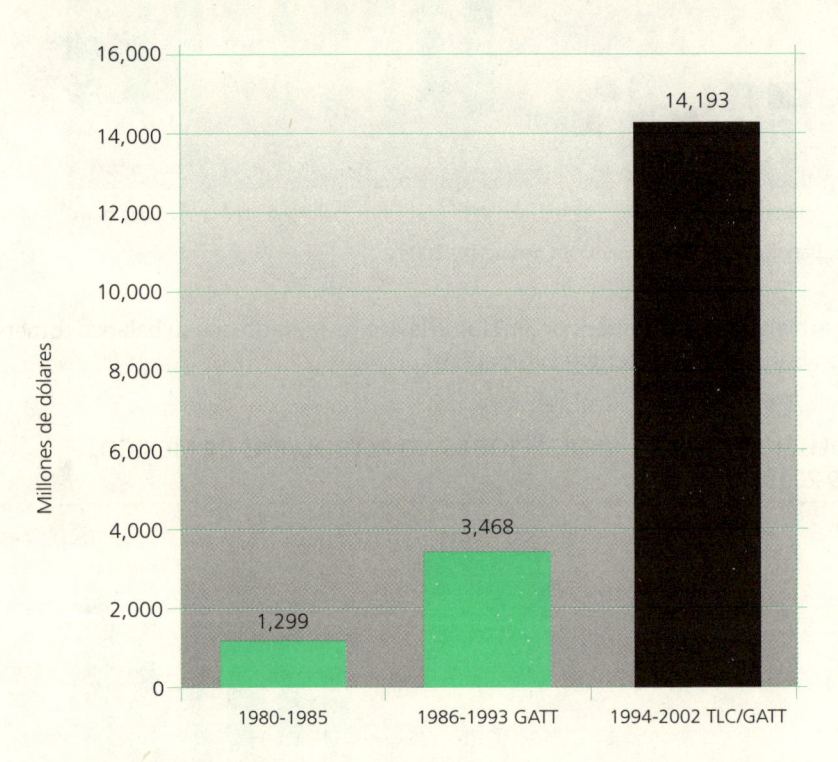

| Periodo | Millones de dólares |
|---|---|
| 1980-1985 | 1,299 |
| 1986-1993 GATT | 3,468 |
| 1994-2002 TLC/GATT | 14,193 |

[a] Promedios anuales para el periodo en cuestión.
Fuente: Banxico y US Department of Commerce, 2004.

En 1985 se inició la apertura de la economía mexicana. Entre otras consecuencias se produjo un incremento notable en la inversión extranjera.

## INVERSIÓN MEXICANA DIRECTA EN ESTADOS UNIDOS, 1994-2003

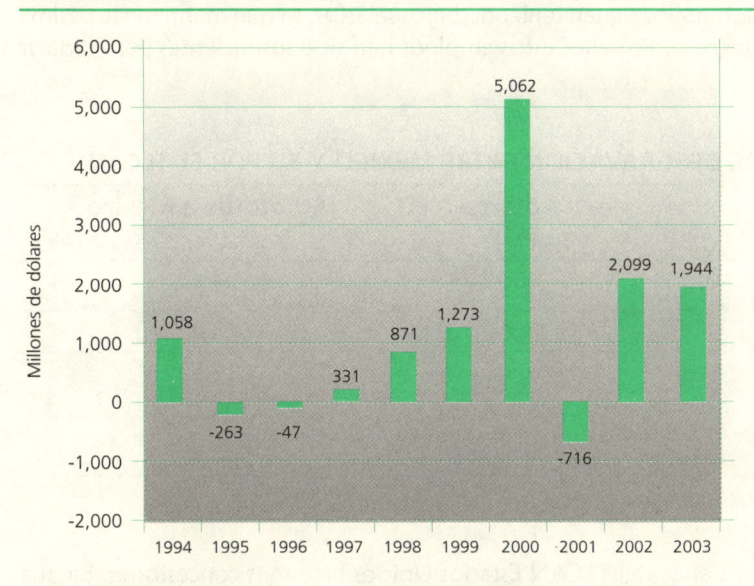

| Año | Millones de dólares |
|---|---|
| 1994 | 1,058 |
| 1995 | -263 |
| 1996 | -47 |
| 1997 | 331 |
| 1998 | 871 |
| 1999 | 1,273 |
| 2000 | 5,062 |
| 2001 | -716 |
| 2002 | 2,099 |
| 2003 | 1,944 |

Fuente: Banxico y US Department of Commerce, 2004.

La cifra de 2000 es otra confirmación de la influencia que la política puede tener en los flujos de capital. La incertidumbre de aquel año electoral provocó que los inversionistas mexicanos invirtieran una cifra sin precedentes en Estados Unidos.

## EFECTOS DEL TLCAN EN LA INDUSTRIA MEXICANA, 1994-2003

| Industria | Crecimiento promedio anual de exportaciones (%) | Participación en las importaciones de EU (%) Antes del TLCAN | Participación en las importaciones de EU (%) Después del TLCAN | Nuevos empleos (miles) |
|---|---|---|---|---|
| Eléctrica y electrónicos | 19.0 | 10.1 | 18.1 | 110 |
| Autotransporte y autopartes | 14.8 | 7.1 | 14.0 | 200 |
| Textiles y confección | 19.1 | 4.4 | 10.6 | 260 |
| Alimentos, bebidas y tabaco | 16.7 | 4.3 | 8.1 | 100 |

Fuente: Secretaría de Economía, 2004.

Es indudable que el TLCAN ha contribuido a la creación de empleos. Sin embargo, los nuevos trabajos siguen teniendo bajos salarios, lo que mantiene la pésima distribución del ingreso. Por ello, estos empleos han sido insuficientes para reducir la migración.

### VELOCIDAD DE DESGRAVACIÓN ENTRE MÉXICO Y EU POR EL TLCAN

| Velocidad (años) | México otorga a EU (%) | EU otorga a México (%) |
|---|---|---|
| - | 35.9 | 61.0 |
| 5 | 3.3 | 5.8 |
| 10 | 42.5 | 28.1 |
| 15 | 18.3 | 5.1 |
| Total | 100.0 | 100.0 |

Fuente: TLCAN, 2004.

En los primeros años del TLCAN Estados Unidos hizo más concesiones. Ése fue uno de los factores que explican el auge de las exportaciones mexicanas. A partir del décimo año, la situación se invierte, lo que pondrá más presión a México.

### ARANCEL PROMEDIO A LAS IMPORTACIONES DE MÉXICO A EU, 1993-2001

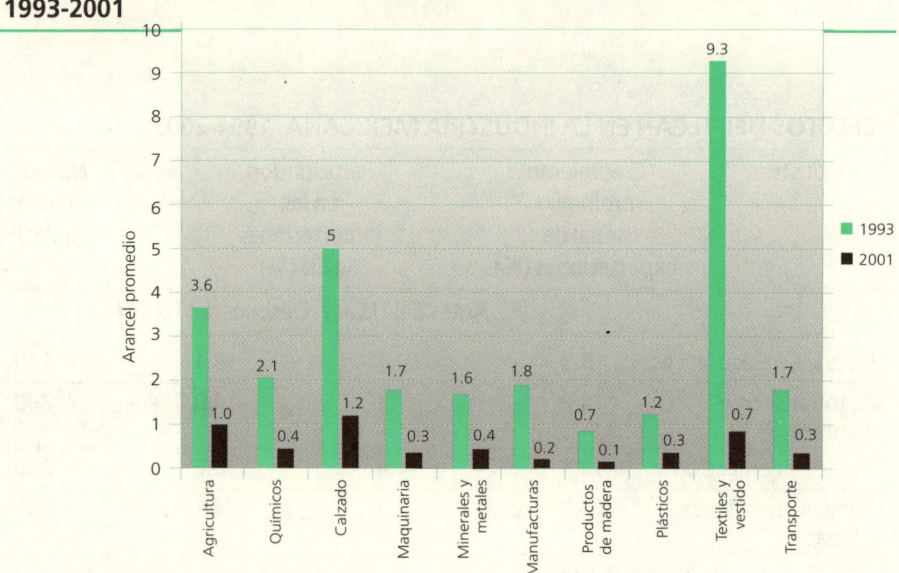

| Sector | 1993 | 2001 |
|---|---|---|
| Agricultura | 3.6 | 1.0 |
| Químicos | 2.1 | 0.4 |
| Calzado | 5 | 1.2 |
| Maquinaria | 1.7 | 0.3 |
| Minerales y metales | 1.6 | 0.4 |
| Manufacturas | 1.8 | 0.2 |
| Productos de madera | 0.7 | 0.1 |
| Plásticos | 1.2 | 0.3 |
| Textiles y vestido | 9.3 | 0.7 |
| Transporte | 1.7 | 0.3 |

Fuente: US International Trade Commission, 2003.

## ARANCEL PROMEDIO A LAS IMPORTACIONES DE EU A MÉXICO, 1991-2000

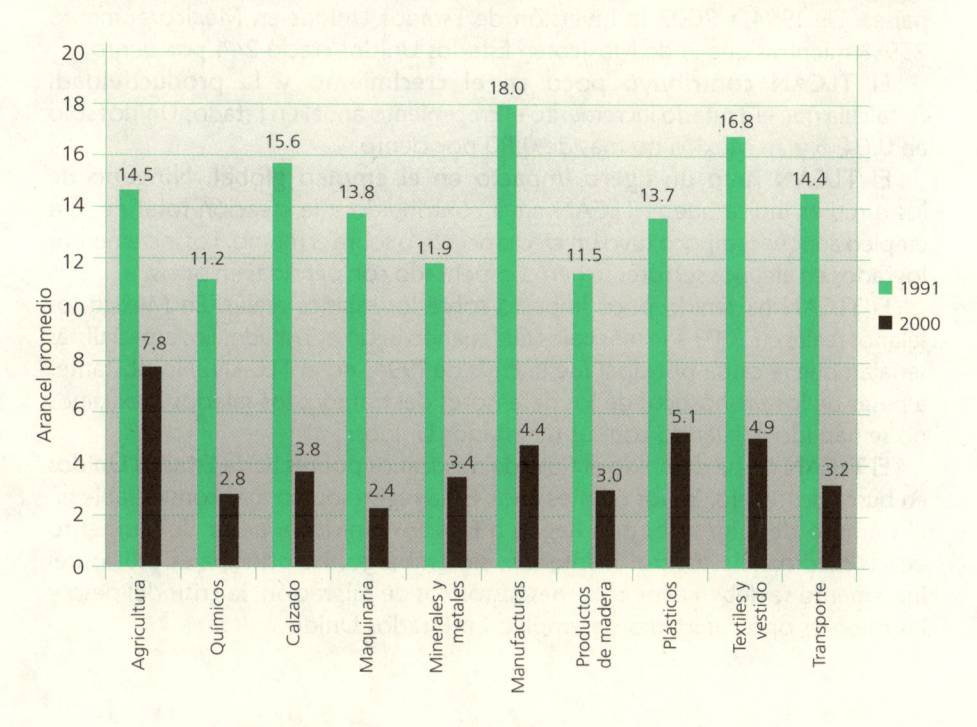

| Sector | 1991 | 2000 |
|---|---|---|
| Agricultura | 14.5 | 7.8 |
| Químicos | 11.2 | 2.8 |
| Calzado | 15.6 | 3.8 |
| Maquinaria | 13.8 | 2.4 |
| Minerales y metales | 11.9 | 3.4 |
| Manufacturas | 18.0 | 4.4 |
| Productos de madera | 11.5 | 3.0 |
| Plásticos | 13.7 | 5.1 |
| Textiles y vestido | 16.8 | 4.9 |
| Transporte | 14.4 | 3.2 |

Fuente: US International Trade Commission, 2003.

## DIEZ AÑOS DEL TRATADO DE LIBRE COMERCIO DE AMÉRICA DEL NORTE (TLCAN)

A diez años de la puesta en marcha del TLCAN se han hecho diversos balances sobre las repercusiones que ha tenido en los países firmantes. Las principales conclusiones son las siguientes:

**El TLCAN logró estimular considerablemente el comercio entre Estados Unidos y México.** De 1994 a 2003 las exportaciones de Estados Unidos a México crecieron 91% mientras que con el resto del mundo fue de 41%. En este mismo sentido, las exportaciones de México a Estados Unidos crecieron 179%, mientras que con el mundo fueron de 89%.

**El TLCAN no fue la única causa del déficit creciente de Estados Unidos en su comercio con México.** De 1994 a 2002 el déficit de Estados Unidos con México creció de 1,400 millones a 37,100 millones de dólares. Los especialistas coinciden en que esto se debió, sobre todo, a la devaluación de diciembre de 1994 y a la alta tasa de crecimiento de Estados Unidos durante la década de los noventa que aumentó su demanda de importaciones.

**El TLCAN ayudó a incrementar la inversión extranjera directa en ambos países.** De 1994 a 2002 la inversión de Estados Unidos en México aumentó 259% mientras que la de México en Estados Unidos creció 244 por ciento.

**El TLCAN contribuyó poco en el crecimiento y la productividad.** Se calcula que el Tratado incrementó el crecimiento anual en Estados Unidos sólo en 0.04% y en México no más de 0.80 por ciento.

**El TLCAN tuvo un ligero impacto en el empleo global.** Ninguno de los estudios indica que el TLCAN haya contribuido a la creación total de más empleo aunque tampoco tuvo un efecto negativo sobre el mismo. Los incrementos logrados en algunos sectores se han compensado con pérdidas en otros.

**El TLCAN ha tenido poco impacto sobre los salarios reales.** En México los salarios reales en 2003 son más bajos que cuando inició el Tratado. Los especialistas señalan que la causa principal fue la crisis de 1994, no el TLCAN. No obstante, a pesar de los pronósticos de los defensores del tratado, los salarios mexicanos no se han ido igualando con los de Estados Unidos.

**El TLCAN no ha detenido el flujo de mexicanos pobres hacia Estados Unidos en busca de trabajo.** En los últimos años se ha registrado un alza considerable en el número de migrantes que llegan a Estados Unidos a pesar del aumento en las medidas de control fronterizo, sin embargo, las principales causas del incremento se deben a los patrones históricos de migración, la crisis del peso y las mejores oportunidades de empleo en Estados Unidos.

# REMESAS

# REMESAS

Los envíos de dinero que hacen los mexicanos en el exterior se han convertido en un ingrediente clave de la economía. Un fenómeno asociado es que, en la medida en que los expatriados se han ido organizando, han adquirido conciencia de su fuerza y han empezado a exigir el derecho que tienen de opinar y de influir sobre lo que pasa en México.

Las reacciones a esta exigencia han sido muy diferenciadas. En el plano federal el ejecutivo tomó diversas iniciativas mencionadas en el capítulo sobre la migración. Después de muchos forcejeos el Congreso de la Unión abrió la posibilidad de que voten por correo en las elecciones presidenciales de 2006. Algunos estados han ido más allá. Zacatecas primero y Michoacán después modificaron su legislación electoral para permitir la elección de candidatos migrantes a las legislaturas locales y a las presidencias municipales.

**EVOLUCIÓN DE LAS REMESAS 1995-2004**

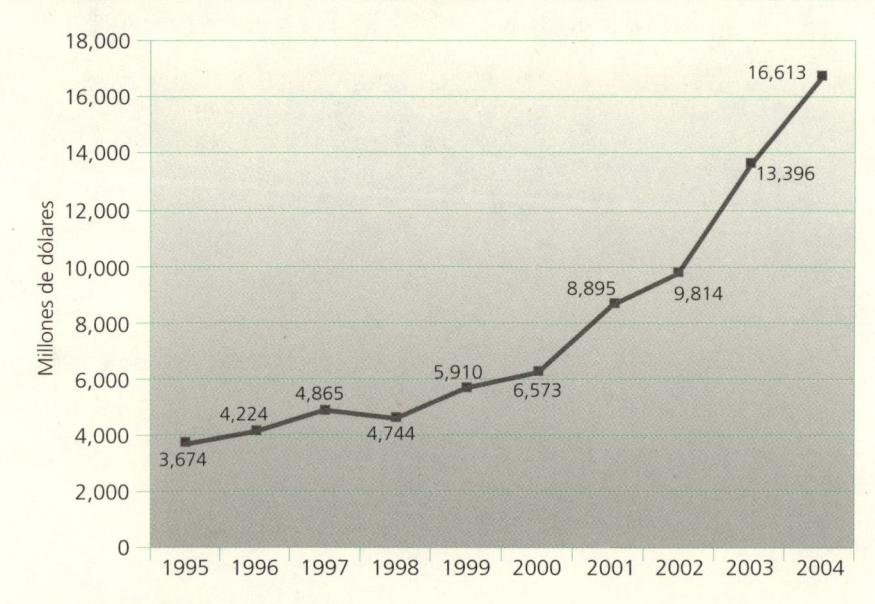

| Año | Millones de dólares |
|---|---|
| 1995 | 3,674 |
| 1996 | 4,224 |
| 1997 | 4,865 |
| 1998 | 4,744 |
| 1999 | 5,910 |
| 2000 | 6,573 |
| 2001 | 8,895 |
| 2002 | 9,814 |
| 2003 | 13,396 |
| 2004 | 16,613 |

Fuente: Banxico, 2005.
Nota: los datos de 2004 son estimados.

Se calcula que durante 2005 el total de las remesas aumentará entre 15 y 20%. Esto significaría que el monto será de entre 19 mil y 19,500 millones de dólares.

### EQUIVALENCIA DE LAS REMESAS RECIBIDAS EN MÉXICO, 2003

| Concepto | % |
| --- | --- |
| Exportaciones de petróleo crudo | 79.0 |
| Ingresos por viajeros internacionales | 142.0 |
| Inversión extranjera directa | 121.0 |
| Superávit del sector maquilador | 71.0 |
| Producto interno bruto | 2.2 |

Fuente: Condusef, 2004.

Estas comparaciones permiten apreciar la importancia que tienen las remesas. En 2003 ya superaban al turismo y a la inversión extranjera directa.

### INGRESOS POR REMESAS FAMILIARES EN PAÍSES SELECCIONADOS, 2002

| País | Millones de dólares | % del PIB |
| --- | --- | --- |
| México[a] | 13,266 | 1.9 |
| India | 8,317 | 1.8 |
| España | 3,958 | 0.5 |
| Pakistán | 3,554 | 5.7 |
| Marruecos[b] | 3,261 | 9.6 |
| Portugal | 3,224 | 2.4 |
| Egipto | 2,893 | 3.4 |
| Bangladesh | 2,848 | 6.0 |
| Colombia | 2,351 | 2.9 |
| República Dominicana | 1,939 | 9.1 |

[a] Datos de 2003.
[b] Datos de 2001.
Fuente: Banxico, 2004.

La globalización de la economía ha significado una internacionalización del trabajo. En este aspecto México ocupa un primer lugar indiscutible que se explica, sobre todo, por la vecindad con Estados Unidos.

**INGRESOS POR REMESAS FAMILIARES, 2003**

| Concepto | 2000 | 2003 |
|---|---:|---:|
| Remesas totales (millones de dólares) | 6,572.8 | 13,265.5 |
| Órdenes de pago | 1,434.4 | 1,623.1 |
| Cheques | 8.5 | 6.4 |
| Por medios electrónicos | 4,642.1 | 11,381.4 |
| Efectivo y especie | 487.8 | 254.6 |
| Número de remesas (miles) | 17,999.0 | 41,313.5 |
| Órdenes de pago | 3,602.5 | 4,408.1 |
| Cheques | 15.3 | 6.9 |
| Medios electrónicos | 13,737.1 | 36,550.2 |
| Efectivo y especie | 644.2 | 348.3 |
| Remesas promedio (dólares) | 365 | 321 |
| Órdenes de pago | 398 | 368 |
| Cheques | 555 | 933 |
| Medios electrónicos | 338 | 311 |
| Efectivo y especie | 757 | 731 |
| Crecimiento respecto año anterior (%) | 11.2 | 35.2 |

Fuente: Banxico, 2004.

Es notable el aumento tan espectacular que están teniendo las transferencias por medios electrónicos y el estancamiento de las órdenes de pago que durante algún tiempo fueron el método dominante.

**INGRESOS DE REMESAS POR ENTIDAD FEDERATIVA, 2003**

| Entidad | Participación del total de remesas (%) | Hogares que reciben remesas (%) | Grado de intensidad migratoria a EU |
|---|---|---|---|
| Aguascalientes | 1.91 | 6.69 | Alto |
| Baja California | 0.80 | 2.38 | Medio |
| Baja California Sur | 0.12 | 1.03 | Bajo |
| Campeche | 0.24 | 0.88 | Muy bajo |
| Chiapas | 2.97 | 0.79 | Muy bajo |
| Chihuahua | 1.26 | 3.70 | Medio |
| Coahuila | 0.84 | 2.23 | Medio |
| Colima | 0.73 | 5.62 | Alto |
| Distrito Federal | 6.22 | 1.60 | Muy bajo |
| Durango | 1.64 | 7.31 | Muy alto |
| Estado de México | 8.28 | 2.63 | Bajo |
| Guanajuato | 8.60 | 9.55 | Muy alto |
| Guerrero | 5.35 | 6.79 | Alto |
| Hidalgo | 3.66 | 7.14 | Alto |
| Jalisco | 8.90 | 6.53 | Alto |
| Michoacán | 12.41 | 10.37 | Muy alto |
| Morelos | 2.62 | 7.46 | Alto |
| Nayarit | 1.45 | 6.82 | Muy alto |
| Nuevo León | 1.60 | 1.91 | Bajo |
| Oaxaca | 4.83 | 4.76 | Medio |
| Puebla | 5.77 | 4.02 | Medio |
| Querétaro | 1.81 | 4.81 | Medio |
| Quintana Roo | 0.42 | 0.71 | Muy bajo |
| San Luis Potosí | 2.27 | 7.43 | Alto |
| Sinaloa | 1.89 | 5.58 | Medio |
| Sonora | 0.75 | 1.59 | Bajo |
| Tabasco | 0.56 | 0.58 | Muy bajo |
| Tamaulipas | 1.32 | 3.02 | Medio |
| Tlaxcala | 1.05 | 2.70 | Bajo |
| Veracruz | 6.17 | 3.20 | Bajo |
| Yucatán | 0.43 | 1.02 | Muy bajo |
| Zacatecas | 3.13 | 12.18 | Muy alto |
| Nacional | 100.0 | 5.7 | Medio |

Fuente: Banxico, 2004.

Casi 6% de los hogares mexicanos se benefician de las remesas que se han convertido en un complemento o incluso en el sustituto de los programas sociales del gobierno mexicano. Por otro lado, todos los estados se encuentran ligados a la economía de Estados Unidos, aunque la interacción es particularmente alta en el centro y norte del país.

**COSTOS DE LAS TRANSFERENCIAS DE EU A MÉXICO (POR REMESAS DE 300 DÓLARES), 2004**

| Empresa | Tipo de cambio (pesos dólar) | Comisión (dólares) | Diferencial (dólares) | Costo transferencia (dólares) | Remesas recibidas en México (dólares) |
|---|---|---|---|---|---|
| Western Union | 10.93 | 9.99 | 3.26 | 13.25 | 286.75 |
| Money Gram | 10.98 | 8.99 | 1.90 | 10.89 | 289.11 |
| BBVA Bancomer (Harris Bank) | 10.94 | 12.0 | 2.99 | 14.99 | 285.01 |
| Order Express | 11.06 | 12.00 | -0.27 | 11.73 | 288.27 |

Fuente: Condusef, 2004.

La competencia y la intervención del gobierno mexicano están corrigiendo los abusos cometidos por algunas empresas que cobraban cantidades excesivas por transferir los recursos.

## MIGRANTES ZACATECANOS Y LEY ELECTORAL

Zacatecas, con la mitad de su población en Estados Unidos, respondió a las demandas de los clubes zacatecanos que exigían participar en los asuntos locales. En 2003 corrigió su ley electoral para incluir la figura de "residencia binacional o simultánea" lo que permitió que hubiera "candidatos emigrantes".

En 2004 fueron elegidos dos diputados y dos presidentes municipales que tenían residencia en Estados Unidos y en Zacatecas. El experimento, que tendrá efectos todavía impredecibles, está siendo observado por otros estados.

# FUERZAS ARMADAS

# FUERZAS ARMADAS

La información sobre el número de efectivos y el presupuesto de los dos ejércitos debe verse en el marco de lo obvio: las fuerzas armadas mexicanas tienen una misión orientada principalmente hacia el interior, mientras que los ejércitos estadunidenses responden a los intereses de una potencia mundial. Los 400 mil millones de dólares que recibió el Pentágono para el 2005 son utilizados para una maquinaria bélica asentada en los avances tecnológicos.

## MÉXICO

### PRESUPUESTO DE LAS FUERZAS ARMADAS EN MÉXICO, 2005

| Dependencia | Presupuesto (pesos) |
| --- | --- |
| Secretaría de la Defensa Nacional (Ejército y Fuerza Aérea) | 24,002,172,080 |
| Secretaría de Marina (Armada) | 8,636,421,790 |
| Estado Mayor Presidencial | 397,565,813 |
| Total | 33,036,159,683 |

Fuente: SHCP, 2005.

La importancia tradicional del Ejército y la Fuerza Aérea se ha ido acortando en la medida en la que crece la importancia de las misiones encomendadas a la Marina.

### NIVELES JERÁRQUICOS EN EL EJÉRCITO, LA FUERZA AÉREA Y LA ARMADA

| Armada | Ejército | Fuerza Aérea |
| --- | --- | --- |
| Almirantes | Generales | Generales |
| Almirante | General de División | General de División |
| Vicealmirante | General de Brigada | General de Ala |
| Contralmirante | General Brigadier | General de Grupo |
| Capitanes | Jefes | Jefes |
| Capitán de Navío | Coronel | Coronel |

## NIVELES JERÁRQUICOS EN EL EJÉRCITO, LA FUERZA AÉREA Y LA ARMADA (continuación)

| Armada | Ejército | Fuerza Aérea |
|---|---|---|
| Capitán de Fragata | Teniente Coronel | Teniente Coronel |
| Capitán de Corbeta | Mayor | Mayor |
| Oficiales | Oficiales | Oficiales |
| Teniente de Navío | Capitán Primero | Capitán Primero |
| Teniente de Fragata | Capitán Segundo | Capitán Segundo |
| Teniente de Corbeta | Teniente | Teniente |
| Guardiamarina | Subteniente | Subteniente |
| Primer Maestre | Subteniente | Subteniente |
| Primer Contramaestre | Subteniente | Subteniente |
| Primer Condestable | Subteniente | Subteniente |
| Cadetes | Cadetes | Cadetes |
| Alumnos | Alumnos | Alumnos |
| Clases | Clases | Clases |
| Segundo Maestre | Sargento Primero | Sargento Primero |
| Segundo Condestable | Sargento Primero | Sargento Primero |
| Segundo Contramaestre | Sargento Primero | Sargento Primero |
| Tercer Contramaestre | Sargento Segundo | Sargento Segundo |
| Tercer Condestable | Sargento Segundo | Sargento Segundo |
| Tercer Maestre | Sargento Segundo | Sargento Segundo |
| Cabo | Cabo | Cabo |
| Cabo de Cañón | Cabo | Cabo |
| Cabo de hornos | Cabo | Cabo |
| Marinería | Tropa | Tropa |
| Marinero | Soldado | Soldado |
| Fogonero | Soldado | Soldado |

Fuente: Ley Orgánica de la Armada de México.

## PERCEPCIONES MENSUALES Y PLAZAS DE EFECTIVOS EN LA SEDENA, 2005

| Cargo o jerarquía | Percepciones brutas (pesos) | Percepciones netas (pesos) | Plazas |
|---|---|---|---|
| Secretario | 228,599.10 | 154,976.58 | 1 |
| Subsecretario | 211,734.95 | 143,677.60 | 1 |
| Funcionarios | 203,600.00 | 138,365.06 | 7 |
| General de División | 196,474.00 | 133,590.64 | 36 |
| General de Brigada | 152,700.00 | 104,408.00 | 150 |

## PERCEPCIONES MENSUALES Y PLAZAS DE EFECTIVOS EN LA SEDENA, 2005 (continuación)

| Cargo o jerarquía | Percepciones brutas (pesos) | Percepciones netas (pesos) | Plazas |
|---|---|---|---|
| General Brigadier | 113,608.80 | 78,368.44 | 342 |
| Coronel | 85,512.00 | 60,129.71 | 767 |
| Teniente Coronel | 50,900.00 | 36,816.11 | 1,590 |
| Mayor | 37,666.00 | 28,072.31 | 2,681 |
| Capitán 1° | 31,558.00 | 24,794.57 | 3,378 |
| Capitán 2° | 28,504.00 | 22,939.11 | 3,437 |
| Teniente | 7,432.97 | 6,887.81 | 7,873 |
| Subteniente | 6,681.15 | 6,238.65 | 12,400 |
| Sargento 1°. | 5,148.05 | 4,862.94 | 15,943 |
| Sargento 2°. | 4,895.85 | 4,635.61 | 34,692 |
| Cabo | 4,107.13 | 3,921.07 | 42,129 |
| Soldado | 3,769.05 | 3,602.60 | 65,716 |
| Total | - | - | 191,143 |
| Hombres | - | - | 185,201 |
| Mujeres | - | - | 5,942 |

Fuente: Sedena, 2005.

## FUNCIONARIOS SUPERIORES DE LA SEDENA

| Cargo | Grado[a] y nombre |
|---|---|
| Secretario de la Defensa Nacional | General de División Gerardo Clemente Ricardo Vega García |
| Subsecretario de la Defensa Nacional | General de División Guillermo Galván Galván |
| Oficial Mayor de la Defensa Nacional | General de División Rigoberto Castillejos Adriano |
| Jefe del Estado Mayor de la Defensa Nacional | General de División Humberto Alfonso Guillermo Aguilar |
| Inspector y Contralor General del Ejército y Fuerza Aérea | General de División Salvador Leonardo Bejarano Gómez |
| Comandante de la Fuerza Aérea Mexicana | General de División Piloto Aviador Manuel Víctor Estrada Ricardez |
| Jefe del Estado Mayor de la Fuerza Aérea | General de Ala Humberto Fernando Chapa Casas |
| Subjefe Operativo del Estado Mayor de la Defensa Nacional | General de Brigada Carlos Demetrio Gaytán Ochoa |
| Subjefe Administrativo y Logístico del Estado Mayor de la Defensa Nacional | General de Brigada Ricardo Escorcia Vargas |

## FUNCIONARIOS SUPERIORES DE LA SEDENA (continuación)

| Cargo | Grado[a] y nombre |
|---|---|
| Subjefe de Doctrina Militar del Estado Mayor de la Defensa Nacional | General de Brigada Harold Henry Rabling Torres |
| Subjefe Operativo del Estado Mayor de la Fuerza Aérea Mexicana | General de Ala Carlos Antonio Rodríguez Munguía |
| Subjefe Administrativo del Estado Mayor de la Fuerza Aérea | General de Grupo Piloto Aviador Paulino López Bernal |

[a] Todos ellos son diplomados del Estado Mayor.
Fuente: Sedena, 2005.

## PERCEPCIONES MENSUALES Y PLAZAS EN LA ARMADA DE MÉXICO

| Cargo o jerarquía | Percepción bruta (pesos) | Percepción neta (pesos) | Plazas |
|---|---|---|---|
| Almirantes | | | 17 |
| Almirante Secretario de Marina | 203,565.56 | 127,969.60 | |
| Almirante Subsecretario de Marina | 196,156.92 | 126,432.28 | |
| Almirante Oficial Mayor | 196,156.92 | 126,432.28 | |
| Almirante Inspector General y Comandantes de Fuerza Naval | 164,861.16 | 105,917.28 | |
| Almirante Comandante o Director General | 164,861.16 | 105,917.28 | |
| Vicealmirantes | | | 57 |
| Vicealmirante Jefe de Estado Mayor | 14,2472.4 | 95,752.64 | |
| Vicealmirante Comandante o Director General | 136,873.40 | 89,269.30 | |
| Contralmirante | 106,415.60 | 71,107.00 | 123 |
| Capitán de Navío | 79,273.96 | 53,243.92 | 363 |
| Capitán de Fragata | 54,419.60 | 38,153.32 | 476 |
| Capitán de Corbeta | 32,544.66 | 23,915.06 | 690 |
| Teniente de Navío | 23,628.26 | 18,433.62 | 1,491 |
| Teniente de Fragata | 17,943.56 | 14,307.14 | 1,818 |
| Teniente de Corbeta | 12,258.46 | 10,136.24 | 4,268 |
| Primer Maestre | 6,639.86 | 6,175.80 | 3,104 |
| Segundo Maestre | 5,282.61 | 5,247.32 | 4,481 |
| Tercer Maestre | 4,960.12 | 4,921.02 | 6,433 |
| Cabo | 4,254.00 | 4,142.00 | 12,846 |
| Marinero | 3,844.92 | 3,834.38 | 17,725 |
| Total | - | - | 53,892 |

[a] Servidores públicos de confianza.
Fuente: Secretaría de Marina, 2005.

## FUNCIONARIOS SUPERIORES DE LA ARMADA DE MÉXICO

| Cargo | Grado y nombre |
|---|---|
| Secretario | Almirante Marco Antonio Pierrot González |
| Inspección y Contraloría General de Marina | |
| Junta de Almirantes | |
| Junta Naval | |
| Jefatura del Estado Mayor General de la Armada | Vicealmirante Alberto Castro Rosas |
| Unidad de Planeación Estratégica | |
| Unidad Jurídica | |
| Subsecretario | Almirante Armando Sánchez Moreno |
| Dirección General de Construcciones Navales | |
| Dirección General de Servicios | |
| Dirección General de Investigación y Desarrollo | |
| Oficial Mayor | Almirante Raúl Niembro Almazán |
| Dirección General de Recursos Humanos | |
| Dirección General de Administración y Finanzas | |

Fuente: Secretaría de Marina, 2005.

## PLAZAS DE EFECTIVOS EN EL ESTADO MAYOR PRESIDENCIAL[a]

| | Ejército y FAM | Armada | Policías | Civiles | Efectivos |
|---|---|---|---|---|---|
| Generales / Almirantes | 14 | - | - | - | 14 |
| Jefes / Capitanes | 166 | 12 | - | - | 178 |
| Oficiales | 388 | 45 | - | - | 433 |
| Tropa | 790 | 38 | - | - | 828 |
| Policía Federal Preventiva | - | - | 24 | - | 24 |
| Policías SSPDF | - | - | 21 | - | 21 |
| Civiles | - | - | - | 423 | 423 |
| Totales | 1358 | 95 | 45 | 423 | 1921 |

[a] Al 14 de febrero de 2005.
Fuente: Presidencia de la República, 2005.

**FUNCIONARIOS SUPERIORES DEL ESTADO MAYOR PRESIDENCIAL**

| Cargo | Grado y nombre |
|---|---|
| Jefe del Estado Mayor Presidencial | General de Brigada Diplomado de Estado Mayor José Armando Tamayo Casillas |
| Jefe Grupo de Enlace de la Jefatura del Estado Mayor Presidencial | Coronel de Infantería Diplomado de Estado Mayor Gumaro Cabrera Osornio |

Fuente: Presidencia de la República, 2005.

# ESTADOS UNIDOS

Un aspecto que vale la pena recordar es que lo elevado del monto en relación con los efectivos se debe a la inversión que se hace en equipo altamente tecnificado.

**PRESUPUESTO DE LAS FUERZAS ARMADAS EN EU, 2005**

| Rama | Presupuesto (Millones de dólares) |
|---|---|
| Fuerza Aérea | 120,500 |
| Armada e Infantes de Marina | 119,300 |
| Ejército | 97,200 |
| Agencias de Defensa | 64,700 |
| Total | 401,700 |

Fuente: http://www.news.navy.mil, 2005.

**MIEMBROS ACTIVOS DE LAS FUERZAS ARMADAS DE EU, 2003**

| Rama | Oficiales | Enlistados | Total |
|---|---|---|---|
| Ejército | 79,866 | 413,697 | 493,563 |
| Armada | 55,011 | 321,959 | 376,970 |
| Infantes de Marina | 18,751 | 158,832 | 177,583 |
| Fuerza Aérea | 73,643 | 297,302 | 370,945 |
| Total | 227,271 | 1,191,790 | 1,419,061 |

Fuente: Military Family Resource Center, 2004.

## GUARDIA NACIONAL Y FUERZAS DE RESERVA DE EU, 2003

|  | Reserva Selecta | | Reserva Inmediata Individual / Guardia Nacional Inactiva | | Reserva Total | |
|---|---|---|---|---|---|---|
| Componente de la Reserva | Oficiales | Enlistados | Oficiales | Enlistados | Oficiales | Enlistados |
| Guardia Nacional del Ejército | 36,843 | 314,246 | 309 | 1,829 | 37,152 | 316,075 |
| Reserva Ejército | 40,297 | 171,593 | 20,985 | 96,420 | 61,282 | 268,013 |
| Reserva Armada | 18,786 | 69,370 | 13,623 | 51,076 | 32,409 | 120,446 |
| Reserva Infantes de marina | 3,660 | 37,386 | 3,407 | 54,415 | 7,067 | 91,801 |
| Guardia Nacional de la Fuerza Aérea | 13,702 | 94,435 | 0 | 0 | 13,702 | 94,435 |
| Reserva Fuerza Aérea | 16,805 | 57,949 | 9,286 | 27,718 | 26,091 | 85,667 |
| Total Departamento de Defensa | 130,093 | 744,979 | 47,610 | 231,458 | 177,703 | 976,437 |
| Reserva Guardacostas | 1,182 | 6,538 | 246 | 4,995 | 1,428 | 11,533 |
| Total | 131,275 | 751,517 | 47,856 | 236,453 | 179,131 | 987,970 |

Fuente: Military Family Resource Center, 2004.

## COMPENSACIÓN ANUAL PARA ACTIVOS DE LAS FUERZAS ARMADAS DE ESTADOS UNIDOS, 2005[a]

| Concepto | Militar activo (individual) | Militar activo (con familia de 4 personas) |
|---|---|---|
| Pago básico | 19,983.60 | 19,983.60 |
| Pensión básica para subsistencia | 2,913.72 | 2,913.72 |
| Pensión básica para vivienda | 8,496.00 | 10,920.00 |
| Total en efectivo | 31,393.32 | 33,817.32 |
| Deducción de impuestos | 2,013.48 | 1,696.20 |
| Compensación militar final | 33,406.80 | 35,513.52 |

[a] Las compensaciones varían según el rango y los años de servicio. La tabla es un ejemplo de compensación regular para miembros activos de rango E-4, con tres años de servicio. Montos en dólares.
Fuente: Military Pay, 2005.

## COMPENSACIÓN ANUAL PARA OFICIALES DE LAS FUERZAS ARMADAS DE EU, 2005[a]

| Concepto | Militar activo (individual) | Militar activo (con familia de 4 personas) |
|---|---|---|
| Pago básico | 64,836.00 | 64,836.00 |
| Pensión básica para subsistencia | 2,006.40 | 2,006.40 |
| Pensión básica para vivienda | 14,892.00 | 19,056.00 |
| Total en efectivo | 81,734.40 | 85,898.40 |
| Deducción de impuestos | 6,738.00 | 7,335.84 |
| Compensación militar final | 88,472.40 | 93,234.24 |

[a] Las compensaciones para oficiales varían según el rango y los años de servicio. La tabla es un ejemplo de compensación regular para oficiales de rango O-5, con doce años de servicio. Montos en dólares.
Fuente: Military Pay, 2005.

## NIVELES JERÁRQUICOS EN EL EJÉRCITO, LA FUERZA AÉREA Y LA ARMADA DE EU

| Grado de sueldos | Armada y Guardacostas[a] | Ejército y Marines | Fuerza aérea |
|---|---|---|---|
| *Oficiales en servicio* | | | |
| O-1 | Alférez | Teniente Segundo | Teniente Segundo |
| O-2 | Teniente Grado Junior | Teniente Primero | Teniente Primero |
| O-3 | Teniente | Capitán | Capitán |
| O-4 | Teniente Comandante | Mayor | Mayor |
| O-5 | Comandante | Teniente Coronel | Teniente Coronel |
| O-6 | Capitán | Coronel | Coronel |
| O-7 | Contra Almirante | General de Brigada | General de Brigada |
| O-8 | Contra Almirante | General de División | General de División |
| O-9 | Vicealmirante | General Teniente | General Teniente |
| O-10 | Almirante | General | General |
| *Grados Especiales[b]* | | | |
| (5 estrellas) | Almirante de Flota | General del Ejército | General de la Fuerza Aérea |
| *Oficiales Técnicos* | | | |
| W-1 | - | Oficial Técnico | - |
| W-2-W-5 | Jefe Oficial Técnico[b] | Jefe Oficial Técnico | - |

## NIVELES JERÁRQUICOS EN EL EJÉRCITO, LA FUERZA AÉREA Y LA ARMADA DE EU (continuación)

| Grado de sueldos | Armada y Guardacostas[a] | Ejército y Marines | Fuerza aérea |
|---|---|---|---|
| **Oficiales enlistados** ||||
| E-1 | Marinero recluta | Soldado raso | Recluta |
| E-2 | Marinero aprendiz | Soldado raso / Soldado raso Marín de Primera Clase | Aviador |
| E-3 | Marinero | Soldado raso de Primera Clase / Cabo Interino Marine | Aviador de Primera Clase |
| E-4 | Sub-Oficial de Tercera Clase | Cabo | Aviador Superior |
| E-5 | Sub-Oficial de Segunda Clase | Sargento | Sargento de Segunda Clase |
| E-6 | Sub-Oficial de Primera Clase | Sargento de Segunda Clase | Sargento Técnico |
| E-7 | Jefe Sub-Oficial | Sargento de Primera Clase del Ejército / Sargento de Artillería Marine | Sargento Maestre |
| E-8 | Jefe Sub-Oficial Superior | Sargento Maestre | Sargento Maestre Superior |
| E-9 | Jefe Sub-Oficial Maestre | Sargento Mayor | Jefe Sargento Maestre |
| **Grados Especiales** ||||
| | Jefe Sub-Oficial Maestre | Sargento Mayor | Jefe Sargento Maestre |

[a] Los guardacostas de Estados Unidos operan dentro del Departamento de Seguridad Nacional más que en el Departamento de Defensa.
[b] Aplica sólo para la Armada.
Fuente: www.infoplease.com

## FUNCIONARIOS SUPERIORES DE LAS FUERZAS ARMADAS DE EU

| Cargo | Grado y nombre |
|---|---|
| Secretario de Defensa | Donald H. Rumsfeld |
| Subsecretario de Defensa | Paul Wolfowitz |
| Presidente de los Jefes Conjuntos del Estado Mayor (Joint Chief of Staff) | General Richard B. Myers |

## FUNCIONARIOS SUPERIORES DE LAS FUERZAS ARMADAS DE EU (continuación)

| Cargo | Grado y nombre |
|---|---|
| Vicepresidente de los Jefes Conjuntos del Estado Mayor (Joint Chief of Staff) | General Peter Pace |
| Jefe del Ejército, Jefes Conjuntos del Estado Mayor (Joint Chief of Staff) | General Eric K. Shinseki |
| Jefe de Operaciones Navales, Jefes Conjuntos del Estado Mayor (Joint Chief of Staff) | Almirante Vern Clark |
| Jefe de la Fuerza Aérea, Jefes Conjuntos del Estado Mayor (Joint Chief of Staff) | General John P. Lumper |
| Comandante de los Marine Corps, Jefes Conjuntos del Estado Mayor (Joint Chief of Staff) | General Michael W. Hagee |
| Secretario de la Armada (rama del Departamento de Defensa) | Gordon R. England |
| Secretario del Ejército (rama del Departamento de Defensa) | Francis J. Harvey |
| Secretario de la Fuerza Aérea (rama del Departamento de Defensa) | Michael L. Dominguez |
| Comandante del Comando Central Estadunidense | General John Abizaid |
| Comandante del Comando Estratégico Estadunidense | General James E. Cartwright |
| Comandante de la Guardia Costera de Estados Unidos | Almirante Thomas H. Collins |
| Comandante del Comando Estadunidense para Europa | General James L. Jones |
| Comandante del Comando Estadunidense del Pacífico | Almirante Thomas B. Fargo |
| Comandante del Comando Estadunidense de las Fuerzas Conjuntas de la Organización del Tratado del Atlántico Norte | Almirante Edmund P. Giambastiani Jr. |
| Comandante de los Marine Corps | General Michael W. Hagee |
| Comandante del Comando de Transporte y Comandante del Comando de Movilidad Aérea | General John W. Handy |
| Comandante del Comando Estadunidense del Norte y Comandante del Comando de Defensa del Espacio Aéreo de Norteamérica | Almirante Timothy J. Keating |
| Jefe de Operaciones Navales | Almirante Robert F. WIllard |
| Jefe Maestro de la Fuerza Aérea | Sargento Gerald R. Murray |
| Sargento Mayor de los Marine Corps | Sargento John L. Estrada |
| Sargento Mayor del Ejército | Sargento Kenneth O. Preston |

Fuente: U.S. Department of Defense, 2005.

## AYUDA MILITAR Y POLICIACA DE EU A MÉXICO (FINANCIERA Y ENTRENAMIENTO), 2002-2005[a]

| Programa | 2002 Monto | 2002 Personal | 2003 Monto | 2003 Personal | 2004[b] Monto | 2005[b] Fondos |
|---|---|---|---|---|---|---|
| Control Internacional de Narcóticos (INC) | 34.90 | 96 | 9.65 | 55 | 34.31 | 40.00 |
| Educación y entrenamiento militar internacional (IMET) | 0.94 | 114 | 1.25 | 215 | 1.28 | 1.25 |
| Operaciones ofensivas contra narcotráfico | 18.3 | 348 | 18 | 168 | 18.39 | 18.39 |
| Operaciones de reducción de riesgos | 0.00 | - | 0.00 | - | 0.00 | 0.00 |
| Armamento excedente en Estados Unidos y enviado a México (EDA) | 0.01 | - | 0.03 | - | 0.02 | 0.02 |
| Entrenamiento de otro tipo | - | 42 | - | 82 | - | - |
| Total | 54.15 | 600 | 28.93 | 520 | 54.00 | 59.66 |

[a] Los montos se encuentran en millones de dólares.
[b] Cifras estimadas.
Fuente: *Just the Facts. A civilian's guide to U.S. defense and security assistance to Latin America and the Caribbean*, 2005.

## INFORMACIÓN ÚTIL

### DEPENDENCIAS DE GOBIERNO Y CENTROS DE INVESTIGACIÓN SOBRE LAS FUERZAS ARMADAS DE MÉXICO

| Dependencia o centro de investigación | Página web |
|---|---|
| Secretaría de la Defensa Nacional. Órgano del Ejecutivo federal a cargo del Ejército y Fuerza Aérea mexicanos. Su misión es defender la integridad y soberanía de la nación. La página cuenta con información útil: cifras sobre combate al narcotráfico, sobre labor social, etc. | www.sedena.gob.mx/index4.html |
| Secretaría de Marina. Órgano del Ejecutivo federal a cargo de la Armada de México. Su misión es emplear el poder naval para defensa exterior y seguridad interna del país. Su página cuenta con información útil: noticias sobre la armada, estudios oceanográficos, etc. | www.semar.gob.mx/inicio_html.php |

## DEPENDENCIAS DE GOBIERNO Y CENTROS DE INVESTIGACIÓN SOBRE LAS FUERZAS ARMADAS DE MÉXICO (continuación)

| Dependencia o centro de investigación | Página web |
| --- | --- |
| Washington Office on Latin America (WOLA) Sitio dedicado a la promoción de los derechos humanos y la democracia en América Latina. Cuenta con amplia información sobre las fuerzas armadas de los países de esta región. Para México incluye una amplia sección sobre combate al narcotráfico por parte de la armada, el ejército y la fuerza aérea. | www.wola.org |

## DEPENDENCIAS DE GOBIERNO Y CENTROS DE INVESTIGACIÓN SOBRE LAS FUERZAS ARMADAS DE ESTADOS UNIDOS

| Dependencia o centro de investigación | Página web |
| --- | --- |
| U.S. Department of Defense Órgano del Ejecutivo federal estadunidense a cargo del ejército, fuerza aérea, armada e infantes de marina Gran cantidad de información: noticias, informes sobre "guerra contra el terrorismo", presupuesto, armamento, etc. | www.defenselink.mil |
| U.S. Air Force (Department of Defense) Sitio de la fuerza aérea estadunidense con información sobre aviones, operaciones aéreas, historia, empleo, noticias, etc. | www.af.mil |
| U.S. Army (Department of Defense) Sitio del ejército estadunidense con información detallada sobre operaciones militares, armamento, noticias, empleo, historias de soldados en Afganistán e Irak, etc. | www.army.mil |
| U.S. Marine Corps (Department of Defense) Sitio de los infantes de marina estadunidenses con información sobre unidades desplegadas, empleo, noticias, operaciones en Afganistán e Irak, etc. | www.usmc.mil |
| U.S. Navy (Department of Defense) Sitio de la armada estadunidense con información detallada sobre barcos, submarinos, noticias, etc. | www.navy.mil |
| Military Family Resource Center Sitio especializado en el diseño de políticas públicas para la atención de miembros de las fuerzas armadas estadunidenses y sus familias. Cuenta con estadísticas sobre pagos, número de miembros activos y de miembros de reserva, etc. | www.mfrc-dodqol.org |

# NARCOTRÁFICO

# NARCOTRÁFICO

La producción, el tráfico y el consumo de drogas ilícitas se han convertido en la principal amenaza a la seguridad nacional mexicana. El poder de los narcotraficantes sigue creciendo desenfrenadamente, el consumo se convierte en problema de salud pública y la relación con Estados Unidos se tensa periódicamente.

La raíz del problema es el apetito de la sociedad estadunidense por las drogas y la capacidad que han mostrado empresarios mexicanos para abastecerlo. A medida que pasan los años las consecuencias se hacen más y más evidentes: crece el consumo en las ciudades mexicanas, lo que alimenta la violencia y las actividades criminales. En otras palabras, se agota la estrategia mexicana armada en torno a la lectura estratégica hecha por Washington.

## EL CONSUMO

**CONSUMIDORES DE DROGAS ILÍCITAS EN EU, 1979-2003[a]**

| Año | Totales (cualquier droga ilícita)[b] | Cocaína (regulares) | Cocaína (ocasionales)[c] | Marihuana | Heroína |
|---|---|---|---|---|---|
| 1979 | 25.4 | 4.7 | - | 23.8 | 2.3 |
| 1982 | - | 4.5 | - | 21.5 | 1.8 |
| 1985 | 23.3 | 5.7 | 7.1 | 18.6 | 1.8 |
| 1988 | 15 | 3.1 | 5.1 | 12.4 | 1.7 |
| 1991 | 13.4 | 2.0 | 3.8 | 10.4 | 2.4 |
| 1992 | 12.0 | 1.4 | 3.0 | 9.7 | 1.7 |
| 1993 | 12.3 | 1.4 | 2.7 | 9.6 | 2.1 |
| 1994 | 12.6 | 1.4 | 2.4 | 10.1 | 2.1 |
| 1995 | 12.8 | 1.5 | 2.5 | 9.8 | 2.5 |
| 1996 | 13.0 | 1.7 | 2.6 | 10.1 | 2.4 |
| 1997 | 13.9 | 1.5 | 2.6 | 11.1 | 2.0 |
| 1998 | 13.6 | 1.8 | 2.4 | 11.0 | 2.4 |
| 1999 | 13.8 | 1.5 | 1.9 | 10.4 | 3.0 |
| 2000 | 14.0 | 1.2 | 1.7 | 10.7 | 2.7 |
| 2001 | 15.9 | 1.6 | 1.9 | 12.1 | 3.0 |
| 2002 | 19.5 | 2.0 | 3.0 | 14.5 | 3.6 |
| 2003 | 19.5 | 2.3 | - | 14.6 | - |

[a] Millones de personas.
[b] Incluye: analgésicos, cocaína, estimulantes, alucinógenos, heroína, inhalantes (excepto en 1982), marihuana y tranquilizantes. Población estimada.
[c] Consumo de 1 hasta 11 días durante los 12 meses anteriores.
Fuente: The White House, 2005, National Drug Control Strategy, 2004.

Que 20 millones de personas con un alto poder adquisitivo consuman narcóticos de manera regular explica la magnitud que tiene la demanda. México es el principal proveedor de marihuana, anfetaminas y heroína a Estados Unidos y también es el corredor por el que fluyen la cocaína y el éxtasis.

**PREVALENCIA TOTAL, ANUAL Y ACTUAL DEL USO DE DROGAS ILEGALES EN MÉXICO, 2002**

| Droga | Usó alguna vez[a] | Usó el último año[a] | Usó el último mes[a] |
|---|---|---|---|
| Heroína | 0.09 | 0.01 | - |
| Cocaína y derivados | 1.23 | 0.35 | 0.19 |
| Marihuana | 3.48 | 0.60 | 0.31 |
| Estimulantes de tipo anfetamínico | 0.08 | 0.04 | 0.01 |
| Inhalables | 0.45 | 0.08 | 0.08 |
| Alucinógenos | 0.25 | 0.01 | 0.01 |
| Total (%) | 5.58 | 1.09 | 0.60 |
| Total (población) | 3,893,002 | 760,461 | 418,602 |

[a] Porcentaje del total de la población entre 12 y 65 años de edad, la cual, según cálculos de la ENA se aproxima a 69,767,067 personas.
Fuente: ENA, 2002.

El consumo en México crece de manera incontenible y, como veremos más adelante, el gobierno dedica muy poco presupuesto para contener el crecimiento. El énfasis está puesto en combatir la producción y el tráfico que son las principales prioridades estadunidenses.

**PREVALENCIA DEL USO DE DROGAS MÉDICAS POR GRUPOS DE EDAD EN MÉXICO, 2002**

| Usó alguna vez | 12 a 17 años[a] | 18 a 34 años[a] | 35 a 36 años[a] |
|---|---|---|---|
| Tranquilizantes | 0.09 | 0.66 | 0.99 |
| Sedantes | 0.08 | 0.22 | 0.34 |
| Anfetaminas y otros estimulantes | 0.02 | 0.42 | 0.43 |

[a] Porcentaje del total de la población.
Fuente: ENA, 2002.

Los traficantes mexicanos han expandido la distribución dentro del país, particularmente en las grandes ciudades, en la frontera con Estados Unidos y en zonas turísticas.

# FLUJOS Y ECONOMÍA DE LA DROGA

## MOVIMIENTO DE COCAÍNA HACIA EU

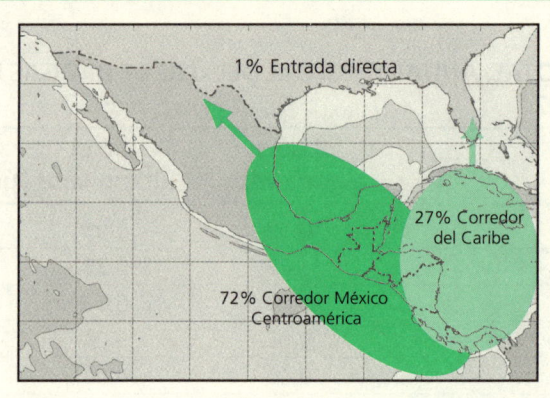

- 1% Entrada directa
- 27% Corredor del Caribe
- 72% Corredor México Centroamérica

Fuente: ONDCP, 2003.

Este mapa ilustra lo que empezó a gestarse en los años setenta cuando el territorio mexicano se convirtió en lugar de acceso privilegiado hacia los Estados Unidos.

## PRECIOS Y GANANCIAS PARA DISTINTOS TIPOS DE DROGA, MÉXICO-EU[a]

| Tipo de droga | Precio de venta por kilogramo en México (dólares)[b] | Precio de venta por kilogramo en Estados Unidos (dólares)[c] | Ganancia estimada en México para 10 toneladas (millones de dólares) | Ganancia estimada en Estados Unidos para 10 toneladas (millones de dólares) |
|---|---|---|---|---|
| Cocaína | 6,000 - 10,000 | 23,000 | 80 | 230 |
| Heroína pura (i.e. procesada) | 8,000 - 20,000 | 80,000 | 140 | 800 |
| Marihuana | 100 - 500 | 2,300 | 3 | 23 |
| Metanfetaminas | 8,000 - 11,000 | 25,500 | 95 | 255 |
| MDMA (Éxtasis) | - | 10 - 50 | - | 3[d] |
| LSD | - | 0.50 - 15 | - | 0.75[d] |

[a] El precio de las distintas drogas varía según la calidad del producto, la ubicación geográfica donde se realiza la venta, el traficante y el distribuidor. Para México se dan los rangos del precio de venta; para Estados Unidos se da el promedio del precio de venta.
[b] El precio de venta para México está estimado para 2002.
[c] El precio de venta para Estados Unidos está estimado para 2003. El precio del MDMA (éxtasis) y del LSD es por unidad de dosis.
[d] Ganancia estimada para 100,000 unidades de dosis vendidas.
Fuente: DEA, 2005, ONUDD, 2004.

Las ganancias que pueden obtenerse son enormes. Se estima que el mercado de drogas estadunidense produce utilidades de unos 65 mil millones de dólares anua-les, de los cuales alrededor de 5 mil millones regresan a México.

## LOS RECURSOS FINANCIEROS E INSTITUCIONALES

**PRESUPUESTO ASIGNADO A DEPENDENCIAS DE MÉXICO QUE COMBATEN LA OFERTA DE NARCÓTICOS, 2005**

| Unidad Responsable | Presupuesto (millones de pesos) |
|---|---|
| Comandancia de la Fuerza Aérea Mexicana. Combate integral al tráfico ilícito de drogas y a la delincuencia organizada (SEDENA)[a] | 1,580.1 |
| Regiones militares. Combate integral al tráfico ilícito de drogas y a la delincuencia organizada. (SEDENA)[b] | 13,372.1 |
| Centro de Investigación y Seguridad Nacional (SEGOB) | 879.7 |
| Fuerzas, Regiones, Zonas y Sectores Navales. Combate a la delincuencia organizada (SEMAR)[c] | 5,402.0 |
| Policía Federal Preventiva (SSP) | 218.4 |
| Sistema Federal Penitenciario (SSP) | 1,344.7 |
| Agencia Federal de Investigación (PGR) | 1,927.5 |
| Centro Nacional de Planeación, Análisis e Información para el Combate a la Delincuencia (PGR) | 78.5 |
| Programa Nacional para el Control de Drogas 2001-2006 (PGR) | 1,016.8 |
| Subprocuraduría de Investigación Especializada en Delincuencia Organizada (PGR) | 178.6 |
| Subprocuraduría de Investigación Especializada en Delitos Federales (PGR) | 38.2 |
| Unidad Especializada en Investigación de Operaciones con Recursos de Procedencia Ilítica y de Falsificación o Alteración de Moneda (PGR) | 28.9 |
| Unidad Especializada en Investigación de Terrorismo, Acopio y Tráfico de Armas (PGR) | 13.9 |
| Total | 26,079.4 |

[a] El presupuesto señalado incluye otros rubros además del combate al narcotráfico. Estos rubros son: aplicación del Plan DN-III-E y adiestramiento del personal de la Fuerza Aérea Mexicana.
[b] El monto indicado proviene de la suma del presupuesto asignado a cada una de las 12 comandancias de las regiones militares. El presupuesto señalado incluye otros rubros además del combate al narcotráfico. Estos rubros son: campañas de labor social, producción de árboles en viveros forestales y reforestación, aplicación del Plan-DN-III-E.
[c] El presupuesto señalado incluye otros rubros además del combate al narcotráfico. Estos rubros son: protección de recursos marítimos y auxilio a la población en casos y zonas de desastre.
Fuente: SHCP, 2005.

Es muy denso el tejido institucional y considerables los recursos que México dedica a combatir la producción y el tráfico de drogas ilegales. Que supere la tercera parte de lo gastado por Estados Unidos es notable si se considera el tamaño de la economía y el presupuesto de ambos países. En donde México se rezaga es en el monto dedicado a combatir el consumo.

**PRESUPUESTO ASIGNADO A DEPENDENCIAS DE EU QUE COMBATEN LA OFERTA DE NARCÓTICOS, 2005[a]**

| Unidad responsable | Presupuesto (millones de dólares) |
| --- | --- |
| Administración Antidrogas (DEA) (Departamento de Justicia) | 1,785.4 |
| Protección de Fronteras y Asuntos Aduanales (Departamento de Seguridad Nacional) | 1,429 |
| Buró de Asuntos para el Narcotráfico Internacional y la Aplicación de la Ley (Departamento de Estado) | 898.7 |
| Guardacostas (Departamento de Seguridad Nacional) | 844.9 |
| Aplicación de la Ley en Asuntos Migratorios y Aduanales (Departamento de Seguridad Nacional) | 357.5 |
| Oficina para los Programas de Justicia (Departamento de Justicia) | 283.9 |
| Programa de Áreas de Tráfico de Drogas de Alta Intensidad (Oficina de Políticas para el Control Nacional de las Drogas, La Casa Blanca) | 226.5 |
| Otros programas federales para el control de drogas (Oficina de Políticas para el Control Nacional de las Drogas, La Casa Blanca) | 212 |
| Buró para la Administración de Prisiones (Departamento de Justicia) | 48.6 |
| Centro de Operaciones de Recursos Tecnológicos Antinarcóticos (Oficina de Políticas para el Control Nacional de las Drogas, La Casa Blanca) | 41.7 |
| Total | 6,128.2 |

[a] Se excluyen algunos programas relacionados con el combate al narcotráfico.
Fuente: The White House, 2005.

Pese a que la DEA es la dependencia más conocida en el exterior, el tejido institucional es bastante más amplio. Al final de este capítulo se incluyen las páginas que le permitirán al lector interesado acercarse a las diferentes organizaciones.

**PRESUPUESTO DESTINADO AL COMBATE AL NARCOTRÁFICO EN ESTADOS UNIDOS, 2000-2005**[a]

| Función | 2000 | 2001 | 2002 | 2003 | 2004 | 2005 |
|---|---|---|---|---|---|---|
| **Reducción de la demanda** | | | | | | |
| Tratamiento por abuso de drogas | 1,990.9 | 2,086.5 | 2,236.8 | 2,264.4 | 2,421.1 | 2,494.3 |
| Prevención | 1,445.8 | 1,540.8 | 1,629.0 | 1,553.6 | 1,550.4 | 1,546.4 |
| Investigación relacionada con el tratamiento | 421.6 | 489 | 547.8 | 611.4 | 607.2 | 615.4 |
| Investigación relacionada con la prevención | 280.8 | 326.8 | 367.4 | 382.9 | 412.4 | 423.1 |
| Total destinado a reducir la demanda | 4,139.1 | 4,443.1 | 4,781.0 | 4,812.4 | 4,991.1 | 5,079.2 |
| Porcentaje | 41.8 | 47.2 | 45.2 | 43.7 | 42.1 | 41.8 |
| **Reducción de la oferta** | | | | | | |
| Combate a la oferta a nivel doméstico | 4,142.7 | 4,358.1 | 4,708.4 | 5,101.6 | 5,717 | 5,952.1 |
| Porcentaje | 41.8 | 46.2 | 44.5 | 46.3 | 48.2 | 48.9 |
| Combate a la oferta a nivel internacional | 1,619.2 | 617.3 | 1,084.5 | 1,105.1 | 1,159.3 | 1,131.3 |
| Porcentaje | 16.4 | 6.6 | 10.3 | 10 | 9.8 | 9.3 |
| **Totales** | 9,900.9 | 9,418.6 | 10,573.9 | 11,019.1 | 11,867.4 | 12,162.7 |

[a] Millones de dólares.
Fuente: The White House, 2005.

La cantidad de recursos que Estados Unidos dedica a combatir la droga crece constantemente. Sin embargo, resulta insuficiente para frenar el apetito social. Por ello, y por las consecuencias que tiene el fenómeno, ha ido creciendo la corriente de opinión que aboga por la despenalización del consumo de algunas drogas.

## LOS RESULTADOS OBTENIDOS

**ASEGURAMIENTOS DE NARCÓTICOS EN MÉXICO, 1994-2004**

| Año | Cocaína (Toneladas) | Heroína (kg) | Marihuana (Toneladas) | Metanfetaminas (kg) |
|---|---|---|---|---|
| 1994 | 22.1 | 297 | 528 | 265 |
| 1995 | 22.2 | 203 | 780 | 496 |
| 1996 | 23.6 | 363 | 1,015 | 172 |
| 1997 | 34.9 | 115 | 1,038 | 39 |
| 1998 | 22.6 | 120 | 1,062 | 96 |

## ASEGURAMIENTOS DE NARCÓTICOS EN MÉXICO, 1994-2004 (continuación)

| Año | Cocaína (Toneladas) | Heroína (kg) | Marihuana (Toneladas) | Metanfetaminas (kg) |
|---|---|---|---|---|
| 1999 | 33.5 | 258 | 1,459 | 358 |
| 2000 | 18.3 | 268 | 1,619 | 555 |
| 2001 | 30.0 | 269 | 1,839 | 400 |
| 2002 | 12.6 | 282 | 1,633 | 457 |
| 2003 | 20.0 | 165 | 2,019 | 625 |
| 2004 | 25.0 | 270 | 1,838 | 590 |

Fuente: Bureau for International Narcotics and Law Enforcement Affairs, ONUDD, 2004.

## ASEGURAMIENTOS DE OTROS NARCÓTICOS EN MÉXICO, 1996-2002

| Año | Anfetaminas[a] (kg) | Éxtasis (kg) | Depresores [b],[c] (kg) | Alucinógenos[d] (kg) | Substancias psicotrópicas[b] (kg) |
|---|---|---|---|---|---|
| 1996 | 180.723 | - | 1,108,863 | - | - |
| 1997 | 38.891 | - | 117,104 | 611.38 | - |
| 1998 | 98.391 | - | 1,484,000 | 93 | 1,484,078 |
| 1999 | 926.011 | - | 182,604 | - | 1,490,152 |
| 2000 | 714.92 | 32.302 | 734,281 | 32.302 | 3,418,369 |
| 2001 | 417.944 | 102 | 823,726 | 102 | 8,313,151 |
| 2002 | 459.056 | 31.953 | 5,353,064 | 31.953 | - |

[a] Estimulantes de tipo anfetamínico excluyendo éxtasis.
[b] Unidades de dosis (pastillas).
[c] Excluyendo methaqualone.
[d] Excluyendo LSD pero incluyendo éxtasis. La ONUDD no proporciona reportes de aseguramientos de LSD en México.
Fuente: Bureau for International Narcotics and Law Enforcement Affairs, ONUDD, 2004.

Pese a los esfuerzos que realiza el gobierno de México, la producción y el flujo de drogas se mantiene estable o tiende a crecer.

## ASEGURAMIENTOS DE NARCÓTICOS EN EU, 1989-2003[a]

| Año | Cocaína | Heroína | Metanfetaminas | Marihuana | Hashish |
|---|---|---|---|---|---|
| 1989 | 114,903 | 1,311 | - | 393,276 | 23,043 |
| 1990 | 96,085 | 687 | - | 233,478 | 7,683 |
| 1991 | 128,247 | 1,448 | - | 224,603 | 79,110 |
| 1992 | 120,175 | 1,251 | - | 344,899 | 111 |
| 1993 | 121,215 | 1,502 | 7 | 409,922 | 11,396 |

## ASEGURAMIENTOS DE NARCÓTICOS EN EU, 1989-2003[a] (continuación)

| Año | Cocaína | Heroína | Metanfetaminas | Marihuana | Hashish |
|---|---|---|---|---|---|
| 1994 | 129,378 | 1,285 | 178 | 474,856 | 561 |
| 1995 | 111,031 | 1,543 | 369 | 627,776 | 14,470 |
| 1996 | 128,555 | 1,362 | 136 | 638,863 | 37,851 |
| 1997 | 101,495 | 1,624 | 1,099 | 698,799 | 756 |
| 1998 | 118,436 | 1,458 | 2,559 | 827,149 | 241 |
| 1999 | 132,063 | 1,151 | 2,779 | 1,075,154 | 797 |
| 2000 | 106,619 | 1,674 | 3,470 | 1,235,938 | 10,867 |
| 2001 | 105,748 | 2,496 | 4,051 | 1,214,188 | 161 |
| 2002 | 102,711 | 2,773 | 2,521 | 1,100,439 | 621 |
| 2003 | 115,725 | 2,351 | 3,573 | 1,224,213 | 155 |
| Total | 1,732,386 | 23,916 | 20,742 | 10,723,553 | 187,823 |

[a] Kilogramos.
Fuente: The White House, 2005.

Mientras hay una cierta estabilidad o un crecimiento moderado en los aseguramientos de cocaína y heroína, el crecimiento de la marihuana es constante, lo que confirma la popularidad de esta droga relativamente menos adictiva.

## POBLACIÓN DETENIDA POR DELITOS CONTRA LA SALUD EN MÉXICO, 1990-2001

| Año | Estatales[a] | Federales[b] |
|---|---|---|
| 1990 | - | 18,374 |
| 1991 | 58 | 8,704 |
| 1992 | 18,536 | 9,041 |
| 1993 | 9,566 | 8,060 |
| 1994 | - | 7,011 |
| 1995 | 24 | 9,878 |
| 1996 | 181 | 11,102 |
| 1997 | 241 | 10,501 |
| 1998 | 90 | 10,199 |
| 1999 | 33 | 10,699 |
| 2000 | 913 | 10,496 |
| 2001 | - | 9,844 |

[a] Corporaciones de seguridad que dependen de los gobiernos estatales.
[b] Incluye PGR, Sedena, SM, PFP (hasta 1999 denominada Policía Federal de Caminos) y UAIFA (hasta 1999 denominada Policía Fiscal Federal).

El combate a las drogas es de competencia federal. Eso ha limitado la participación de estados y municipios, lo que sería uno de los factores que han facilitado su enorme crecimiento.

**POBLACIÓN DETENIDA POR DELITOS RELACIONADOS CON NARCOTRÁFICO EN MÉXICO SEGÚN CÁRTELES, 2000-2004[a]**

| Concepto | Arellano Félix | Carrillo Fuentes | Amezcua Contreras | Guzmán Palma | Osiel Cárdenas | Díaz Parada | Luis Valencia |
|---|---|---|---|---|---|---|---|
| Total | 7,376 | 8,041 | 2,973 | 5,699 | 4,220 | 1,959 | 1,451 |
| Líderes | 2 | 7 | 1 | 1 | 3 | 0 | 1 |
| Financieros | 5 | 21 | 1 | 1 | 7 | 1 | 3 |
| Lugartenientes | 10 | 25 | 2 | 7 | 14 | 1 | 5 |
| Sicarios | 43 | 31 | 2 | 48 | 40 | 6 | 15 |
| Funcionarios | 33 | 36 | 2 | 28 | 38 | 2 | 9 |
| Distribuidores al menudeo | 7,283 | 7,921 | 2,965 | 5,614 | 4,118 | 1,949 | 1,418 |

[a] Del 1° de diciembre de 2000 al 30 de junio de 2004.
Fuente: 4° Informe de Gobierno, 2004.

Uno de los elementos de la estrategia del gobierno de Vicente Fox es el ataque a los liderazgos de los grandes cárteles. Estas cifras muestran los indudables avances a los cuales ha contribuido la inteligencia militar.

**ARRESTOS RELACIONADOS CON EL NARCOTRÁFICO EN EU, 1989-2002[a]**

| Año | Arrestos totales | Cocaína y heroína (porcentaje respecto al total)[b] | | Marihuana (porcentaje respecto al total) | | Otras drogas (porcentaje respecto al total) | |
|---|---|---|---|---|---|---|---|
| | | Venta[c] | Posesión | Venta[c] | Posesión | Venta[c] | Posesión |
| 1989 | 1,361,700 | 19.1 | 34.7 | 6.2 | 23.1 | 7 | 9.8 |
| 1990 | 1,089,500 | 21 | 33.3 | 6.1 | 23.9 | 4.5 | 11.2 |
| 1991 | 1,010,000 | 22.5 | 32.8 | 6.1 | 22.4 | 4.8 | 11.5 |
| 1992 | 1,066,400 | 20.6 | 32.4 | 6.6 | 25.5 | 4.6 | 10.4 |
| 1993 | 1,126,300 | 19.2 | 31.1 | 6.2 | 27.6 | 4.3 | 11.6 |
| 1994 | 1,351,400 | 16.8 | 30.3 | 5.8 | 29.8 | 4.1 | 13.2 |
| 1995 | 1,476,100 | 14.7 | 27.8 | 5.8 | 34.1 | 4.4 | 13.3 |
| 1996 | 1,506,200 | 14.2 | 25.6 | 6.3 | 36.3 | 4.3 | 13.3 |
| 1997 | 1,583,600 | 10.3 | 25.4 | 5.6 | 38.3 | 4.7 | 15.8 |

## ARRESTOS RELACIONADOS CON EL NARCOTRÁFICO EN EU, 1989-2002[a] (continuación)

| Año | Arrestos totales | Cocaína y heroína (porcentaje respecto al total)[b] | | Marihuana (porcentaje respecto al total) | | Otras drogas (porcentaje respecto al total) | |
|---|---|---|---|---|---|---|---|
| | | Venta[c] | Posesión | Venta[c] | Posesión | Venta[c] | Posesión |
| 1998 | 1,559,100 | 11 | 25.6 | 5.4 | 38.4 | 4.8 | 14.8 |
| 1999 | 1,532,200 | 10 | 24.5 | 5.5 | 40.5 | 4.1 | 15.4 |
| 2000 | 1,579,566 | 9.3 | 24.2 | 5.6 | 40.9 | 3 | 13.6 |
| 2001 | 1,586,902 | 9.7 | 23.1 | 5.2 | 40.4 | 4.5 | 17.1 |
| 2002 | 1,538,813 | 8.8 | 21.3 | 5.4 | 39.9 | 4 | 16 |

[a] Los porcentajes pueden no sumar 100% debido al redondeo.
[b] Incluye cocaína o heroína y sus derivados.
[c] Incluye producción y venta de narcóticos.
Fuente: The White House, 2005, National Drug Control Strategy 2004.

Los costos asociados al alto número de detenciones son uno de los argumentos empleados por quienes proponen la legalización del consumo de la marihuana.

## POBLACIÓN ENCARCELADA POR DELITOS RELACIONADOS CON NARCOTRÁFICO EN EU, 1989-2001

| Año | Prisiones estatales[a] | Prisiones federales[b] | Total |
|---|---|---|---|
| 1989 | 120,100 | 25,300 | 145,400 |
| 1990 | 148,600 | 30,470 | 179,070 |
| 1991 | 155,200 | 36,782 | 191,982 |
| 1992 | 168,100 | 42,879 | 210,979 |
| 1993 | 177,000 | 48,997 | 225,997 |
| 1994 | 193,500 | 49,507 | 243,007 |
| 1995 | 212,800 | 51,737 | 264,537 |
| 1996 | 216,900 | 55,194 | 272,094 |
| 1997 | 221,900 | 58,610 | 280,510 |
| 1998 | 231,000 | 63,011 | 294,011 |
| 1999 | 244,100 | 68,360 | 312,460 |
| 2000 | 244,800 | 73,389 | 318,189 |
| 2001 | 246,100 | 78,501 | 324,601 |

[a] El número total de presos se redondeó a la centena más cercana.
[b] Los datos son para todos los presos sentenciados relacionados con narcotráfico, sin importar la duración de la sentencia.
Fuente: The White House, 2005.

# EL COMBATE A LAS ADICCIONES

**PRESUPUESTO ASIGNADO EN MÉXICO AL TRATAMIENTO Y PREVENCIÓN DE LAS ADICCIONES DENTRO DE LA SECRETARÍA DE SALUD, 2003**

| Unidad responsable | Presupuesto (millones de pesos) |
|---|---|
| Comisión del Consejo Nacional Contra las Adicciones (CONADIC) | 67.2 |
| Dirección General Técnica en Adicciones y Salud Mental | 30.0 |
| Dirección General de Coordinación y Desarrollo contra las Adicciones | 13.3 |
| Dirección General de Cooperación y Difusión en Adicciones y Salud Mental | 30.6 |
| Centros de Integración Juvenil A.C. | 304.7 |
| Total | 445.8 |

Fuente: Secretaría de Salud, SHCP, 2003.

La poca prioridad que tiene el combate al consumo se aprecia con una simple comparación. México dedica alrededor de 40 millones de dólares. Ello significa que el gobierno federal destina menos de 783.47 pesos (unos 70 dólares) al año a atender a los consumidores habituales.

**PRESUPUESTO ASIGNADO EN EU AL TRATAMIENTO Y PREVENCIÓN DE LAS ADICCIONES, 2005[a]**

| Departamento o unidad responsable | Presupuesto (millones de dólares) |
|---|---|
| Departamento de Educación[a] | 592.9 |
| Instituto Nacional para el Abuso de Drogas (Departamento de Salud y Servicios Humanos) | 1,006.1 |
| Administración de Servicios para la Salud Mental y Abuso de Substancias (Departamento de Salud y Servicios Humanos) | 2,490.5 |
| Administración para la Salud de los Veteranos (Departamento de Asuntos de los Veteranos) | 457.1 |
| Total | 4,546.6 |

[a] Se excluyen algunos programas relacionados con el tratamiento y prevención de las adicciones.
[b] Incluye únicamente programas educativos para prevenir el consumo de drogas.
Fuente: The White House, 2005.

El gobierno federal de Estados Unidos dedica 1,976 dólares por consumidor regular al año. Cabe destacar que aquí se incluye el Departamento de Educación y el Departamento de los Veteranos (aunque el monto mayor de presupuesto se destina al Departamento de Salud), en México sólo se incluye la Secretaría de Salud.

# CÁRTELES

Hay diferencias fundamentales en la forma en que se organizan los narcotraficantes en los dos países. En México se han conformado cinco grandes organizaciones (los cárteles) que por su poderío económico y político plantean un reto directo al Estado mexicano. En Estados Unidos, por el contrario, hay una tendencia a una cierta atomización y descentralización que representa otra clase de problema para las autoridades. Durante el gobierno de Vicente Fox la estrategia de combate al narcotráfico se centró en gol-pear (con bastante éxito por cierto) a las cúpulas. El esfuerzo ha resultado insuficiente para controlar el creciente poder de estos grupos.

A continuación se mencionan brevemente los cinco cárteles mexicanos. Es por otro lado notable la poca información que hay sobre las organizaciones estadunidenses.

### ORGANIZACIÓN ARELLANO FÉLIX

Por más de una década, fue una de las más fuertes y violentas que operaban en México. En 2002 recibió dos grandes golpes: la muerte de su líder, Ramón Arellano Félix, y el arresto de su jefe de operaciones, Benjamín Arellano Félix. Aunque estos acontecimientos tuvieron impacto en sus operaciones, la organización continúa traficando.

### ORGANIZACIÓN CARRILLO FUENTES

Amado Carrillo Fuentes murió en julio de 1997 pero la estructura permaneció intacta. Jefes regionales como Vicente Carrillo Fuentes, Juan José Esparragoza Moreno e Ismael Zambada García siguen llevando sus cargas de cocaína a las principales ciudades estadunidenses.

### ORGANIZACIÓN DE ARMANDO VALENCIA

Personaje clave en la relación entre las organizaciones mexicanas y colombianas para el traslado de cocaína. Sus bases de operación están en Guadalajara y en el estado de Michoacán. El 15 de agosto de 2003, él y siete de sus asociados fueron arrestados en un restaurante cerca de Guadalajara. Valencia enfrenta cargos por narcotráfico en México y en Estados Unidos.

### ORGANIZACIÓN CARO QUINTERO

Con base en Sonora, la organización se dedica al tráfico de grandes cantidades de cocaína y marihuana. Ha sido dirigida por varios hermanos. Rafael y Miguel Ángel están en prisión. Otros hermanos (Jorge, Genaro y María del Carmen) tienen el control de las operaciones.

**ORGANIZACIÓN DE OSIEL CÁRDENAS GUILLÉN**

Hasta su arresto, el 14 de marzo de 2003, Osiel Cárdenas Guillén fue un importante traficante de marihuana y cocaína, y líder del Cártel del Golfo que dirigió Juan García Ábrego. Actualmente está sometido a juicio en México y es posible que sea extraditado a Estados Unidos. Su organización permanece activa.

# INFORMACIÓN ÚTIL

**DEPENDENCIAS DEL GOBIERNO Y CENTROS DE INVESTIGACIÓN SOBRE EL NARCOTRÁFICO, MÉXICO**

| Dependencia |
| --- |
| **Centros de Integración Juvenil A.C.** Asociación Civil incorporada al sector salud. Se dedica a la prevención, tratamiento, rehabilitación, capacitación e investigación de la fármaco dependencia. Web: www.cij.gob.mx |
| **Centro de Investigación y Seguridad Nacional (Cisen).** Órgano del gobierno federal adscrito a la Secretaría de Gobernación. Se encarga de proporcionar servicios de inteligencia civil y contrainteligencia. Web: www.cisen.gob.mx |
| **Consejo Nacional Contra las Adicciones (Conadic).** Órgano adscrito a la Secretaría de Salud. Se encarga de la política nacional de investigación, prevención y tratamiento de las adicciones. Cuenta con una amplia base de datos. En esta página está la Encuesta Nacional de Adicciones. Web: www.conadic.gob.mx |
| **Procuraduría General de la República (PGR).** La PGR está encargada de investigar y perseguir los delitos del orden federal. En este sitio se encuentra el Programa Nacional para el Control de Drogas así como datos sobre decomisos de droga y erradicación de plantíos. Web: www.pgr.gob.mx |
| **Secretaría de la Defensa Nacional (Sedena).** Se encarga, entre otras cosas, de la intercepción de estupefacientes y del aseguramiento y detención de probables responsables de tráfico de drogas. Tiene el servicio de inteligencia más grande de México. En este sitio se puede encontrar información sobre los operativos contra el narcotráfico. Web: www.sedena.gob.mx |
| **Unidos en la Prevención de Adicciones, A.C.** Asociación Civil dedicada a la prevención y rehabilitación de las adicciones. Cuenta con información sobre grupos de autoayuda. Web: www.adicciones.org.mx |

## DEPENDENCIAS DEL GOBIERNO Y CENTROS DE INVESTIGACIÓN SOBRE EL NARCOTRÁFICO, ESTADOS UNIDOS

| Dependencia |
| --- |
| **Alcohol and Drug Abuse Institute (University of Washington).** Investiga el abuso y adicción a distintos tipos de drogas y alcohol. El sitio cuenta con más de 500 vínculos con otras dependencias de investigación sobre narcotráfico, adicciones, centros de tratamiento, etc.<br>Web: depts.washington.edu/adai/index.html |
| **Bureau for International Narcotics and Law Enforcement Affairs (U.S. Department of Sate).** Agencia que asesora al presidente, al secretario de Estado y a otras dependencias gubernamentales en el diseño de políticas y programas para combatir al narcotráfico y el crimen. El sitio cuenta con diversos reportes (actualizados) acerca del narcotráfico en México, Estados Unidos y otros países.<br>Web: www.state.gov/g/inl |
| **Drug Enforcement Administration (DEA).** Es la agencia encargada del control de drogas y de llevar a la justicia a las organizaciones dedicadas a la producción y distribución de droga. El sitio cuenta con reportes de inteligencia sobre narcotráfico en distintos países del mundo. Web: www.dea.gov |
| **Drug Policy Alliance.** Organización líder que busca, por medio de diversas actividades, legalizar el uso de las drogas en Estados Unidos.<br>Web: www.dpf.org/homepage.cfm |
| **Federal Bureau of Investigation (FBI).** Hace labores de inteligencia para luchar en contra del terrorismo y el crimen organizado. Cuenta con reportes y estadísticas sobre crimen y seguridad en Estados Unidos. Web: www.fbi.gov |
| **National Criminal Justice Reference Service.** Sitio que contiene una gran cantidad de material sobre el narcotráfico en Estados Unidos. Hay estudios sobre la forma en que operan los distribuidores en distintas regiones del país, sus lazos con narcotraficantes de México y América del Sur, las estrategias nacionales de control de droga, etc. Web: virlib.ncjrs.org/DrugsAndCrime.asp |
| **National Institute on Drug Abuse.** Realiza investigación sobre narcóticos y adicciones. Cuenta con un amplio presupuesto que le permite realizar 85% de la investigación mundial sobre este tema. Ofrece publicaciones en línea.<br>Web: www.nida.nih.gov |
| **Office of National Drug Control Policy (ONDCP).** Agencia adjunta a la Oficina Ejecutiva del Presidente. Establece políticas, prioridades y objetivos para el control de los narcóticos en Estados Unidos. El sitio cuenta con publicaciones relacionadas y estimaciones sobre consumo y producción de drogas.<br>Web: www.whitehousedrugpolicy.gov |

## DEPENDENCIAS DEL GOBIERNO Y CENTROS DE INVESTIGACIÓN SOBRE EL NARCOTRÁFICO, ESTADOS UNIDOS (continuación)

| Dependencia |
|---|
| **Substance Abuse and Mental Health Services Administration.** Adscrita al U.S. Department of Health and Human Services. Diseña programas y financia programas para mejorar las vidas de aquellas personas que sufren desórdenes mentales por adicción a las drogas. Su Oficina de Investigación Aplicada cuenta con datos actualizados sobre abuso de drogas. Web: www.samhsa.gov/index.aspx |
| **Substance Abuse Librarians & Information Specialist (SALIS).** Asociación internacional con sede en California. Se dedica al intercambio y difusión de información sobre narcóticos, tabaco y alcohol. Tiene una base de datos de publicaciones periódicas sobre el tema. Web: www.salis.org |

# EDUCACIÓN Y CULTURA

# EDUCACIÓN Y CULTURA

En el terreno educativo la distancia entre los dos países se hace enorme. No se trata solamente de indicadores cuantitativos sino, de manera más preocupante todavía, la brecha está en la calidad de la educación impartida.

En cultura México puede competir con dignidad. La influencia combinada del TLCAN y de la presencia masiva de mexicanos ha llevado a una multiplicación descentralizada y multidimensional de las relaciones. Resultó imposible resumir para este capítulo todos los hilos que van conectando a las sociedades; sin embargo, los datos con que contamos ya son reveladores.

### INDICADORES DE EDUCACIÓN, 2002

| Concepto | México | EU |
|---|---|---|
| Escolaridad promedio (grados) | 7.4 | 12.7 |
| Edad en que estudia 90% de la población | 6-12 | 6-15 |
| Edad de término de la educación obligatoria | 15 | 17 |
| Alfabetismo, 2003 (%) | 92.2 | 97.0 |
| Premios Nobel | 2 | 196 |

Fuente: SEP, Nation Master, OCDE, página Premios Nobel, 2004.

### GASTO EN EDUCACIÓN, 2001-2002

| Concepto | México (millones de pesos) | EU (millones de dólares) |
|---|---|---|
| Total | 417,247 | 745,200 |
| Sector público | 338,740 | 604,600 |
| Sector privado | 78,507 | 140,600 |
| % del PIB | 5.9 | 7.3 |
| Sector público | 5.1 | 5.1 |
| Sector privado | 0.8 | 2.3 |

Fuente: SEP, *The New York Times Almanac*, OCDE, 2004.

Aunque hay cierta cercanía en el porcentaje del PIB hay una diferencia notable en el monto de los recursos que dedican los dos países.

## GASTO ANUAL POR ALUMNO, 2001

| Concepto | México (dólares) | EU (dólares) | OCDE (dólares) |
|---|---|---|---|
| Preprimaria | 1,410 | 8,522 | 4,187 |
| Primaria | 1,357 | 7,560 | 4,850 |
| Secundaria | 1,915 | 8,779 | 6,510 |
| Licenciatura y posgrado | 4,341 | 22,234 | 10,052 |
| Gasto educativo como porcentaje del gasto público total (%) | 24.3 | 17.1 | 12.7 |

Fuente: OCDE, 2004.

Aun cuando México dedica a la educación un porcentaje mucho más elevado de su presupuesto, la inversión por alumno sigue siendo insuficiente.

## MAESTROS, 2002

| Concepto | México | EU |
|---|---|---|
| Por género (%) | | |
| Hombres | 39.1 | 34.2 |
| Mujeres | 60.9 | 65.8 |
| Educación básica y secundaria[a] | 1,045,793 | 3,355,386 |
| Pública (%) | 89.3 | 88.0 |
| Privada (%) | 10.7 | 12.0 |
| Educación terciaria[b] | 501,800 | 1,063,000 |
| Pública (%) | 37.0 | 70.0 |
| Privada (%) | 63.0 | 30.0 |

[a] De preescolar a secundaria.
[b] De bachillerato a posgrado.
Fuente: SEP, INEGI, *The New York Times Almanac*, 2004.

En los dos países se confirma la arraigada idea de que en la enseñanza predominan las mujeres. Otra faceta de este cuadro es el papel tan central que sigue teniendo el Estado en el sector educativo.

## SALARIOS DE PROFESORES EN PAÍSES SELECCIONADOS, 2000

| País | Educación primaria Salario[a] (dólares) | Salario respecto al PIB per cápita[b] | Educación secundaria Salario (dólares) | Salario respecto al PIB per cápita |
|---|---|---|---|---|
| Corea | 43,952 | 2.49 | 23,800 | 2.48 |
| Japón | 42,820 | 1.62 | 42,820 | 1.62 |
| Estados Unidos | 40,072 | 1.12 | 40,072 | 1.12 |
| Australia | 38,297 | 1.43 | 38,312 | 1.43 |
| Alemania | 37,905 | 1.52 | 40,561 | 1.63 |
| Reino Unido | 35,487 | 1.48 | 35,487 | 1.48 |
| España | 29,261 | 1.52 | 31,616 | 1.65 |
| Francia | 27,172 | 1.17 | 29,331 | 1.26 |
| India | 15,236 | 7.22 | 19,373 | 9.18 |
| México | 14,824 | 1.62 | 18,760 | 2.05 |
| Argentina | 12,545 | 1.00 | 21,188 | 1.69 |
| Chile | 12,038 | 1.39 | 12,038 | 1.39 |
| Brasil | 10,176 | 1.48 | 16,240 | 2.36 |
| Federación Rusa | 3,735 | 0.54 | 3,735 | 0.54 |
| China | 2,952 | 0.88 | 2,952 | 0.88 |

[a] Salarios anuales de profesores en instituciones públicas, con 15 años de experiencia, en dólares estadunidenses usando poder paritario de compra.
[b] Posición relativa que guardan los salarios de los profesores respecto al ingreso per cápita promedio de un país.
Fuente: OCDE, 2004.

Los ingresos de los profesores son una de las variables que influyen en la calidad de la educación. Desde esta perspectiva es notable el lugar ocupado por Corea y los países industrializados y la forma en que India va ganando terreno.

## ALUMNOS EN EDUCACIÓN SUPERIOR MÉXICO-EU, 2000-2003

| Concepto | México (2002-2003) | EU (2000-2001) |
|---|---|---|
| Licenciatura | 1,931,700 | 16,538,000 |
| Hombres (%) | 51.6 | 43.6 |
| Mujeres (%) | 48.4 | 56.4 |
| Posgrado | 138,300 | 2,658,000 |
| Hombres (%) | 55.5 | 43.0 |
| Mujeres (%) | 44.5 | 57.0 |

Fuente: SEP, NCES, 2004.

En Estados Unidos son indudables los avances en la equidad de la mujer, lo que tiene como causa y efecto su incorporación masiva a las universidades. El equilibrio entre géneros que hay en las aulas no se refleja en su participación en el gobierno. En la Cámara de Representantes, por ejemplo, hay 68 mujeres y 372 hombres.

### ÁREAS DE CONCENTRACIÓN EN LICENCIATURA MÉXICO-EU, 2002

| México | | EU | |
|---|---|---|---|
| Nivel y área de estudio | % | Nivel y área de estudio | % |
| Ciencias sociales y administrativas | 48.5 | Negocios y administración | 17.8 |
| Ingeniería y tecnología | 33.8 | Humanidades | 14.6 |
| Ciencias de la salud | 8.7 | Ingeniería y computación | 14.1 |
| Educación y humanidades | 4.6 | Ciencias de la salud | 9.6 |
| Ciencias agropecuarias | 2.4 | Ciencias sociales | 8.5 |
| Ciencias naturales y exactas | 1.9 | Educación | 8.0 |
| Ciencias físicas | 5.8 | Otros | 27.4 |
| Formación profesional | 5.3 | | |
| Otros | 16.4 | | |

Fuente: INEGI, NCES, 2004.

### ALUMNOS DE POSGRADO POR ÁREA DE ESTUDIO MÉXICO-EU, 2002

| México | | EU | |
|---|---|---|---|
| Nivel y área de estudio | % | Nivel y área de estudio | % |
| Ciencias sociales y administrativas | 46.9 | Educación | 23.4 |
| Educación y humanidades | 17.4 | Negocios y administración | 17.7 |
| Ciencias de la salud | 15.4 | Ciencias de la salud | 14.2 |
| Ingeniería y tecnología | 14.1 | Humanidades | 9.1 |
| Ciencias naturales y exactas | 4.6 | Ingeniería y computación | 8.2 |
| Ciencias agropecuarias | 1.6 | Ciencias sociales | 7.8 |
| Ciencias físicas | 5.9 | Otros | 19.6 |
| Leyes | 4.8 | | |
| Otros | 9.0 | | |

Fuente: INEGI, NCES, 2004.

En México van aumentando los porcentajes de quienes estudian ciencias duras, aunque todavía predominan las ciencias sociales. En Estados Unidos, por el contrario, las ciencias sociales tienen un papel más modesto.

### ESTUDIANTES EN EL EXTRANJERO MÉXICO-EU, 1994-2003

| Año | Mexicanos en EU | Estadunidenses en México |
|---|---|---|
| 1994-95 | 9,003 | 4,715 |
| 1995-96 | 8,687 | 6,220 |
| 1996-97 | 8,975 | 6,685 |
| 1997-98 | 9,559 | 7,574 |
| 1998-99 | 9,641 | 7,363 |
| 1999-00 | 10,607 | 7,374 |
| 2000-01 | 10,670 | 8,360 |
| 2001-02 | 12,518 | 8,078 |
| 2002-03 | 12,801 | n.d. |

Fuente: Open Doors, 2004.

A partir de 1985 México se fue abriendo al mundo. Lógicamente, ha crecido el número de jóvenes que van a estudiar al extranjero.

### ESTUDIANTES DE EDUCACIÓN SUPERIOR DE MÉXICO Y EU EN DIVERSOS PAÍSES, 2002

| País de destino | De México (%) | De EU (%) |
|---|---|---|
| Estados Unidos | 68.3 | - |
| España | 8.6 | 1.4 |
| Reino Unido | 8.0 | 31.8 |
| Francia | 6.2 | 6.4 |
| Alemania | 3.2 | 8.8 |
| Australia | 1.8 | 23.4 |
| Japón | 0.6 | 3.0 |
| Suecia | 0.6 | 2.4 |
| Chile | 0.5 | 2.2 |
| Irlanda | 0.0 | 4.6 |
| México | - | 2.1 |

Fuente: OCDE, 2004.

Para los mexicanos Estados Unidos sigue siendo el principal lugar de destino, seguido por España, que se ha convertido en un lugar atractivo para realizar estudios de posgrado. Para los estadunidenses que salen en busca de educación superior, por el contrario, México es un país poco atractivo.

## UNIVERSIDADES MEXICANAS CON MÁS PROGRAMAS DE CALIDAD, 2004

| Institución | Licenciaturas[a] | Maestrías[b] | Doctorados | Especialidades[b] |
|---|---|---|---|---|
| Universidad Nacional Autónoma de México | 99 | 37 | 34 | 35 |
| Reconocidos | 20 | 22 | 23 | - |
| Instituto Politécnico Nacional | 62 | 1 | 4 | 3 |
| Reconocidos | 30 | 3 | 2 | - |
| Universidad Autónoma de San Luis Potosí | 44 | 7 | 5 | 2 |
| Reconocidos | 22 | 5 | 3 | - |
| Universidad Autónoma de Baja California | 65 | 10 | 3 | 10 |
| Reconocidos | 23 | 2 | 1 | - |
| Instituto Tecnológico y de Estudios Superiores de Monterrey, Campus Monterrey | 34 | 49 | 45 | 5 |
| Reconocidos | 22 | 2 | 1 | - |
| Universidad Autónoma Metropolitana | 61 | 31 | 7 | 11 |
| Reconocidos | 13 | 7 | 4 | - |
| Universidad Autónoma de Nuevo León | 63 | 60 | 29 | 62 |
| Reconocidos | - | 6 | 4 | 10 |
| Benemérita Universidad Autónoma de Puebla | 57 | 44 | 12 | 20 |
| Reconocidos | 6 | 9 | 3 | - |
| Universidad de Guadalajara | 136 | 94 | 23 | 58 |
| Reconocidos | 9 | 5 | 1 | - |
| Universidad de las Américas, Puebla | 39 | 25 | 2 | - |
| Reconocidos | 9 | 2 | 1 | - |

[a] Programas educativos de licenciatura de buena calidad acreditados por organismos reconocidos por el COPAES (Consejo para la Acreditación de la Educación Superior).
[b] Programas educativos de posgrado reconocidos por su buena calidad (registrados en el padrón nacional de posgrado SEP-Conacyt).
Fuente: SESIC (SEP), Conacyt, 2004.

Las universidades públicas (en especial la UNAM y el IPN) siguen concentrando el mayor número de programas de calidad. Sin embargo, el Tecnológico de Monterrey está incrementando el porcentaje de licenciaturas de calidad.

## PRINCIPALES UNIVERSIDADES POR SU CALIDAD EN EU, 2004

| Institución | Puntuación[a] |
|---|---|
| Harvard University | 100.0 |
| Stanford University | 77.2 |
| University of California - Berkeley | 74.2 |
| Massachusetts Institute of Technology | 72.4 |
| California Institute of Technology | 69.0 |
| Princeton University | 63.6 |
| Columbia University | 61.2 |
| University of Chicago | 60.5 |
| Yale University | 58.6 |
| Cornell University | 55.5 |
| University of California - San Diego | 53.8 |
| University of Pennsylvania | 51.8 |
| University of California - Los Angeles | 51.6 |
| University of California - San Francisco | 50.8 |

[a] Para su evaluación se tomaron en cuenta premios Nobel, investigaciones, artículos publicados y prácticas académicas.
Fuente: Shanghai Jiao Tong University. Institute of Higher Education. Academic Ranking of World Universities, 2004.

La constante medición de la calidad es parte integral de la cultura estadunidense. En ese terreno, las primeras dos universidades son privadas, mientras que la tercera es pública.

## LAS MEJORES UNIVERSIDADES POR CARRERA MÉXICO-EU, 2004

| Carrera | México | EU |
|---|---|---|
| Administración | ITESM<br>ITAM | University of Pennsylvania<br>University of Michigan-Ann Arbor |
| Contaduría | ITESM<br>ITAM | University of Texas-Austin<br>University of Illinois-Urbana Champaign |
| Diseño | UNAM-FES Acatlán<br>Iberoamericana | Rhode Island School of Design<br>Yale University |
| Derecho | Panamericana<br>ITESM | Yale University<br>Harvard University |
| Economía | ITAM<br>ITESM | Massachusetts Institute of Technology<br>Harvard University |

## LAS MEJORES UNIVERSIDADES POR CARRERA MÉXICO-EU, 2004 (continuación)

| Carrera | México | EU |
|---|---|---|
| Estudios internacionales | ITAM<br>El Colegio de México | Univ. of South Carolina-Columbia<br>New York University |
| Ingeniería en sistemas | ITESM<br>La Salle | Rose-Hulman Institute of Technology<br>Cal Poly-San Luis Obispo |
| Ingeniería industrial | ITESM<br>ITAM | Kettering University<br>Bradley University |
| Mercadotecnia | ITESM<br>Panamericana | University of Pennsylvania<br>University of Michigan-Ann Arbor |
| Psicología | UNAM-CU<br>UDLA-DF | Stanford University<br>University of Michigan-Ann Arbor |
| Química | UNAM-CU<br>IPN-ENCB | Rose-Hulman Institute of Technology<br>Cooper Union |

Fuente: US News (America's Best Colleges 2005), encuesta de *Reforma* (Ranking de universidades 2004).

Gradualmente las universidades privadas mexicanas van adquiriendo la fuerza e importancia de sus contrapartes en el norte.

## BIBLIOTECAS EN UNIVERSIDADES MÉXICO-EU, 2000

| México | | EU | |
|---|---|---|---|
| Universidad | Volúmenes | Universidad | Volúmenes |
| El Colegio de México | 780,000 | Harvard | 14,437,361 |
| TEC de Monterrey | 518,814 | Yale | 10,492,812 |
| U. de Guadalajara | 452,303 | U. de Illinois, Urbana | 9,469,620 |
| U. de Monterrey | 409,796 | U. de Toronto | 9,175,841 |
| U. de las Américas Puebla | 400,000 | U. de California, Berkeley | 9,107,757 |
| UNAM (Biblioteca Central) | 350,000 | U. de Texas | 7,935,540 |
| U. de Guanajuato | 318,604 | U. de California, Los Angeles | 7,517,303 |
| U. Autónoma del Estado de México | 292,000 | U. de Michigan | 7,348,360 |
| U. Iberoamericana | 204,000 | Stanford | 7,286,437 |
| U. Autónoma de Guadalajara | 178,000 | Columbia | 7,266,499 |

Fuente: Infoplease; The World of Learning 2004.

El Colegio de México es una institución pública dedicada a la investigación y a la docencia de pequeños núcleos y, para atenderlos, cuenta con una de las mejores bibliotecas de América Latina.

## CALIDAD DE EDUCACIÓN (PISA[a]), 2000

| Área de evaluación | México (lugar)[b] | EU (lugar) |
|---|---|---|
| Matemáticas | 27 | 18 |
| Ciencia | 27 | 14 |
| Lectura | 27 | 15 |

[a] Programme for International Student Assessment (Programa de la OECD que evalúa el nivel de lectura, matemáticas y ciencia de estudiantes de 15 años y más).
[b] Fueron evaluados 27 países.
Fuente: OECD (PISA), 2004.

El Informe PISA también muestra que la calidad de la educación en Estados Unidos ha ido retrocediendo frente a otros países de Europa y Asia.

## INDICADORES DE INVESTIGACIÓN Y DESARROLLO (IDE) MÉXICO-EU, 2002

| Concepto | México | EU |
|---|---|---|
| Investigadores | 21,879 | 1,117,361 |
| Por cada mil empleados | 1 | 9 |
| Investigadores por millón de habitantes (2004) | 225 | 4,099 |
| Gasto en IDE (millones de dólares[a]) | 3,603 | 282,293 |
| % del PIB | 0.4 | 2.8 |
| Sector de financiamiento (%) | | |
|   Industria | 29.8 | 55.4 |
|   Gobierno | 59.1 | 34.7 |
| Sector que realiza investigación (%) | | |
|   Industria | 30.3 | 64.0 |
|   Educación superior | 30.4 | 21.5 |
|   Gobierno | 39.1 | 13.6 |

[a] Millones de dólares en paridad de poder adquisitivo.
Fuente: INEGI, UNESCO, OCDE, 2004.

En la generación de conocimiento la asimetría es abismal. México sólo tiene 21,789 investigadores frente al millón 117 mil de Estados Unidos. Esta diferencia va creando una brecha que pone a México en una desventaja estructural.

**PATENTES MÉXICO-EU, 2000**

| Concepto | México | EU |
|---|---|---|
| Solicitudes de patentes | 66,916 | 331,773 |
| Residentes | 451 | 175,582 |
| No residentes | 66,465 | 156,191 |
| Patentes otorgadas | 5,527 | 157,496 |
| Residentes | 113 | 85,071 |
| No residentes | 5,414 | 72,425 |
| % otorgado | 8 | 47 |

Fuente: Eduardo Andere.

Resulta lógico que ante la escasa inversión que se hace en México, el número de patentes obtenidas por mexicanos sea ridículamente baja.

**INDICADORES DE COMPUTACIÓN MÉXICO-EU, 2002**

| Concepto | México | EU |
|---|---|---|
| Computadoras personales | 8,353,000 | 190,000,000 |
| Computadoras personales (por 1000 personas) | 81.99 | 658.88 |
| Usuarios de internet (por 10,000 personas) | 362 | 4,995 |
| Graduados de área computacional (%) | 7.41 | 3.91 |

Fuente: Banco Mundial, UNESCO, 2004.

La disparidad se mantiene en la utilización que se hace de las computadoras y el número de usuarios de internet.

**ACTIVIDAD EDITORIAL EN MÉXICO, 2002**

| Concepto | Total |
|---|---|
| Sector editorial privado | |
| Editores | 220 |
| Títulos producidos | 15,542 |
| Ejemplares producidos | 119,886,809 |
| Ejemplares vendidos | 134,189,603 |
| Valor de la venta (pesos) | 6,184,088,437 |
| Valor de la venta (dólares) | 640,174,786.43 |
| Precio promedio general de un libro | 46.08 |
| Sector editorial público (2003) | |
| Conaculta (títulos) | 229 |
| Tiraje | 1,028,900 |

**ACTIVIDAD EDITORIAL EN MÉXICO, 2002 (continuación)**

| Concepto | Total |
| --- | --- |
| INAH (títulos) | 71 |
| Tiraje | 72,300 |
| INBA (títulos) | 15 |
| Tiraje | 13,050 |
| Fondo de Cultura Económica (títulos) | 635 |
| Tiraje | 4,902,686 |
| Libros de texto gratuitos (ejemplares, 2002) | 203,163,000 |
| Gasto en libros por persona (dólares) | 34.00 |

Fuente: Caniem, Conaculta, FCE, 2004.

**ACTIVIDAD EDITORIAL EN ESTADOS UNIDOS, 2002**

| Concepto | Total |
| --- | --- |
| Editores | 7,519 |
| Títulos producidos (2000) | 96,080 |
| Ejemplares vendidos | 2,394,000,000 |
| Valor de la venta (dólares) | 36,569,000,000 |
| Precio promedio de un libro (2000, dólares)[a] | 29.48 |
| Gasto en libros por persona (dólares) | 102.00 |

[a] Es el precio promedio de las ediciones conocidas como *paperback*.
Fuente: U.S Census Bureau, 2004.

Un aspecto que vale la pena resaltar es el peso tan grande de la participación del sector público en la producción de libros en México. Es gigantesca la diferencia en la cantidad de ejemplares que se venden en los dos países.

## INFORMACIÓN ÚTIL

En esta parte se hizo una selección de información pensando en personas que quieran estudiar en el otro país o para los interesados en identificar las instituciones en las que se enseña o hace investigación. Se trata de una información insuficiente porque en este terreno la norma es el crecimiento constante, la diversificación y la descentralización. Se sugiere ver las secciones que siguen como una invitación a visitar las páginas que se van incluyendo.

## PROGRAMAS DE BECAS PARA ESTUDIANTES MEXICANOS Y ESTADUNIDENSES

| Organismo o fundación que otorga la beca (quien lo financia) | | | | |
|---|---|---|---|---|
| Programa | Grado(s) de estudio que apoya | Área de estudio | Monto del financiamiento (dólares) | Duración de la beca |
| **American Association of University Women (AAUW Educational Foundation)** www.aauw.org | | | | |
| *México* | | | | |
| Para mexicanos en Estados Unidos | Maestría Doctorado Posdoctorado | Sin restricción | 18,000 (M) 20,000 (D) 30,000 (PD) | 1 año |
| *Estados Unidos* | | | | |
| Para estadunidenses en México | Posdoctorado | Artes y humanidades, ciencias sociales y naturales | 30,000 | 1 año |
| **COMEXUS (Gobiernos de ambos países)** www.comexus.org.mx | | | | |
| *México (a Estados Unidos)* | | | | |
| Estudiantes regulares | Maestría/Doctorado | Sin restricción[c] | 15,000 | 10 meses[d] |
| Estudiantes de provincia | Maestría | Sin restricción[c] | Cantidad variable | 10 meses[d] |
| Fulbright-García Robles-SAMFE[a] | Maestría | Sin restricción[c] | Cantidad variable | 10 meses[d] |
| Fulbright-OEA | Posgrado[b] | Ecología y desarrollo sustentable | Beca total de la Universidad en EU | Variable |
| *Estados Unidos (a México)* | | | | |
| Estudiantes-investigadores | Licenciatura Posgrado | Sin restricción[c] | Cantidad variable | 10 meses[d] |
| Programa de titulación | Maestría Doctorado | Sin restricción | Cantidad variable | 1 año |
| Programa de negocios binacionales | Posgrado | Comercio, derecho e ingeniería | Cantidad variable | 10 meses |
| **CONACYT** www.conacyt.mx | | | | |
| *México* | | | | |
| Becas nacionales para mexicanos | Posgrado | Ciencia y tecnología | 4 salarios mínimos (E) 4.5 (M) 6 (D) | 6-12 meses (E) 2 años (M) 3 años (D) |
| Beca-Crédito en el extranjero | Maestría Doctorado | Maestría Doctorado | Cantidad variable | 2 años (M) 3 años (D) |
| Crédito educativo en el extranjero | Maestría | Administración, derecho y mercadotecnia | Cantidad variable | 2 años (M) 3 años (D) |

## PROGRAMAS DE BECAS PARA ESTUDIANTES MEXICANOS Y ESTADUNIDENSES (continuación)

| Organismo o fundación que otorga la beca (quien lo financia) | | | | |
|---|---|---|---|---|
| Programa beca | Grado(s) de estudio que apoya | Área de estudio | Monto del financiamiento (dólares) | Duración de la |
| Convenios con universidades de EU | Maestría Doctorado | Ciencia y tecnología | Cantidad variable | Variable |
| **FIDERH (Banco de México)** www.fiderh.org.mx | | | | |
| *México* | | | | |
| Créditos para estudios en México o el extranjero | Posgrado | Ingeniería y tecnología, ciencias agropecuarias, ciencias sociales y económico administrativas, educación y humanidades y ciencias de la salud | 122,000 pesos (nacional) anual 158,500 pesos (extranjero) | 1 a 3 años |
| **Fundación Ford** www.fordfound.org | | | | |
| *México (colaboración con el CIESAS)* | | | | |
| Programa Internacional de Becas de Posgrado para indígenas (en México o el extranjero) | Maestría Doctorado | Ciencias sociales | Beca completa en la Universidad | 2 años (M) 3 años (D) |
| **Fundación Healy** www.fundacionhealy.org.mx | | | | |
| *México* | | | | |
| Becas a la Excelencia Académica José Alberto Healy Noriega para mexicanos en México o el extranjero | Maestría Doctorado | Periodismo, ciencias de la comunicación y ciencias políticas | 40,000 | 1 año |
| **Fundación Magdalena O. Vda. de Brockman** www.becasmob.org.mx | | | | |
| *México* | | | | |
| Becas M.O.B. (para mexicanos en el extranjero) | Maestría | Cualquier área excepto medicina, antropología y bellas artes | 10,000 a 15,000 | 1 año |
| **FUNED, A.C.** www.funed.org.mx | | | | |
| *México* | | | | |
| Programa de Crédito Educativo (para mexicanos en el extranjero) | Maestría | Economía, administración, ingeniería | 18,000 a 30,000 | 1 a 2 años |

## PROGRAMAS DE BECAS PARA ESTUDIANTES MEXICANOS Y ESTADUNIDENSES (continuación)

### Organismo o fundación que otorga la beca (quien lo financia)

| Programa | Grado(s) de estudio que apoya | Área de estudio | Monto del financiamiento (dólares) | Duración de la beca |
|---|---|---|---|---|
| **Gobierno de EU (Departamento de Estado)** www.iie.org/gilman | | | | |
| *Estados Unidos* | | | | |
| Gilman Scholarship Program para estadunidenses en el extranjero | Para universitarios | Sin restricción | 5,000 (para 1 año) | Programas de 1 mes a 1 año académico |
| **Inter American Press Association** www.sipiapa.org/default.cfm | | | | |
| *México y Estados Unidos* | | | | |
| Becas IAPA (para mexicanos en EU y para estadunidenses en México) | Posgrado | Periodismo | 13,000 y gastos de viaje | 9 meses |
| **OEA** www.oas.org/main/spanish | | | | |
| *México y Estados Unidos* | | | | |
| Becas para estudiantes de países de la OEA en el extranjero | Posgrado | Desarrollo económico, comercio, educación, gobierno y administración pública, ciencia y tecnología, desarrollo social y alivio de la pobreza. | Cantidad variable | 1 año |
| **SEP (Gobierno de México)** www.sep.gob.mx | | | | |
| *México* | | | | |
| Becas de Educación Superior para mexicanos en el extranjero | Posgrado | Educación, ciencias aplicadas y exactas, tecnología, ciencias de la salud, ciencias sociales (áreas no empresariales), discapacidad, estudios de género, pobreza extrema y campos que fomenten el desarrollo social. | 300 (mensual) | 1 a 3 años |
| *Estados Unidos* | | | | |
| Becas para extranjeros en México | Posgrado | Sin restricción | Cantidad variable | Variable |

## PROGRAMAS DE BECAS PARA ESTUDIANTES MEXICANOS Y ESTADUNIDENSES

### Organismo o fundación que otorga la beca (quien lo financia)

| Programa | Grado(s) de estudio que apoya | Área de estudio | Monto del financiamiento (dólares) | Duración de la beca |
|---|---|---|---|---|
| **SRE México (Gobierno de México)** www.sre.gob.mx | | | | |
| *Estados Unidos* | | | | |
| Becas para extranjeros en México y mexicanos en el extranjero | Posgrado | Sin restricción[e] | Colegiatura e inscripción; 5,238 a 6,547 mensual (para extranjeros) | 1 año |

[a] Para estudiantes mexicanos que quieran hacer una maestría en las universidades del área metropolitana de San Antonio, Texas.
[b] Posgrado (especialidad, maestría y doctorado).
[c] Cualquiera excepto medicina, odontología y veterinaria.
[d] Renovable por 1 año para maestría y 2 para doctorado.
[e] Excepto odontología, cirugía plástica, mercadotecnia, contaduría, publicidad y administración de empresas.

Nota: Hasta junio de 2004 las becas vigentes otorgadas por Conacyt se distribuían de la siguiente manera: 2,692 (16%) para ir al extranjero y 14,034 (84%) para estudiar en México.
Fuente: SEP, páginas web de los diferentes programas.

Conacyt ha establecido acuerdos especiales con diferentes universidades de Estados Unidos.

## CONVENIOS PARA EL CO-FINANCIAMIENTO DE BECAS-CRÉDITO CONACYT

| Universidad con la que se tiene convenio | Nivel de estudios que se apoya |
|---|---|
| Idaho State School | Posgrado |
| New School University | Posgrado en ciencias sociales |
| Texas A&M University at Collage Station | Doctorado |
| Texas A&M University at Kingsville | Posdoctorado |
| University of California | Doctorado |
| University of Arizona | Posgrado |
| University of Houston | Posgrado |
| University of New Mexico at Albuquerque | Posgrado |
| University of Texas at Austin | Doctorado |
| University of Texas at Dallas | Doctorado |
| University of Texas at El Paso | Maestría y doctorado |
| Vanderbilt University | Postgrado |
| Yale University | Doctorado |

Fuente: Conacyt, 2004.

## PROGRAMA "ENLACES"

Este programa promueve convenios entre universidades de México y Estados Unidos. Se inició en septiembre de 2001 y es financiada por los dos gobiernos. Se espera que en seis años se habrán invertido 50 millones de dólares en 750 becas y 35 convenios entre universidades. A continuación se mencionan algunas de las actividades que realizan. Para mayor información ir a las páginas de las universidades.

### PROGRAMA "ENLACES", 2003-2004

| Instituciones participantes | Programa |
| --- | --- |
| **2003** | |
| Universidad Nacional Autónoma de México e Indiana University | Formación de científicos para la conservación y la administración de recursos naturales. |
| Universidad de Sonora y Michigan Technological University | Formación de expertos en recursos acuíferos. |
| Universidad de Sonora y Northern Arizona University | Administración de los recursos naturales del desierto del Norte de México. |
| Universidad Autónoma de Baja California y San Diego State University | Maestría en administración pública transfronteriza. |
| Universidad de Guanajuato y Southern Oregon University | Maestría en administración. |
| Instituto Tecnológico de Saltillo, Texas A&M University - Corpus Christi y Lamar University | Estudios acuíferos. |
| Universidad de las Américas - Puebla y Texas Christian University | Maestría en negocios internacionales y mercadotecnia |
| Universidad Autónoma de Chapingo (UACH) y University of Arizona | Mejorar la calidad de la educación sobre agricultura en México. |
| Universidad Autónoma de Querétaro y University of Illinois | Posgrados en agricultura, calidad de alimentos, nutrición y salud. |
| Universidad Iberoamericana y University of Scranton | Maestría en educación a distancia. |
| Benemérita Universidad Autónoma de Puebla y University of Texas - Austin | Sociedades civiles y filantropía en los dos países. |
| Universidad Autónoma de Guadalajara y University of Texas - San Antonio | Centro piloto para el desarrollo de la pequeña empresa. |
| Instituto Tecnológico y de Estudios Superiores de Monterrey - campus Querétaro y University of Wisconsin-Madison | Programa de capacitación para especialistas en lecherías. |

**Programa "Enlaces", 2003-2004 (continuación)**

| Instituciones participantes | Programa |
|---|---|
| **2003** | |
| Universidad Autónoma de Querétaro y Western Illinois University | Maestría y apoyo a la educación en cooperativas de negocios. |
| Instituto Tecnológico y de Estudios Superiores de Monterrey (ITESM) y Texas A&M University-Kingsville | Recursos acuíferos. |
| **2004** | |
| Centro de Investigación y de Estudios Avanzados y University of Arizona | Ciencias ambientales y toxicología. |
| El Colegio de Sonora y University of Arizona | Fortalecimiento de la infraestructura de la salud pública y la competitividad de la fuerza de trabajo en Sonora. |
| Instituto Tecnológico de Sonora (Itson) y Arizona State University | Investigación ambiental en el Desierto de Altar. |
| Instituto Tecnológico y de Estudios Superiores de Monterrey (ITESM) campus Monterrey y Arizona State University | Educación y transferencia tecnológica para la industria aeroespacial. |
| Instituto Tecnológico y de Estudios Superiores de Monterrey (ITESM) campus Monterrey y Southern Methodist University | Tecnologías de la información con énfasis en ingeniería de software. |
| Universidad Autónoma de Tamaulipas y University of Arizona | Becas, intercambio de profesores y capacitación en acuacultura. |
| Universidad Autónoma de Yucatán y Cornell University | Sistemas de producción de rumiantes en el Golfo de México. |
| Universidad Iberoamericana y University of Chicago | Posgrado en políticas públicas. |
| Universidad de Colima y Iowa State University | Programas universitarios de alcance rural. |
| Universidad de Guadalajara-Centro Universitario de la Costa Sur (Cucsur) y University of Wisconsin-Madison | Desarrollo sustentable. |
| Universidad de Guadalajara y University of Notre Dame | Pequeña empresa y desarrollo económico rural. |
| Universidad Veracruzana y University of Georgia | Economía rural, educación y desarrollo del capital humano. |
| Universidad Tecnológica de Coahuila y Alamo Community College District | Productividad en el sector manufacturero y de maquila de México. |

Fuente: Embajada de Estados Unidos en México, 2004.

Los exámenes de conocimientos o de lengua son uno de los obstáculos que deben enfrentar quienes desean estudiar en el otro país. Se sugiere, una vez más, visitar las páginas que se van indicando.

### PRINCIPALES EXÁMENES DE ADMISIÓN QUE SOLICITAN ALGUNAS UNIVERSIDADES DE EDUCACIÓN SUPERIOR

| Examen y área que evalúa | Costo (dólares) México | Costo (dólares) EU | Lugar de aplicación México | Lugar de aplicación EU |
|---|---|---|---|---|
| AP (Conocimientos generales) apcentral.collegeboard.com | | 82 | | Varios colegios y universidades |
| CLEP (Conocimientos generales) www.collegeboard.com/clep | 55 (por examen) | 55 (por examen) | Cd. de México | Varios colegios y universidades |
| GED (Conocimientos generales) www.prometric.com/GED | 164 (I: Artes) 210 (II: Matemáticas, C. Exactas y C. Sociales) | | Cd. de México, Guadalajara y Monterrey | |
| GMAT (Áreas administrativas) www.mba.com | 225 | 225 | Cd. de México, Guadalajara y Monterrey | Varios centros |
| GRE (Conocimientos generales) www.gre.org | 140 (general) 150 (por materia) | 115 (general) 130 (por materia) | Cd. de México, Guadalajara y Monterrey Guadalajara, Hermosillo, Mérida, Monterrey y Puebla (por materia) | Varios centros |
| LSAT (Derecho) www.lsac.org/LSAC.asp?url=lsac/about-the-lsat.asp | | 112 | | Varios centros |
| MCAT (Medicina) www.aamc.org/students/mcat/start.htm | | 190 | | Towson, Burlington, Chicago, Washington, Atlanta, Dallas, San Francisco |

**PRINCIPALES EXÁMENES DE ADMISIÓN QUE SOLICITAN ALGUNAS UNIVERSIDADES PARA EDUCACIÓN SUPERIOR (continuación)**

| Examen y área que evalúa | Costo (dólares) México | Costo (dólares) EU | Lugar de aplicación México | Lugar de aplicación EU |
|---|---|---|---|---|
| PSAT/NMSQT (Conocimientos generales) www.collegeboard.com/student/testing/psat/about.html | | 11 | | Varios colegios y universidades |
| SAT (Habilidad verbal y matemáticas) www.collegeboard.com | 45.5 (general) 8 - 17 (por materia)[a] | 29.5 (general) 8 - 17 (por materia)[a] | México, Monterrey, Puerto Vallarta, Ensenada, Guadalajara, Durango, Puebla, Torreón, Cancún y Hermosillo | Varios colegios y universidades |
| TOEFL (Nivel de inglés) (computadora) www.ets.org/toefl | 130 | 130 | Cd. de México, Guadalajara y Monterrey Hermosillo, La Paz, Mazatlán, Mérida, Mexicali, Morelia, Puebla, Querétaro, Tamaulipas y Veracruz (escrito) | Varios centros (computadora) Juneau, Grand Jct., Kent, West Haven, Hays, Interlochen, Kingston, Rapid City, Laredo, (escrito) |
| USMLE (Áreas médicas especializadas) www.ecfmg.org | 795 (parte I) 805 (parte II) 795 (parte I) 805 (parte II) | 675 | Cd. de México, Guadalajara y Monterrey | Varios centros |

[a] Además se deben pagar 17 dólares por gastos de registro y 17 por cargo internacional (sólo en el caso de México).
Fuente: Embajada de Estados Unidos en México; páginas web de los diferentes programas.

## UNIVERSIDADES Y CENTROS DE INVESTIGACIÓN CON PROGRAMAS SOBRE ESTADOS UNIDOS EN MÉXICO

Resultó imposible incluir información detallada sobre el trabajo que se hace en estas universidades o centros. Se sugiere visitar las páginas de los programas respectivos en donde se explica con precisión lo que cada institución realiza.

| Universidad / Centro de Investigación | Programa o área de concentración |
|---|---|
| Centro de Investigaciones sobre América del Norte (CISAN) www.cisan.unam.mx/ | Investigación sobre los tres países de América del Norte. |
| Centro de Investigación y Docencia Económicas (CIDE) www.cide.edu/div_estudios_internacionales.htm | Investigaciones sobre Estados Unidos. |
| El Colegio de la Fontera Norte 200.23.245.225/Alweb aplicaciones/ | La investigación que realizan se concentra en la región fronteriza México-Estados Unidos. |
| El Colegio de México www.colmex.mx/centros/cei/ | Realiza investigación sobre los tres países de América del Norte. |
| El Colegio de San Luis www.colsan.edu.mx/investigacion/pepi/default.htm | Investiga la relación bilateral. |
| El Colegio de Sonora www.colson.edu.mx/i_mex-eu.htm | Estudia los mexicoamericanos de Arizona y otros proyectos sobre historia socio-económica de la región fronteriza. |
| Facultad de Ciencias Políticas y Sociales (UNAM) www.politicas.unam.mx/ | Se investigan las relaciones bilaterales y la política exterior de Estados Unidos. |
| Instituto de Investigaciones Dr. José María Luis Mora www.institutomora.edu.mx/ | Se concentra en la historia de Estados Unidos desde la perspectiva mexicana. |
| Instituto de Investigaciones Jurídicas (UNAM) www.juridicas.unam.mx | La relación vista desde una perspectiva jurídica. |
| Instituto de Investigaciones Sociales (UNAM) www.unam.mx/iisunam/ | Entre otros temas, analizan la migración a Estados Unidos y empleo rural en México. |
| Instituto Tecnológico Autónomo de México (ITAM) interamericanos.itam.mx/ | Entre otros temas estudia la influencia latina y caribeña en Estados Unidos, migración y política exterior estadunidense. |
| Tecnológico de Monterrey (ITESM) www.sistema.itesm.mx/ | Realiza diversas investigaciones sobre Norteamérica. |
| Universidad Autónoma de Sonora (UAS) www.uasnet.mx | Maestría en Estudios de Estados Unidos y Canadá. |
| Universidad Autónoma Metropolitana, Iztapalapa (UAM) www.iztapalapa.uam.mx | Investigan la historia de Estados Unidos y su relación con México en los siglos XIX y XX. |
| Universidad de las Américas, Puebla (UDLA) info.pue.udlap.mx | Maestría en Estudios sobre Estados Unidos e investigación sobre las relaciones bilaterales. |

Fuente: Páginas web de las diferentes universidades.

# PROGRAMAS DE INVESTIGACIÓN SOBRE MÉXICO EN ESTADOS UNIDOS

| Universidad | Página web |
|---|---|
| Columbia University www.columbia.edu/cu/latino | Se concentra en estudios sobre mexico-americanos y chicanos. |
| Georgetown University www.georgetown.edu/sfs/programs/clas/mexico | En el Proyecto México investigan la economía, la política y la migración. |
| Harvard University drclas.fas.harvard.edu/index.pl/programs/mexico | Programa de estudios sobre México del David Rockefeller Center for Latin American Studies. |
| Princeton University mmp.opr.princeton.edu | Realizan estudios sobre la migración mexicana a Estados Unidos en coordinación con la Universidad de Guadalajara (programa "Mexican Migration Project") |
| Michigan State University www.jsri.msu.edu/cls/index.shtml | Estudia temas relacionados con chicanos y latinos en Estados Unidos. |
| Stanford University www.stanford.edu/group/las | Investigación de temas contemporáneos de México |
| University of California at Berkeley www.clas.berkeley.edu:7001 | El Center for Latin American Studies promueve la docencia e investigación. |
| University of California at San Diego www.usmex.ucsd.edu | Uno de los centros más activos en la promoción de la investigación sobre los dos países. |
| University of Chicago clas.uchicago.edu/thematic/mexican.html | Realizan programas de investigación en diferentes temas. |
| University of Illinois at Urbana-Champaign www.clacs.uiuc.edu | Programas de licenciatura, maestría y doctorado. |
| University of Texas at Arlington www.uta.edu/cmas | Realiza estudios sobre mexicoamericanos y chicanos. |
| University of Texas at Austin www.utexas.edu/cola/llilas/centers/mexican/index.html | Programas de investigación sobre: cultura, historia de la época colonial e historia moderna, maya, náhuatl, TLCAN, etc. |
| University of Texas at Dallas www.utdallas.edu/research/cusms/home_spa.htm | Cursos sobre economía (sobre todo TLCAN), política y cultura. |
| Woodrow Wilson International Center for Scholars wwics.si.edu | Programas de investigación orientados a mejorar la cooperación entre México y Estados Unidos. |

Fuente: Páginas web de las diferentes universidades y centros de investigación.

# LOS CORRESPONSALES

# LOS CORRESPONSALES

En los medios de comunicación se expresan las asimetrías y peculiaridades de los dos países. De entrada, llama la atención la cantidad de medios estadunidenses que tienen presencia en México y la escasez de los mexicanos en Estados Unidos.

Por otro lado, es sintomático del centralismo la altísima concentración de representaciones en la capital mexicana, del mismo modo que la relativa dispersión de los medios mexicanos es consecuencia del federalismo que impera en el vecino país.

## CORRESPONSALÍAS DE ESTADOS UNIDOS EN MÉXICO

**DISTRITO FEDERAL**

**Escritos**

| Medio | Corresponsales | Teléfono |
|---|---|---|
| *Arizona Republic* | Chris Hawley | 52-86-57-25 |
| Associated Press (AP) | Lisa Adams | 50-80-34-00 |
| | Teresa Carl | |
| | Eduardo Castillo | |
| | Graham Gori | |
| | Morgan Lee | |
| | John Rice | |
| | Mark Stevenson | |
| | Will Weissert | |
| *The Boston Globe* | Marion Lloyd | 52-86-36-24 |
| *Businessweek* | Geri Smith | 15-00-51-00 |
| *Chicago Tribune* | Hugh Dellios | 56-59-77-04 |
| *Christian Science Monitor* | Kenneth Bensinger | 52-07-30-95 |

**CORRESPONSALES DE ESTADOS UNIDOS Y MÉXICO POR TIPO DE MEDIO Y UBICACIÓN, 2004**

| Concepto | Total |
|---|---|
| **De Estados Unidos en México** | |
| Medios escritos | 54 |
| Medios electrónicos | 28 |
| Distrito Federal | 81 |
| Monterrey, Nuevo León | 1 |
| **De México en Estados Unidos** | |
| Medios escritos | 27 |
| Medios electrónicos | 8 |
| Washington, D.C. | 14 |
| Nueva York | 8 |
| Los Ángeles, California | 4 |

| Correo electrónico | Página web |
|---|---|
| chris.hawley@arizonarepublic.com | www.azcentral.com/arizonarepublic |
| apmexico@ap.org | www.ap.org |

| Correo electrónico | Página web |
|---|---|
| marionlloyd@prodigy.net.mx | www.boston.com |
| geri_smith@businessweek.com | www.businessweek.com |
| hdellios@tribune.com | www.chicagotribune.com |
| kenbensinger@hotmail.com | www.csmonitor.com |

## DISTRITO FEDERAL (continuación)

| Medio | Corresponsales | Teléfono |
|---|---|---|
| Copley News Service | Susan Lynne Walker | 55-54-16-58 |
| Cox News | Jeremy Schwartz | 56-59-91-81 |
| The Dallas Morning News | Brendan Case<br>Ricardo Chavira Parra<br>Alfredo Corchado<br>Laurence Iliff | 55-64-53-92 |
| Dow Jones Newswires | Tom Barkley<br>Amy Guthrie<br>Anthony Harrup | 50-80-34-50 |
| Express News | Ben Schiller | 55-64-45-41 |
| Financial Times | Sara Silver | 52-86-70-48 |
| The Herald | Michael O'Boil | 57-09-13-13<br>x 2410 |
| The Houston Chronicle | Dudley Althaus<br>Ioan Grillo | 55-50-93-37 |
| Knigth Ridder Newspapers | Susana Hayward | 55-54-89-32 |
| Living on Earth | Jana Schroeder | (739) 395-10-92 |
| Los Angeles Times | Richard Boudreaux<br>Cecilia Sánchez<br>Christian Winther Kraul | 52-55-13-79 |
| The Miami Herald | Andrés Oppenheimer | (305) 665-61-90<br>283-27-28 |
| The New York Times | Antonio Betancur<br>Elisabeth Malkin<br>Ginger Thompson | 52-11-41-60 |
| The New Yorker | Alma Guillermoprieto | 55-74-41-23 |
| Newsday | Letta Tayler | 56-59-56-34 |
| Newsweek | Scott Cameron | |
| Newsweek en español | María Amparo Lasso | 55-78-04-17<br>55-78-20-94 |
| La Opinión | Francisco Robles Nava | 53-19-85-11 |
| El Paso Times | Diana Washington Valdez | (915) 546-61-40 |

| Correo electrónico | Página web |
|---|---|
| slwalker@terra.com.mx | www.copleynews.com |
| jschwartz@coxnews.com | www.coxnews.com/cox |
| bcase@dallasnews.com | www.dallasnews.com |
| | |
| acorchado@dallasnews.com | |
| liliff@dallasnews.com | |
| tom.barkley@dowjones.com | www.dowjones.com.mx |
| amy.guthrie@dowjones.com | |
| anthony.harrup@dowjones.com | |
| express@cablevision.net.mx | www.express-news.com |
| ftmexico@prodigy.net.mx | www.ft.com |
| moboyle@eluniversal.com.mx | |
| | |
| dqalthaus@yahoo.com | www.chron.com |
| ioangrillo@hotmail.com | |
| krmexico@prodigy.net.mx | |
| laja@laneta.apc.org | www.loe.org |
| richard.boudreaux@latimes.com | www.latimes.com |
| mexico@latimes.com | |
| chris.kraul@latimes.com | |
| | www.herald.com |
| | |
| nytmex@prodigy.net.mx | www.nytimes.com |
| nytimesmexico@prodigy.net.mx | |
| ginger@nytimes.com | |
| | www.newyorker.com |
| ltayler@newsday.com | www.newsday.com |
| scott@caameron.com | www.newsweek.com |
| mlasso4@hotmail.com | www.newsweekespanol.com.mx |
| | |
| la_opcion@att.net.mx | www.laopinion.com |
| | www.elpasotimes.com |

## DISTRITO FEDERAL (continuación)

| Medio | Corresponsales | Teléfono |
|---|---|---|
| *People Magazine en español* | Daniela Torres | 54-24-18-87 |
| *Platt's* | Ronald Buchanan | 55-18-57-71 |
| *Reuters* | Manuel Carrillo | 52-82-71-70 |
| *San Antonio Express News* | Dane Schiler | 55-64-45-41 |
| *The Village Voice* | Laurence Pantin | 56-58-35-72 |
| *The Wall Street Journal* | José de Córdoba | 52-81-09-02 |
|  | David Luhnow |  |
|  | John Lyons |  |
| *The Washington Post* | Bart Beeson | 56-58-76-85 |
|  | Mary Jordan | 56-58-76-41 |
|  | Kevin Sullivan |  |

## Electrónicos

| Medio | Corresponsales | Teléfono |
|---|---|---|
| ABC News | José Cohen | 52-07-76-01 |
| ABC Radio | Cynthia Hawes | 52-86-45-24 |
| Associated Press TV | Michael Bodenhorst | 50-80-34-48 |
| Bloomberg Business News | Adriana Arai | 52-42-92-56 |
|  | Thomas Black |  |
|  | Inti Landauro |  |
|  | Giselle Rodríguez |  |
| CBS News Radio | Adrienne Bard | 56-68-12-24 |
| CBS News TV | Carolinne Lippert | 53-98-49-25 |
| CNN | Krupskaia Alis Rumanzo | 52-09-93-50 |
|  | Ariel Crespo |  |
|  | Rey Rodríguez |  |
|  | Harris Whitbeck |  |
| Khou-TV 11 | Angela Kocherga | 55-84-21-68 |
| National Public Radio | Lourdes García Navarro | 55-53-03-58 |
| NBC News | Laura Saravia | 25-81-62-00 |
|  |  | 52-52-51-81 |

| Correo electrónico | Página web |
| --- | --- |
| danielatorres7@terra.com.mx | |
| ronald@buchanan.com.mx | www.platts.com |
| manuel.carrillo@reuters.com | www.reuters.com |
| daneschiller@hotmail.com | www.expressnews.com |
| lpantin@tchao.org | www.villagevoice.com |
| jose.decordoba@wsj.com | www.wsj.com |
| david.luhnow@wsj.com | |
| john.lyons@wsj.com | |
| bartonbeeson@aol.com | www.washingtonpost.com |
| maryjordan@compuserve.com | |
| kjsullivan@compuserve.com | |

| Correo electrónico | Página web |
| --- | --- |
| josecoh@yahoo.com | www.abc.com |
| chawes@prodigy.net.mx | www.abcradio.com |
| mbodenhorst@ap.org | |
| mexico@bloomberg.net | www.bloomberg.com |
| tblack@bloomberg.net | |
| ilandauro@bloomberg.net | |
| aarai1@bloomberg.net | |
| grodriguez5@bloomberg.net | |
| abard@prodigy.net.mx | www.cbsnews.com |
| lippert@avantel.net | www.cbsnews.com |
| krupskaiaalis@yahoo.com.mx | www.cnn.com/ Politics/index.htlm |
| ariel.crespo@cnn.com | |
| reynaldo.rodriguez@cnn.com | |
| harris.whitbeck@cnn.com | |
| akocherga@aol.com | www.khou.com |
| lnavarro@npr.org | www.npr.org |
| laura.saravia@nbc.com | www.nbc.com |

## DISTRITO FEDERAL (continuación)

| Medio | Corresponsales | Teléfono |
| --- | --- | --- |
| NBC Radio | James Blears | 53-44-05-87 |
| Telemundo Noticias | José Rubén Nieto | 55-45-50-42 |
| | Jazive Pérez | |
| | Victor Hugo Puente | |
| | Guadalupe Rincón | |
| | Raúl Torres | |
| Univisión | Lidia Barrón | 52-42-70-00 |
| | Carlos Díaz | |
| | Blanca Gómez | |
| | Alejandro Mendoza | |
| Univisión Online | Luz Adriana Santa Cruz | 52-42-70-68 |
| The World | Frank Contreras | 52-11-11-84 |

## MONTERREY, NUEVO LEÓN

### Escritos

| Medio | Corresponsales | Teléfono |
| --- | --- | --- |
| Associated Press (AP) | Olga Rodríguez | (81) 83-56-41-57 |

# CORRESPONSALÍAS DE MÉXICO EN ESTADOS UNIDOS

## LOS ÁNGELES, CALIFORNIA

### Escritos

| Medio | Corresponsales | Teléfono |
| --- | --- | --- |
| Notimex | José Romero Mata | (213) 739-99-07 |
| *Reforma* | Mariana Alvarado | (714) 505-18-01 |
| *El Universal* | Jaime Hernández | (213) 324-31-85 |

| Correo electrónico | Página web |
| --- | --- |
| jamex@prodigy.net.mx | |
| | www.telemundo.com |
| guadalupe.rincon@nbc.com | |
| raultorresm@hotmail.com | |
| lbarron@univision.net | www.univision.com |
| cdiaz@univision.net | |
| bgomez@univision.net | |
| amendoza@univision.net | |
| lsantacruz@mx.univision.com | www.univision.com |
| radiopublica@yahoo.com | www.theworld.org |

| Correo electrónico | Página web |
| --- | --- |
| orodriguez@ap.org | www.ap.org |

| Correo electrónico | Página web |
| --- | --- |
| romerontx9@aol.com | www.notimex.com.mx |
| mavalos@cox.net | www.reforma.com |
| perroamarillo50@hotmail.com | www.el-universal.com.mx |

## LOS ÁNGELES, CALIFORNIA (continuación)
### Electrónicos

| Medio | Corresponsales | Teléfono |
|---|---|---|
| TV Azteca | Edgar Muñoz | (818) 247 80 49 |

## DALLAS, TEXAS
### Escrito

| Medio | Corresponsales | Teléfono |
|---|---|---|
| Notimex | Francisco Trujillo | (210) 685-04-42 |

## MIAMI, FLORIDA
### Escritos

| Medio | Corresponsales | Teléfono |
|---|---|---|
| Notimex | Ramón Rodríguez<br>Pablo Tonini | (305) 445-07-16 |
| El Universal | Sergio Otálora | (786) 797-39-11 |

## NUEVA YORK, N.Y.
### Escritos

| Medio | Corresponsales | Teléfono |
|---|---|---|
| La Jornada | David Brooks<br>Jim Cason | |
| Notimex | Ricardo Alday<br>Oscar Santamaría | (212) 371-12-89 |
| Reforma | Alberto Armendáriz | (718) 855-53-31 |
| El Universal | Noelia Sastre | (917) 860-25-95 |

| Correo electrónico | Página web |
|---|---|
| emunozse@aztecaamerica.com | www.tvazteca.com.mx |

| Correo electrónico | Página web |
|---|---|
| trujillo@sbglobal.net | www.notimex.com.mx |

| Correo electrónico | Página web |
|---|---|
| rrdzreyna@aol.com | www.notimex.com.mx |
| ntxtoni@aol | |
| sergiootalora@hotmail.com | www.el-universal.com.mx |

| Correo electrónico | Página web |
|---|---|
| jornada@mindspring.com | www.jornada.unam.mx |
| alday7@aol.com | www.notimex.com.mx |
| osantamaria@yahoo.com | |
| alberto.armendariz@reforma.com | www.reforma.com |
| noeliasastresa@yahoo.com | www.el-universal.com.mx |

## NUEVA YORK, N.Y. (continuación)

### Electrónicos

| Medio | Corresponsales | Teléfono |
| --- | --- | --- |
| Televisa | Marisa Céspedes | 57-09-43-46 |
| TV Azteca | Magdalena Ortiz | (917) 532-48-54 |

## PHOENIX, ARIZONA

### Escritos

| Medio | Corresponsales | Teléfono |
| --- | --- | --- |
| Notimex | Horacio Chávez | (602) 258-59-87 |

## SAN ANTONIO, TEXAS

### Electrónicos

| Medio | Corresponsales | Teléfono |
| --- | --- | --- |
| TV Azteca | Juan Carlos Hernández | (210) 677-82-14 |

## SAN DIEGO, CALIFORNIA

### Escritos

| Medio | Corresponsales | Teléfono |
| --- | --- | --- |
| Notimex | Manuel Ocaño | (619) 420-80-74 |
| El Universal | Patricia Zugayde | (760) 277-12-57 |

## SAN FRANCISCO, CALIFORNIA

### Escritos

| Medio | Corresponsales | Teléfono |
| --- | --- | --- |
| Proceso | Sanjuana Martínez | (415) 387-78-72 |
| El Universal | Araceli Martínez | (650) 575-83-10 |

| Correo electrónico | Página web |
| --- | --- |
| internacionales@televisa.com.mx | www.esmas.com/televisa |
| azteca_ny@hotmail.com | www.tvazteca.com.mx |

| Correo electrónico | Página web |
| --- | --- |
| chavezhoracio@hotmail.com | www.notimex.com.mx |

| Correo electrónico | Página web |
| --- | --- |
| elmanual2002@yahoo.com | www.tvazteca.com.mx |

| Correo electrónico | Página web |
| --- | --- |
| mocano@aol.com | www.notimex.com.mx |
| zugayde@hotmail.com | www.el-universal.com.mx |

| Correo electrónico | Página web |
| --- | --- |
| sanjuanamartin@yahoo.com | www.proceso.com.mx |
| aracelimo13@hotmail.com | www.el-universal.com.mx |

# WASHINGTON, D.C.

## Escritos

| Medio | Corresponsales | Teléfono |
| --- | --- | --- |
| Diario Monitor | Javier Garza | (202) 249-81-95 |
| Excelsior | Concepción Badillo | (202) 342-00-18 |
| El Financiero | Dolia Estévez | (703) 707-02-36 |
| La Jornada | David Brooks | (202) 547-58-52 |
|  | Jim W. Cason |  |
| Notimex | Rubén Barrera | (202) 347-52-27 |
|  | José López |  |
|  | Santiago Tavara |  |
| Proceso | Jesús Esquivel | (202) 737-15-38 |
| Reforma | José Díaz Briseño | (202) 375-11-89 |
| El Universal | José Carreño | (202) 662-71-90 |

## Electrónicos

| Medio | Corresponsales | Teléfono |
| --- | --- | --- |
| Radio Centro | Dinah de Saracho | (301) 916-80-71 |
| Radio Monitor | Dolia Estévez | (703) 707-02-36 |
| Televisa | Gregorio Meraz | 57-09-43-46 |
| TV Azteca | Armando Guzmán | (202) 628-40-00 |

Fuentes: Washington Foreign Press Center (Program Officer for Canada, Latin America & the Caribbean), Embajada de México en Washington, Departamento de Información Internacional de la SRE, Directorio web del Gobierno Mexicano e información proporcionada por cada medio.

| Correo electrónico | Página web |
| --- | --- |
| jgarza9@hotmail.com | www.diariomonitor.com.mx |
| cbadillo@aol.com | www.excelsior.com.mx |
| destevez@erols.com | www.elfinanciero.com.mx |
| jornada@mindspring.com | www.jornada.unam.mx |
| | |
| nanche@aol.com | www.notimex.com.mx |
| Joseloz12@aol.com | |
| sdtavara@aol.com | |
| Je77car@aol.com | www.proceso.com.mx |
| *jose.diazb*@reforma.com | www.reforma.com |
| carreno@wizard.net | www.el-universal.com.mx |

| Correo electrónico | Página web |
| --- | --- |
| demeraz@aol.com | www.radiocentro.com.mx |
| destevez@erols.com | www.monitor.com.mx |
| internacionales@televisa.com.mx | www.esmas.com/televisa |
| guzman2tvazteca@aol.com | www.tvazteca.com.mx |

# LIBROS SOBRE LAS RELACIONES
MÉXICO-ESTADOS UNIDOS

# LIBROS SOBRE LAS RELACIONES MÉXICO-ESTADOS UNIDOS

En la medida en la que ha crecido la intensidad y complejidad de la relación bilateral, también se ha incrementado y diversificado la investigación académica. Para los interesados en enmarcar las cifras de este Almanaque se incluye esta selección de libros recomendados por un grupo de colegas.[1] Dado el tamaño de una bibliografía que crece, la lista se concentra en materiales que aborden la relación entre México y Estados Unidos.

Para facilitar la consulta el material se agrupa alfabéticamente en cuatro categorías convencionales: visiones generales, migración y fronteras, economía y seguridad. Cuando procede se incluye la versión en el otro idioma.

## VISIONES GENERALES

Aguayo Quezada, Sergio, *El panteón de los mitos. Estados Unidos y el nacionalismo mexicano* (México, Editorial Grijalbo-El Colegio de México, 1998). Existe versión en inglés: *Myths and (Mis)perceptions: Changing U.S. Elite Visions of Mexico* (Center for U.S.-Mexican Studies, University of California-San Diego-El Colegio de México, 1998).

Astié-Burgos, Walter, *El águila bicéfala. Las relaciones México-Estados Unidos a través de la experiencia diplomática* (México, Planeta, 1995).

Bilateral Commission on the Future of US-Mexican Relations, 5 vols., (University of California, San Diego, 1989).

Bosworth, Barry, P. *et. al.*, eds., *Coming Together? Mexico-United States Relations* (Washington, D.C., Brookings Institution, 1997).

Brooks, David y Jonathan Fox, eds., *Cross-Border Dialogues: U.S.-Mexico Social Movement Networking* (Center for U.S.-Mexican Studies, University of California-San Diego, 2002).

---

[1] Ellos son Roderic Camp (Claremont McKenna College), Denise Dresser (Instituto Tecnológico Autónomo de México), Lorenzo Meyer (El Colegio de México), Kevin Middlebrook (London University), Robert Pastor (American University), José Luis Valdés (Centro de Investigaciones sobre América del Norte, UNAM), Josefina Zoraida Vázquez (El Colegio de México) y Gustavo Vega (El Colegio de México).

Castañeda, Jorge y Pastor, Robert A. *Límites de la amistad: Mexico y Estados Unidos* (Mexico, Joaquín Mortiz-Planeta, 1989). Existe versión en inglés: *Limits to Friendship: The United States and Mexico* (Nueva York, Alfred A. Knopf, 1988).

Davidow, Jeffrey, *El oso y el puercoespín. Testimonio de un embajador de Estados Unidos en México* (México, Grijalbo, 2003). Existe versión en inglés: *The U.S. and Mexico: The Bear and the Porcupine. Testimony of the U.S. Ambassador to Mexico. 1998-2002* (Princeton, New Jersey, Markus Wiener Publishers, 2004).

Domínguez, Jorge I. y Rafael Fernández de Castro, *The United States and Mexico: Between Partnership and Conflict* (Nueva York, Routledge, 2001). Existe versión en español: *¿Socios o adversarios? México-Estados Unidos hoy* (México, Océano, 2001).

Fernández de Castro, Rafael, coord., *México en el mundo. En la frontera del imperio* (México, Editorial Ariel, 2003).

González, Guadalupe et al., eds., *Comparing Mexican and American Public Opinion and Foreign Policy* (Chicago, Chicago Council on Foreign Relations-Centro de Investigación y Docencia Económicas-Consejo Mexicano de Asuntos Internacionales, 2004).

Lipset, Seymour Martin, *Continental Divide. The Values and Institutions of the United States and Canada* (Nueva York, Routledge, 1991).

Mazza, Jacqueline, *Don't Disturb the Neighbors: The U.S. and Democracy in Mexico. 1980-1995* (Nueva York, Routledge, 2000).

New Horizons in U.S.-Mexico Relations. *Recommendations for Policymakers* (Washington, D.C., Center for Strategic and International Studies-Centro de Investigación para el Desarrollo A.C.-Instituto Tecnológico Autónomo de México-University of Texas at Austin, 2001). Este documento tiene versión electrónica: http://www.csis.org/americas/mexico/NewHorizons.pdf

Ojeda, Mario, *Alcances y límites de la política exterior de México*, 2ª edición (México, El Colegio de México, 2001).

Orozco, José Luis, *De teólogos, pragmáticos y geopolíticos. Aproximación al globalismo norteamericano* (México, Universidad Nacional Autónoma de México, 2001).

Preston, Julia y Samuel Dillon, *Opening Mexico: The Making of a Democracy* (Nueva York, Farrar-Straus and Giroux, 2004). Existe versión en español: *El despertar de México: episodios de una búsqueda de la democracia* (México, Océano, 2004).

*Relaciones México-Estados Unidos, 150 años después.* (México, Fundación Colosio, 1997. Serie Memorias).

Raat, W. Dirk, *Mexico and the United States: Ambivalent Vistas,* (University of Georgia Press, 2004).

Riding, Alan, *Vecinos distantes. Un retrato de los mexicanos* (México, Joaquín Mortiz, 1985). Existe versión en inglés: *Distant Neighbors. A Portrait of the Mexicans* (Nueva York, Alfred A. Knopff, 1985).

Roett, Riordan, ed., *Mexico's External Relations in the 1990s* (Boulder, Colorado, Lynne Rienner Publishers, 1991). Existe versión en español: *Relaciones exteriores de México en la década de los noventa* (México, Siglo XXI, 1991).

Roett, Riordan, ed., *Mexico and the United States: Managing the Relationship* (Boulder, Colorado, Westview, 1988). Existe versión en español: *México y Estados Unidos: el manejo de la relación* (México, Siglo XXI, 1989).

Schoultz, Lars, *Beneath the United States. A History of U.S. Policy Toward Latin America* (Harvard University Press, 1998).

Smith, Clint E., *Inevitable Partnership. Understanding Mexico-U.S. Relations* (Boulder, Colorado, Lynne Reinner, 2000). Existe versión en español: *México y Estados Unidos: 180 años de relaciones ineludibles* (Guadalajara, Jalisco, Universidad de Guadalajara-Juan Pablos, 2001).

Valdés Ugalde, José Luis, Estados Unidos: *intervención y poder mesiánico. La guerra fría en Guatemala, 1954* (México, Instituto de Investigaciones Jurídicas, UNAM-Centro de Investigaciones sobre América del Norte, UNAM, 2004).

Valenzuela, Arturo, *The Challenge of Mexico to U.S. Foreign Policy* (Washington, D.C., Henry L. Stimson Center, 1997).

Vázquez, Josefina Zoraida y Lorenzo Meyer, *México frente a Estados Unidos: un ensayo histórico, 1776-2000* (México, Fondo de Cultura Económica, 2001).

## MIGRACIÓN Y FRONTERAS

Alba, Francisco, "Continuidad y cambios de la migración a Estados Unidos", en Bizberg, Ilán y Lorenzo Meyer, coords., *Una historia contemporánea de México. Transformaciones y permanencias* (México, Océano, 2003).

Alba, Francisco, *Las migraciones internacionales* (México, Consejo Nacional para la Cultura y las Artes, 2001).

Andreas, Peter, *Border Games: Policing the U.S.-Mexico Divide* (Cornell University Press, 2001. Cornell Studies in Political Economy).

Bustamante, Jorge A., *Migración internacional y derechos humanos* (México, Universidad Nacional Autónoma de México, 2002).

Cornelius, Wayne A, co-editor, *Controlling Immigration: A Global Perspective*, (Stanford University Press, 2004).

Fitzgerald, David, *Negotiating Extra-Territorial Citizenship: Mexican Migration and the Transnational Politics of Community* (University of California, San Diego, Center for Comparative Immigration, 2000).

Huntington, Samuel P., *Who Are We? The Challenges to America's National Identity* (Nueva York, Simon & Schuster, 2004). Existe versión en español: *¿Quiénes somos? Los desafíos a la identidad nacional estadounidense* (México, Paidós, 2004).

Tuirán, Rodolfo, coord., *Migración México-Estados Unidos: continuidad y cambio* (México, Consejo Nacional de Población, 2000).

## ECONOMÍA

Alba, Carlos *et al.*, coords., *A diez años del TLCAN*, 3 vols. (México, El Colegio de México-Programa Interinstitucional de Estudios sobre la Región de América del Norte, 2005).

Casares, Enrique R. y Horacio Sobarzo, comps., *Diez años del TLCAN en México. Una perspectiva analítica* (México, FCE, 2004).

Chambers, Edward J. y Peter H. Smith, eds., *NAFTA in the New Millennium* (University of California, San Diego, Center for U.S.-Mexican Studies-University of Alberta Press, 2002).

Johnson, Pierre Marc y Andre Beaulieu, *The Environment and NAFTA. Understanding and Implementing the New Continental Law* (Washington, D.C. Island Press, 1996).

Martin, Philip L., *Trade and Migration: NAFTA and Agriculture* (Washington, D.C., Institute for International Economics, 1993. Policy Analyses in International Economics).

Middlebrook, Kevin J. y Eduardo Zepeda, eds., *Confronting Development: Assessing Mexico's Economic and Social Policy Challenges* (Stanford University Press-Center for U.S.-Mexican Studies, University of California-San Diego, 2003).

Pastor, Robert, *Toward a North American Community: Lessons from the Old World for the New* (Washington, D.C., Institute for International Economics, 2001).

Vega Canovas, Gustavo et al., *México, Estados Unidos y Canadá. Resolución de controversias en la era post-Tratado de Libre Comercio de América del Norte* (México, UNAM-El Colegio de México, 2005).

Weintraub, Sidney, ed., *NAFTA's Impact on North America. The First Decade* (Washington, D.C., Center for Strategic and International Studies Press, 2004).

Weintraub, Sydney, *A Marriage of Convenience. Relations Between Mexico and the United States* (Oxford University Press, 1990).

Wise, Carol, *The Post-NAFTA Political Economy: Mexico and the Western Hemisphere* (Pennsylvania State University Press, 1998).

## SEGURIDAD

Aguayo Quezada, Sergio y John Bailey, comps., *Las seguridades de México y Estados Unidos en un momento de transición* (México, Siglo XXI, 1997). Existe versión en inglés *Strategy and Security in U.S.-Mexican Relations Beyond the Cold War* (Center for U.S.-Mexican Studies, University of California-San Diego, 1996).

Aguayo Quezada, Sergio y Bruce Michael Bagley, comps., *En busca de la seguridad perdida: aproximaciones a la seguridad nacional mexicana* (México, Siglo XXI, 1990). Existe versión en inglés: *Mexico in Search of Security* (Miami, North-South Center, University of Miami, 1993).

Bailey, John y Roy Godson, eds., *Organized Crime & Democratic Governability: Mexico & the U.S.-Mexican Borderlands* (University of Pittsburgh Press, 2000). Existe versión en español: *Crimen organizado y gobernabilidad democrática: México y la franja fronteriza* (México, Grijalbo, 2000).

Benítez-Manaut, Raúl, *Mexico and the New Challenges of Hemispheric Security* (Washington, D.C., Woodrow Wilson International Center for Scholars, 2004).

*U.S.-Mexico Border Security and the Evolving Security Relationship* (Washington, D.C., Center for Strategic and International Studies-Instituto Tecnológico Autónomo de México, 2004). Este documento tiene versión electrónica: http://www.csis.org/americas/mexico/0404_bordersecurity.pdf

# FUENTES CONSULTADAS

## UNA VISIÓN DE CONJUNTO

Banco de México, http://www.banxico.org.mx
Federal Bureau of Investigation, Uniform Crime Reports,
    http://www.fbi.gov/ucr/ucr.htm
Procuraduría General de la República, http://wwwhtm.pgr.gob.mx/
    homepage.htm
Secretaría de Comunicaciones y Transportes, http://portal.sct.gob.mx/SctPortal
Secretaría de Medio Ambiente y Recursos Naturales,
    http://www.semarnat.gob.mx/wps/portal
Secretaría de Salud, http://www.salud.gob.mx
The Economist Intelligence Unit, http://db.eiu.com
The Federal Communications Commission, http://www.fcc.gov
U.S. Department of Commerce, http://www.commerce.gov
U.S. Department of Justice, http://www.usdoj.gov

## LOS VALORES Y CREENCIAS DE MEXICANOS Y ESTADUNIDENSES

Centro de Investigación y Docencia Económicas, Consejo Mexicano de Relaciones Internacionales, The Chicago Council on Foreign Relations, *México y el mundo. Visiones globales 2004. Opinión Pública y Política Exterior en México y Estados Unidos: un estudio comparado*, México, 2004.
Inglehart, Ronald, *et al.*, *Human Beliefs and Values. A cross-cultural sourcebook based on the 1999-2002 values surveys*. 2004, México, Siglo XXI, 2004.
Moreno, Alejandro, *Nuestros valores: México y Estados Unidos al inicio del siglo XXI*, México, Banamex, en prensa.

## EMBAJADAS Y CONSULADOS

Seara Vázquez, Modesto, *Derecho Internacional Público*, 16 ed., México, Editorial Porrúa, 1997, pp. 224-243.
Sepúlveda César, *Curso de Derecho Internacional Público*, México, Editorial Porrúa, 1960, pp. 126-129.
Shaw, Malcolm N., *International Law*, 5 ed., Cambridge University Press, 2003, pp. 668-693.

## LOS EJECUTIVOS

Cámara de Diputados del H. Congreso de la Unión, http://www.diputados.gob.mx
Cámara de Diputados del H. Congreso de la Unión, Presupuesto de Egresos de la Federación para el ejercicio fiscal 2004, http://www.diputados.gob.mx/leyinfo
Federal Election Commission, http://www.fec.gov/index.shtml
Instituto Federal Electoral, http://www.ife.org.mx/InternetCDA/HOME/home.jsp
Presidencia de la República, http://www.presidencia.gob.mx
Secretaría de Hacienda y Crédito Público, http://www.shcp.gob.mx/index01.html
Secretaría de Hacienda y Crédito Público, Subsecretaría de Egresos, http://www.shcp.sse.gob.mx
The U.S. Government Printing Office, Budget of the United States Government: Historical, Tables Fiscal Year 2005, http://www.gpoaccess.gov/usbudget/fy05/hist.html
The White House, Budget of the United States Government, Fiscal Year 2003, http://www.whitehouse.gov/omb/budget/fy2003/pdf/app22.pdf
The White House, http://www.whitehouse.gov
U.S. Office of Personnel Management, http://www.opm.gov
Wright, John W., *The New York Times 2004 Almanac*, Nueva York, Penguin Putnam Inc., 2003.

## LOS LEGISLATIVOS

Cámara de Diputados México, http://www.camaradediputados.gob.mx
Cámara de Senadores, http://www.senado.gob.mx
Diario Oficial de la Federación, http://www.gobernacion.gob.mx/dof/pop.php
Library of Congress, http://www.loc.gov
U.S. Government Printing Office, http://www.gpo.gov
U.S. House of Representatives, http://www.house.gov
U.S. Office of Personnel Management, http://www.opm.gov
U.S. Senate, http://www.senate.gov

## EL PODER JUDICIAL

Administrative Office of the U.S. Courts, http://www.uscourts.gov
Budget of the United States Government, http://www.gpoaccess.gov/usbudget
Consejo de la Judicatura Federal, http://www.cjf.gob.mx
Presupuesto de Egresos de la Federación, http://www.shcp.sse.gob.mx
Suprema Corte de Justicia de la Nación, http://www.scjn.gob.mx
U.S. Supreme Court, http://www.supremecourtus.gov

## MIGRACIÓN

Center for Immigration Studies, http://www.cis.org
U.S. Department of Homeland Security, http://www.dhs.gov/dhspublic
U.S. Department of Homeland Security, Office of Immigration Statistics, http://uscis.gov/graphics/shared/aboutus/statistics
Cornelius, Wayne A., "El control de los indeseables", en "Enfoque" de *Reforma*, 22 de enero de 2005.
California Rural Legal Assistance Foundation, http://www.crlaf.org
California Rural Legal Assistance Foundation, Proyecto Fronterizo "Stop Gate Keeper", Detenciones en la Frontera, http://www.stopgatekeeper.org/Espanol/arrestos.htm
Instituto Nacional de Migración (Inami), Estadísticas migratorias, http://www.inami.gob.mx/paginas/710000.htm
Programa Paisano, http://www.paisano.gob.mx

## LOS CRUCES LEGALES E ILEGALES

Instituto Nacional de Migración (Inami), http://www.inami.gob.mx
U.S. Department of State, http://travel.state.gov
Embajada de EU en México, http://www.usembassy-mexico.gov
Embajada de México en Estados Unidos, http://portal.sre.gob.mx/eua

## LA FRONTERA

Aduana México, http://www.aduanas.sat.gob.mx/webadunet/body.htm
Bureau of Transportation Statistics, Datos de U.S. Customs Service, Mission Support Services, Office of Field Operations, Operations Management Database, http://www.bts.gov/programs/international/border_crossing_entry_data/us_mexico/html/table_08.html
Conapo, Sistema Urbano Nacional: Población y tasas de crecimiento 1990-2001, http://www.conapo.gob.mx/distribucion_tp/principal.html
Fact Monster TM., http://www.factmonster.com
INEGI, XII Censo General de Población y Vivienda 2000, http://www.inegi.gob.mx/est/librerias/tabulados.asp?tabulado=tab_po02b&c=706
INEGI, Población por entidad federativa según sexo, 2000, http://www.inegi.gob.mx/est/contenidos/espanol/tematicos/mediano/ent.asp?t=mpob02&c=3179
INEGI, Tasa de crecimiento media anual por entidad federativa, 2000, http://www.inegi.gob.mx/est/contenidos/espanol/tematicos/mediano/ent.asp?t=mpob09&c=3186

INEGI, Archivo histórico de localidades, http://mapserver.inegi.gob.mx/dsist/ahl2003/index.html?c=424.
INEGI, Industria maquiladora de exportación, http://www.inegi.gob.mx/prod_serv/contenidos/espanol/bvinegi/productos/continuas/economicas/maquiladora/ime/ime.pdf
U.S. Census Bureau, http://www.census.gov
U.S. Census Bureau. State and County Quick Facts, http://quickfacts.census.gov/qfd.
U.S. Census Bureau, Census 2000 Gateway. Data Highlights. Profiles of General Demographic Characteristics: State, Counties, and Places.
Arizona:
http://www2.census.gov/census_2000/datasets/demographic_profile/Arizona/2kh04.pdf
California:
http://www2.census.gov/census_2000/datasets/demographic_profile/California/2kh06.pdf
Nuevo México:
http://www2.census.gov/census_2000/datasets/demographic_profile/New_Mexico/2kh35.pdf
Texas:
http://www2.census.gov/census_2000/datasets/demographic_profile/Texas/2kh48.pdf

## MEXICANOS EN ESTADOS UNIDOS

Conapo, http://www.conapo.gob.mx
Death Penalty Information Center, http://www.deathpenaltyinfo.org
Instituto de los Mexicanos en el Exterior, http://www.ime.org
Kaiser Family Foundation, http://www.kff.org
Pew Hispanic Center, http://www.pewhispanic.org
U.S. Census Bureau, http://www.census.gov

## ESTADUNIDENSES EN MÉXICO

Conapo, http://www.conapo.gob.mx
Instituto Nacional de Estadística, Geografía e Informática (INEGI), http://www.inegi.gob.mx/inegi/default.asp
Instituto Nacional de Migración (INM), http://www.inami.gob.mx
U.S. Department of State, http://www.state.gov

## ECONOMÍA

Agency for International Development, http://www.usaid.gov
Banco de México, http://www.banxico.org.mx
Banco Mundial, http://www.bancomundial.org
*Expansión*, http://www.expansion.com.mx
Federación Internacional de Bolsas de Valores, http://www.fibv.com
Federal Reserve Board, http://www.federalreserve.gov
Food and Agriculture Organization of the United Nations (FAO), http://www.fao.org
Freedom House, http://www.freedomhouse.org
Heritage Foundation, http://www.heritage.org
INEGI, http://www.inegi.gob.mx
OCDE, http://www.oecd.org
Secretaría de Energía, http://www.energia.gob.mx
Secretaría de Hacienda y Crédito Público, http://www.shcp.gob.mx
*The Economist*, http://www.economist.com
Transparency International, http://www.transparency.org
World Economic Forum, http://www.weforum.org

## TRATADO DE LIBRE COMERCIO

Secretaría de Economía, http://www.economia.gob.mx
TLCAN, http://www.sice.oas.org/trade/nafta_s/indice1.asp
U.S. Department of Commerce, http://www.commerce.gov
U.S. International Trade Commission, http://www.usitc.gov

## REMESAS

Banco de México, http://www.banxico.org.mx
Comisión Nacional para la Protección y Defensa de los Usuarios de Servicios Financieros (Condusef), http://www.condusef.gob.mx

## FUERZAS ARMADAS

Isacson, Adam y Olson, Joy, *Just the Facts. A civilian's guide to U.S. defense and security assistance to Latin America and the Caribbean*, LA Working Group, 2005.
Military Family Resource Center, http://mfrc.calib.com
Presidencia de la República, http://www.presidencia.gob.mx
Secretaría de la Defensa Nacional, http://www.sedena.gob.mx
Secretaría de Marina Armada de México, http://www.semar.gob.mx
U.S. Department of Defense, http://www.defenselink.mil/
U.S. Navy, http://www.news.navy.mil

## NARCÓTICOS

Office of National Drug Control Policy, http://www.whitehousedrugpolicy.gov
Consejo Nacional contra las Adicciones, http://www.conadic.gob.mx
U.S. Drug Enforcement Administration, http://www.usdoj.gov/dea
Oficina de las Naciones Unidas contra las Drogas y el Delito, http://www.unodc.org
Secretaría de Hacienda y Crédito Público, http://www.shcp.gob.mx
The White House, http://www.whitehouse.gov
Bureau for International Narcotics and Law Enforcement Affairs, http://www.state.gov/g/inl

## EDUCACIÓN Y CULTURA

Academia Mexicana de Ciencias (AMC), http://www.amc.unam.mx
Advanced Placement Program (AP), http://apcentral.collegeboard.com
Almanaque Internet Infoplease, http://www.infoplease.com
American Association of University Women (AAUW), http://www.aauw.org
Andere M., Eduardo, *La educación en México: un fracaso monumental*, México, Editorial Planeta, 2003.
Banco Mundial, http://www.bancomundial.org
Becas Magdalena O. Vda. de Brockmann (MOB), http://www.becasmob.org.mx
Benjamin A. Gilman International Scholarship Program, http://www.iie.org/gilman
Centro de Investigación y Docencia Económicas (CIDE), http://www.cide.edu
Centro de Investigaciones sobre América del Norte (CISAN - UNAM), http://www.cisan.unam.mx
Centro Internacional Fogarty (FIC)
Colegio de la Frontera Norte (COLEF), http://www.colef.mx
Colegio de México (COLMEX), http://www.colmex.mx
Colegio de San Luis (COLSAN), http://www.colsan.edu.mx
Colegio de Sonora (COLSON), http://www.colson.edu.mx
College-Level Examination Program (CLEP), http://www.collegeboard.com/clep
Columbia University, http://www.columbia.edu
Comisión México-Estados Unidos para el Intercambio Educativo y Cultural (COMEXUS), http://www.comexus.org.mx
Comisión para la Cooperación Ambiental (CCA), http://www.conabio.gob.mx/institucion/cooperacion_internacional/doctos/cca.html
Consejo Nacional de Ciencia y Tecnología (CONACyT), http://www.conacyt.mx
Desarrollo Educativo General (GED), http://www.prometric.com/GED
Embajada de Estados Unidos en México, http://www.usembassy-mexico.gov
Embajada de México en Estados Unidos, http://portal.sre.gob.mx/eua
Exámenes de licencia médica para los Estados Unidos (USMLE), http://www.ecfmg.org

Facultad de Ciencias Políticas y Sociales (UNAM) (FCPS -UNAM), http://www.politicas.unam.mx
Facultad de Estudios Superiores Acatlán (FESAcatlán), http://www.acatlan.unam.mx
Fondo para el Desarrollo de Recursos Humanos (FIDERH), http://www.fiderh.org.mx
Ford Foundation, http://www.fordfound.org
Fundación Healy, http://www.fundacionhealy.org.mx
Fundación Mexicana para la Educación la Tecnología y la Ciencia, A.C. (FUNED), http://www.funed.org.mx
Fundación México-Estados Unidos para la Ciencia (FUMEC), http://www.fumec.org.mx
Georgetown University, http://www.georgetown.edu
Graduate Management Admission Test (GMAT), http://www.mba.com
Graduate Record Examination (GRE), http://www.gre.org
Harvard University, http://www.harvard.edu
Instituto de Investigaciones Dr. José María Luis Mora (IIJ), http://www.institutomora.edu.mx
Instituto de Investigaciones Sociales (IIS -UNAM), http://www.unam.mx/iisunam
Instituto Nacional de Estadística, Geografía e Informática (INEGI), http://www.inegi.gob.mx
Instituto Tecnológico Autónomo de México (ITAM), http://www.itam.mx
Inter American Press Association (IAPA), http://www.sipiapa.org/default.cfm
Law School Admission Test (LSAT), http://www.lsac.org/LSAC.asp?url=lsac/about-the-lsat.asp
Medical College Admission Test (MCAT), http://www.aamc.org/students/mcat/start.htm
Nation Master, http://www.nationmaster.com
National Center for Education Statistics (NCES), http://www.nces.ed.gov
National Institutes for Health (NIH), http://www.nih.gov
National Science Foundation (NSF), http://www.nsf.gov
Open Doors USA (Open Doors), http://www.opendoorsusa.org, http://www.opendoors.iienetwork.org
Organización de Estados Americanos (OEA), http://www.oas.org/main/spanish
Organization for Economic Cooperation and Development (OECD), http://www.oecd.org
Pan-American Advanced Studies Institutes Program (PASI), http://www.njnano.org/pasi
Preliminary SAT/National Merit Scholarship Qualifying Test (PSAT/NMSQT), http://www.collegeboard.com/student/testing/psat/about.html
Princeton University, http://www.princeton.edu
Program for International Student Assessment (PISA - OECD), http://www.pisa.oecd.org
Prueba de Aptitud Académica I & II (SAT), http://www.collegeboard.com

*Reforma*, http://www.reforma.com
Secretaría de Educación Pública (SEP), http://www.sep.gob.mx
Secretaría de Relaciones Exteriores (SRE), http://www.sre.gob.mx
Shanghai Jiao Tong University, http://ed.sjtu.edu.cn/ranking.htm
Southern Methodist University, http://www.smu.edu
Stanford University, http://www.stanford.edu
Subsecretaría de Educación Superior e Investigación Científica (SESIC - SEP), http://sesic.sep.gob.mx/home.htm
Tec de Monterrey (TEC), http://www.sistema.itesm.mx
The William and Flora Hewlett Foundation, http://www.hewlett.org
*The World of Learning*, Europea Publications, Taylor & Francis Group, 2004
TOEFL (examen de inglés como lengua extranjera), http://www.ets.org/toefl
Training, Internships, Exchanges and Scholarships (TIES)
United Nations Educational, Scientific and Cultural Organization (UNESCO), http://www.unesco.org, http://www.uis.unesco.org
Universidad Autónoma de Sinaloa (UAS), http://www.uasnet.mx
Universidad Autónoma Metropolitana, Iztapalapa (UAM - Iztapalapa), http://www.iztapalapa.uam.mx
Universidad de Guadalajara (UDG), http://www.siiau.udg.mx
Universidad de las Américas, Puebla (UDLA), http://www.udlap.mx
Universidad Nacional Autónoma de México (UNAM), http://www.unam.mx
University of California in Berkeley, http://www.berkeley.edu
University of Chicago, http://www.uchicago.edu
University of Illinois at Urbana-Champaign, http://www.uiuc.edu
University of Texas at Arlington, http://www.uta.edu
University of Texas at Austin, http://www.utexas.edu
University of Texas at Dallas, http://www.utdallas.edu
US Agency for International Development (USAID), http://www.usaid.gov
*US News*, http://www.usnews.com
Woodrow Wilson International Center for Scholars, http://wwics.si.edu
Wright, John W. (editor), *The New York Times Almanac*, New York, Penguin Reference, 2004.

## LOS CORRESPONSALES

Directorio Web del Gobierno Mexicano, http://www.directorio.gob.mx
Embajada de México en Estados Unidos, http://portal.sre.gob.mx/eua
Secretaría de Relaciones Exteriores, http://www.sre.gob.mx
US. Department of State, Foreign Press Center, http://fpc.state.gov

# ÍNDICE ANALÍTICO

## A

Abascal Carranza, Carlos: 72
accidentes de transportes terrestres: 18
Adams, John Quincy: 58
Adams, John: 58
Administrative Office of the U. S. Courts: 110
aduanas en México: 161
aeronaves de combate: 17
aeropuertos: 18
agua, disponibilidad de: 18
Alcoa Fujikura y Subs.: 209
Alcohol and Drug Abuse Institute (University of Washington): 257
Alemán Valdés, Miguel: 57, 76
Álvarez, Juan: 56
América Móvil: 210
American Bar Association: 138
American Chamber of Commerce in Mexico: 192
American Civil Liberties Union Immigrant Rights Project: 136
American Friends Service Committee: 136
American Immigration Lawyers Association: 141
American Judicature Society: 113
American Society of Mexico: 192
Amnesty International: 136
amparos: 99
analfabetismo: 15
Anaya, Pedro María: 56
Apelación, Cortes de: 105
apoyo económico de EU a México: 205
áreas naturales protegidas: 18
Arellano Félix, organización: 255
Arista, Mariano: 56
Arthur, Chester A.: 58
autos, robo de: 17
Avalon Project (Yale University): 113
Ávila Camacho, Manuel: 57, 76
ayuda militar y policiaca de EU a México: 240

## B

balanza comercial: 13, 198, 217
balanza cuenta corriente: 13, 199
Banamex Citigroup: 209
Banco de México: 210
Banco Mundial: 210
Barra Mexicana, Colegio de Abogados, A. C.: 112
Barragán, Miguel: 55
Bautista Cevallos, Juan: 56
Becas, programas de: 271-274
Benemérita Universidad Autónoma de Puebla: 265
bibliotecas en universidades: 267
Bocanegra, José María: 55
Bodman, Sam: 75

Bolten, Joshua B.: 74
Border Network for Human Rights: 136
Bravo, Nicolás: 55
Brown *vs* Board of Education of Topeka, fallo de: 98
Buchanan, James: 58
Bureau for International Narcotics and Law Enforcement Affairs (U. S. Department of Sate): 257
Bureau of Consular Affairs: 140
Bureau of Economic Analysis: 210
Bush, George H.W.: 59
Bush, George W.: 20, 59, 66, 77, 78
Bustamante, Anastasio: 55

# C

Cabeza de Vaca Hernández, Daniel: 72
Cabilderos ("cabildeo"): 95-96
California Institute of Technology: 266
California Rural Legal Assistance Foundation: 136, 141
Cámara de Diputados en México: 82-83
    Comisiones Especiales: 87
    Comisiones Ordinarias: 86-87
    perfil de los diputados: 84
Cámara de Representantes en Estados Unidos: 83
    Comités del Congreso: 90, 93
    perfil de los representantes: 85
Cámara de Senadores de Estados Unidos: 83
    Comisiones Bicamerales: 91
    Comités Congreso: 90, 93-95

Cámara de Senadores de México: 83
    Comisiones Bicamerales: 89
    Comisiones Especiales: 89
    Comisiones Ordinarias: 88
    perfil de los senadores: 84
Canales Clariond, Fernando: 72
Canalizo, Valentín: 55
Cárdenas Guillén, organización: 255
Cárdenas, Lázaro: 57
Caro Quintero, organización: 255
Carranza, Venustiano: 57
Carrera, Manuel: 56
carreteras: 18
Carrillo Fuentes, organización: 255
Carter, Jimmy: 59, 77
Carvajal, Francisco: 57
Casas de la Cultura Jurídica: 112
Castro Lozano, Juan de Dios: 72
Catholic Legal Immigration Network: 136
Cemex: 210
Center for Immigration Studies: 141
Center for Law and Social Policy: 138
Center on Budget and Policy: 138
Central American Resource Center: 136
Centro de Investigación Jurídica (ITESM): 112
Centro de Investigación y Seguridad Nacional (CISEN): 256
Centro de Investigaciones sobre América del Norte (UNAM): 141
Centro Jurídico para el Comercio Internacional (ITESM): 112
Centros de Integración Juvenil, A. C.: 256
Cerisola y Weber, Pedro: 72
Chao, Elaine L.: 75

Chertoff, Michael: 75
Chicago Council on Foreign Relations: 22
Church World Service: 136
Centro de Investigación y Docencia Económicas (CIDE): 22
Citizens and Immigrants for Equal Justice: 136
Cleveland, Grover: 58
Clinton, William J.: 59, 77, 78
Coalition for Humane Immigrant Rights of Los Angeles: 136
Coalition to Abolish Slavery and Trafficking: 136
Coca Cola: 209
Columbia University: 266
comercio bilateral: 13
Comercio exterior de México con América del Norte: 201
Comexi: 22
Comisión Federal de Electricidad: 73
Comisión Nacional de Tribunales Superiores de Justicia: 108
Comonfort, Ignacio: 56
Comunicaciones, cuadro comparativo: 19
confianza entre los vecinos, encuesta sobre la: 23
confianza institucional, encuesta sobre la: 27-28
confianza, encuesta sobre la: 25
Congreso estadunidense,
 organización del: 89
 presupuesto servicios de investigación: 92
 presupuesto: 92
 salarios de legisladores: 93
Congreso mexicano:
 organización del: 86

 presupuesto servicios de investigación: 92
 presupuesto: 91
 salarios de legisladores: 93
Connaughton, James: 74
Consejería Jurídica del Ejecutivo Federal: 72
Consejo de Asesores Económicos: 74
Consejo de Calidad Ambiental: 74
Consejo de la Judicatura Federal: 108
Consejo de Seguridad Nacional: 74
Consejo Nacional contra las Adicciones (Conadic): 256
Consejo Nacional de Población: 139
conservadurismo, encuesta de indicadores: 29
Consulados generales de Estados Unidos en México: 48-51
Consulados generales de México en Estados Unidos: 42-47
contradicciones de tesis: 99
controversias constitucionales: 99
Coolidge, Calvin: 58, 76
Coordinación Nacional de Oficinas Estatales de Atención a Migrantes (Conofam): 142-144
Cornell University: 266
corresponsales por tipo de medio y ubicación: 283
corresponsalías de EU en México: 282-287
corresponsalías de México en EU: 288-295
Corro, José Justo: 55
crecimiento, tasa de: 14
criminalidad, cuadro comparativo: 17
cruce ilegal a EU: 148-149
cruce ilegal a México: 148

## D

De la Huerta, Adolfo: 57
De la Madrid Hurtado, Miguel: 57, 77
December 18 (ONG que defiende a los migrantes): 136
defunciones, número al año: 16
delitos, taza de: 17
Delphi Corporation: 209
Departamentos Ejecutivos de Estados Unidos: 75
Derbez Bautista, Luis Ernesto: 72
desempleo (promedio anual): 13, 198
deuda externa bruta EU: 205
deuda pública externa de México: 204
Díaz de la Vega, Rómulo: 56
Díaz Ordaz, Gustavo: 57, 76, 77
Díaz, Porfirio: 56, 76
dióxido de carbono, emisión de: 18
diputados, número de: 20
Distrito, Cortes de: 105
División de Estudios Jurídicos (CIDE): 112
división política: 12
divorcios, taza de: 14
Drug Enforcement Administration (DEA): 257
Drug Policy Alliance: 257

## E

E.U., capital: 12
Echeverría Álvarez, Luis: 57, 77
Echeverría, Javier: 55
economía, cuadro comparativo: 13
economía, encuesta sobre: 30

Economic Policy Institute: 210
Editoriales, actividad en: 271-274
educación y cultura:
  actividad editorial: 269-270
  alumnos de posgrado: 263
  alumnos en educación superior: 262
  alumnos, número de: 15
  analfabetismo: 15
  áreas de concentración en licenciatura: 263
  bibliotecas en universidades: 267
  calidad de: 268
  convenios: 274
  cuadro comparativo: 15
  escolaridad promedio: 15
  escuelas, número de: 15
  estudiantes de educación superior en otros países: 264
  estudiantes en el extranjero: 264
  exámenes de admisión: 277-278
  gasto anual por alumno: 261
  gasto en: 260
  indicadores de computación: 269
  indicadores de investigación y desarrollo: 268
  indicadores: 260
  maestros, número de: 15
  maestros: 261
  mejores universidades por carrera: 266-267
  patentes: 269
  premios Nobel en EU: 15
  programa "Enlaces": 275-276
  programas de becas: 271-274
  salarios de profesores: 262

universidades de EU con más programas de calidad: 266
universidades mexicanas con más programas de calidad: 265
universidades y centros de investigación: 278-280
Eisenhower, Dwight D.: 59, 76
El Colegio de la Frontera Norte: 140
El Pueblo: 137
elección presidencial estadunidense por estado: 66-70
elección presidencial mexicana por estado: 62-66
electoral, competitividad: 61
Electoral, padrón: 60
Elías Ayub, Alfredo: 73
Elías Calles, Plutarco: 57, 76
Elizondo Barragán, Fernando: 72
Elizondo Torres, Rodolfo: 72
Embajada de Estados Unidos de América en México: 47
    directorio: 48
Embajada de México en Estados Unidos: 40
empleo, estructura de: 13, 200
empresas multinacionales de EU en México: 209-210
empresas multinacionales de México: 210
encuentros presidenciales: 76-78
Encuestas Mundiales de Valores: 22
encuestas sobre:
    confianza entre los vecinos: 23
    confianza institucional: 27-28
    esperanza de vida: 16
    ética ciudadana: 35
    igualdad de géneros: 32
    indicadores del conservadurismo: 29
    interés en la política: 26
    métodos de gobierno: 25
    Nacionalismo: 22
    participación de organizaciones voluntarias: 27
    participación política: 26
    pensamiento sobre los mexicanos que viven en el extranjero: 23
    percepciones sobre la familia: 31
    preferencia política: 28
    prioridades de política exterior: 24
    religión: 34, 35
    tolerancia: 29-30
    trabajo: 33-34
    valores: 31, 36
energía, consumo por habitante: 13
entidades federativas: 20
entrada a EU, procedimiento legal para: 147
Episcopal Migration Ministries: 137
Equal Rights Advocates: 138
especies: 18
Estado Mayor Presidencial:
    funcionarios: 235
    plazas: 234
    presupuesto: 230
estadunidenses en México: 188
    características sociodemográficas: 190
    declaratorias de inmigrantes: 191
    información útil: 192
    inversionistas y visitantes: 191
    oficinas estatales de Estados Unidos con representación en México: 193-195

población nacida en EU residente en México: 189
ética ciudadana, encuesta sobre: 35
exportación: 13
    exportaciones de México a EU: 215
    exportaciones de México con Canadá: 201
    exportaciones de México con EU: 201
    exportaciones no petroleras de México: 217

## F

familia, encuesta de las percepciones sobre: 31
Farm Labor Organizing Committee: 137
Farmworker Justice Fund: 138, 141
fecundidad, taza de: 14, 15
Federal Bureau of Investigation (FBI): 257
Federal Courts Law Review: 113
Federal Judicial Center: 110
FedStats: 211
Filmore, Millard: 58
finanzas públicas: 13
Ford Motor Company: 209
Ford, Gerald R.: 59, 77
Fox Quesada, Vicente: 20, 57, 78. 255
Frenk Mora, Julio: 72
Frontera México-Estados Unidos: 12, 151-168
    aduanas en México: 161
    autobuses de pasajeros que entran a EU desde México: 163
    comparación de la población de los municipios y condados más importantes: 154
    cruce de pasajeros que entran a EU en vehículos: 162
    cruce de peatones que entran a EU por la frontera con México: 163
    cruce de vehículos particulares que entran a EU: 162
    estados, municipios y condados colindantes: 153
    estadunidenses que visitaron ciudades fronterizas mexicanas en 2003: 166-167
    maquiladoras en estados fronterizos con EU: 167
    pasajeros que entran en autobuses a EU: 164
    pasajeros que viajan en trenes a EU desde México: 165
    población de algunos municipios fronterizos: 157-158
    población de entidades, municipios y condados fronterizos: 152
    población de EU en condados fronterizos con México: 159
    población de las ciudades fronterizas de México con EU: 156-157
    población de los condados fronterizos de EU con México: 159-160
    población de los estados fronterizos de México con EU: 154-155
    población en ciudades fronterizas de EU con México: 160
    población estimada de los estados fronterizos de EU con México: 158
    población mexicana que vive en municipio fronterizos: 155
    puertos de cruce de personas,

vehículos y carga: 161-166
puntos de revisión en las aduanas de la frontera México-EU: 161
trenes que entran a EU desde México: 16
Fuerza Aérea, personal de: 17
Fuerza Armada Mexicana: 230-235
   Armada, percepciones: 233-234
   centros de investigación: 240-241
   dependencias de gobierno: 240-241
   Estado Mayor Presidencial, funcionarios: 235
   Estado Mayor Presidencial, plazas: 234
   niveles jerárquicos: 230-231
   presupuesto: 230
   Secretaría de la Defensa Nacional, funcionarios superiores: 232-233
   Secretaría de la Defensa Nacional, percepciones mensuales: 231-232
Fuerza Armada, cuadro comparativo: 17
Fuerzas Armadas en EU: 235-241
   Activos, compensación anual: 236
   ayuda militar a México: 240
   centros de investigación: 240-241
   dependencia de gobierno: 240-241
   Guardia Nacional y fuerzas de reserva: 236
   miembros activos: 235
   niveles jerárquicos: 237-239
   Oficiales, compensación anual: 237
   presupuesto: 235

# G

García Villalobos Gálvez, Jorge Ricardo: 73
Garfield, James A.: 58
GE International: 209
General Motors: 209
género, encuesta sobre la igualdad de: 32
Geografía, cuadro comparativo: 12
Gil Díaz, Francisco: 72
Gobierno y política, cuadro comparativo: 20
Gobierno, encuesta sobre la opinión de métodos del: 25
Gómez Farías, Valentín: 55
Gómez Pedraza, Manuel: 55
Gonzáles, Alberto: 75
González Garza, Roque: 57
González, Manuel: 56
Grant, Ulysses S.: 58
Grupo Alfa: 210
Grupo Bimbo: 210
Grupo Desc: 210
Grupo IMSA: 210
Grupo Maseca: 210
Grupo México: 210
Grupo Vitro: 210
Grupos antiinmigrantes: 139
Grupos Beta:
   acciones de la frontera norte: 131
   acciones de la frontera sur: 132
   directorio: 132-135
Guerrero, Vicente: 55
Guide to Law Online: 113
Gutiérrez, Carlos: 75
Gutiérrez, Eulalio: 57

# H

Hadley, Stephen: 74
Harding, Warren G.: 58
Harrison, Benjamin: 58
Harrison, William Henry: 58
Harvard University: 266
Hayes, Rutherford B.: 58
Herrera, José Joaquín de: 55, 56
Hewlett-Packard: 209
hidrocarburos, producción y reservas de: 207
homicidios dolosos: 17
Hoover, Herbert C.: 58
Huerta, Victoriano: 57

# I

Icaza González, Carlos de (Embajador de México en Estados Unidos): 40
Iglesia Anglicana en México: 192
Iglesias, José María: 56
Illinois Coalition for Immigrant and Refugee Rights: 137
Immigrant Legal Resource Center: 137
Immigration Issues: A Bibliography (University of Southern California): 141
importación: 13
  importaciones de EU a México: 216
  importaciones de EU por países de origen: 203
  importaciones de México con Canadá: 201
  importaciones de México con EU: 201
inconformidades: 99
inconstitucionalidad, acciones de: 99
Independencia, declaración de: 20
Indicadores económicos comparados México-EU: 198-199
Industria Manufacturera:
  productividad de: 200
  remuneraciones de: 200
industria maquiladora: 166-168
  características en los municipios fronterizos: 168
inejecución de sentencia, incidentes de: 99
Inflación: 13, 198, 201
Inmigrantes Latinos en Acción: 137
inocencia, reconocimiento de: 99
Instituciones Administrativas Centralizadas en México: 72-73, 79
Instituciones Paraestatales en México: 73
Institute for International Economics: 211
Instituto de Investigaciones Jurídicas (UNAM): 112
Instituto de la Judicatura Federal: 108
Instituto de los Mexicanos en el Exterior, Consejo Consultivo, 182-186
Instituto de los Mexicanos en el Exterior: 139
Instituto Federal de Especialistas de Concursos Mercantiles: 108
Instituto Mexicano del Seguro Social: 73
Instituto Nacional de Ciencias Penales: 108
Instituto Nacional de Estadística, Geografía e Informática: 140, 211
Instituto Nacional de Migración: 123, 140
Instituto Politécnico Nacional: 265
Instituto Tecnológico y de Estudios Superiores de Monterrey, campus Monterrey: 265

internet, usuarios de: 19
inversión extranjera directa en México: 13, 199, 218
inversión mexicana directa en EU: 219
Iturbide, Agustín de: 55
IUSA: 210

## J

Jackson, Alphonso: 75
Jackson, Andrew: 58
Jefferson, Thomas: 58
Jennedy, John F.: 59
Johanns, Mike: 75
John M. Olin Center (Harvard Law School): 113
Johnson, Andrew: 58
Johnson, Lyndon B.: 59, 76
Juárez, Benito: 56
Judicial Panel on Multidistrict Litigation: 110
Junta Provisional: 55
Junta Superior de Gobierno: 56
Juzgados de Distrito: 99

## K

Kennedy, John F.: 76
Kerry, John: 67

## L

Lagos Cházaro, Francisco: 57
Larsen, Phillip D.: 74
Lascuráin, Pedro: 56
Lear Corporation: 209
Leavitt, Michael O.: 75
Legal Information Institute (Cornell University): 113
León de la Barra, Francisco: 56
Lerdo de Tejada, Sebastián: 56
Levy Algaza, Santiago: 73
Lawyers Committee for Human Rights: 137
Lincoln, Abraham: 58
líneas telefónicas: 19
Lombardini, Manuel María: 56
longitud fronteriza: 12
longitud litorales: 12
López de Santa Anna, Antonio: 55, 56
López Mateos, Adolfo: 57, 76
López Portillo, José: 57, 77
Lotería Nacional: 73
Luege Tamargo, José Luis: 72
Lutheran Immigration and Refugee Services: 137
Luz y Fuerza del Centro: 73

## M

Madero, Francisco I.: 56
Madison, James: 58
Mankin, N. Gregory: 74
Marburger III, John H.: 74
Marina, personal de: 17
Martín Huerta, Ramón: 72
Massachusetts Institute of Technology: 266
Maximiliano 1°: 56
Mckinley, William: 58
medio ambiente, cuadro comparativo: 18
Méndez, Juan: 56
mercados accionarios: 207
mercados financieros, tasas de interés: 208

Mexican American Legal Defense and Educational Fund: 137
Mexican Law (University of San Diego, California): 112
Mexican Online Legal Research: 112
mexicanos en Estados Unidos: 116-117, 169
- afiliación política: 178
- afiliación religiosa: 175
- crecimiento de la población: 171
- distribución por región: 172
- escolaridad: 175
- estado civil: 173
- hogares y características familiares: 174
- idioma: 174
- indicadores de la población económicamente activa: 176
- indicadores demográficos: 170-171
- indicadores por edad y sexo: 173
- información útil: 180
- ingresos: 177
- Instituto de los Mexicanos en el Exterior, Consejo Consultivo: 182-186
- mexicanos sentenciados: 179
- organizaciones de atención a mexicanos y mexicoamericanos en Estados Unidos: 181-182
- pena de muerte: 178
- principales organizaciones de mexicanos en Estados Unidos: 180-181

mexicanos que viven en el extranjero, encuesta sobre lo que se piensa de los: 23
México, capital: 12
migrantes zacatecanos y ley electoral

migrantes: 116, 125, 126
- acciones de los Grupos Beta: 131-132
- Coordinación Nacional de Oficinas Estatales de Atención a Migrantes (CONOFAM): 142-144
- deportados por EU: 118-119
- derechos de los: 129
- detenciones de la patrulla fronteriza: 120, 121
- educación de los nacidos en México residentes en EU: 127
- *Guía del Migrante:* 130
- indicadores demográficos de la población nacida en México residente en EU:
- indicadores laborales de la población nacida en México residente en EU: 128
- información útil sobre: 139-141
- ingresos a EU: 118
- matrícula consular: 129
- muertes de ilegales mexicanos, presupuesto para reforzar la frontera: 119
- nivel socioeconómico de la población nacida en México y de la población nativa en EU: 127
- organizaciones de ayuda: 136-139
- origen de: 124
- temporales a EU: 122

Migration Dialogue (University of California at Davis): 141
Military Family Resource Center: 241
Mineta, Norman Y.: 75
Miramón, Miguel: 56

Molina, Mario (Premio Nobel de Química): 15
Monroe, James: 58
Moreno, Alejandro: 22
mortalidad, taza de: 16
muerte, causas de: 16
municipios: 20
Muzquiz, Melchor: 55

## N

Nacionalismo, encuesta sobre: 22
Nader, Ralph: 67
Narcotráfico: 244
   aseguramientos de narcóticos: 249- 251
   Cárteles de: 255-256
   centros de investigación: 256-258
   consumidores de drogas ilícitas en EU: 244
   dependencias de gobierno: 256-258
   flujos y economía de la droga: 246
   información útil: 256-258
   población detenida por delitos de: 251-253
   presupuesto para el combate: 247-249
   prevalencia del uso de drogas ilegales en México: 245
   prevalencia del uso de drogas ilegales por edad: 245
natalidad, taza de: 16
National Coalition for Dignity and Amnesty: 137
National Council of La Raza: 137
National Criminal Justice Reference Service: 257
National Immigration Forum: 137
National Immigration Law Center: 137, 141
National Immigration Project of the National Lawyers Guild: 137
National Institute on Drug Abuse: 257
National Interfaith Committee for Worker Justice: 138
National Network for Immigrant and Refugee Rights: 137
National Organizers Alliance: 138
negocios, clima de: 200
Newcomers Club: 192
Nicholson, Jim: 75
Nixon, Richard M.: 59, 77
Nobel, premios: 15
Norton, Gale A.: 75

## O

O. Garza Jr., Antonio (Embajador de Estados Unidos en México): 47
objetivos para el futuro, encuesta sobre: 37
Obregón, Álvaro: 57
Office of National Drug Control Policy (ONDCP): 257
Oficina de Administración: 74
Oficina de Dirección y Presupuesto: 74
Oficina de la Política para el Control Nacional de la Droga: 74
Oficina de la Política para la Ciencia y la Tecnología: 74
Oficina de la Presidencia: 72
Oficina del Representante Comercial de Estados Unidos: 74
Oficina Ejecutiva del Presidente de EU: 74, 80
Orden Jurídico Nacional: 108
organizaciones de ayuda a inmigrantes

y refugiados: 136-139
organizaciones voluntarias, encuesta sobre la participación de: 27
Ortiz Rubio, Pascual: 57

# P

Pablo Serna, Luis de: 73
Paredes y Arrillaga, Mariano: 55
parque vehicular: 18
participación electoral: 20
partidos políticos en el Congreso: 20
patrimonio de la humanidad, zonas de: 12
patrulla fronteriza, detenciones por: 120, 121
Pavón, José Ignacio: 56
Peña y Peña, Manuel de la: 56
Pepsico: 209
periódicos: 19
Petróleos Mexicanos: 73
Pierce, Franklin: 58
Pierrot González, Marco Antonio: 72
piezas postales: 19
población penitenciaria: 17
población urbana: 14
población, cuadro comparativo: 14
población, densidad de: 14
población, distribución de: 14
pobreza: 13
Poder Ejecutivo de Estados Unidos: 58-59
Poder Ejecutivo en México, titulares de 1821 a 2000: 55-57
Poder Judicial de los estados, Estados Unidos. Correos electrónicos: 110-112
Poder Judicial de los estados, México.
   Correos electrónicos: 108-109
Poder Judicial Federal en Estados Unidos:
   Dependencias: 108
   estructura del: 98, 103
   presupuesto del: 107
Poder Judicial Federal Estadunidense, dependencias: 110
Poder Judicial y leyes de Estados Unidos, sitios sobre: 113
Poder Judicial y leyes mexicanas, sitios sobre: 112
policías, número de: 17
Política Exterior, encuesta sobre la: 24
política, encuesta sobre el interés en: 26
Political Research Associates: 138
Polk, James K.: 58
Portes Gil, Emilio: 57
Precisa: 140
preferencia política, encuesta sobre: 28
Princeton University: 266
Pritzker Legal Research Center (Northwestern University): 113
Procuraduría General de la República (PGR): 72, 256
producción de cereales: 206
producción y consumo pesquero: 207
Producto Interno Bruto (PIB):
   estructura de: 13, 199
   gasto en educación con respecto al: 15
   gasto en salud con respecto al: 15
   per cápita: 13, 198
   variación anual: 198
productos estadunidenses adquiridos en México: 202

productos mexicanos adquiridos en EU: 202
Programa Interinstitucional de Estudios sobre la Región de América del Norte (El Colegio de México): 141
Programa Paisano: 140
radio, estaciones de: 19

# R

Ramírez Corzo, Luis: 73
Reagan, Ronald: 59, 77
relaciones México-Estados Unidos, bibliografía: 298-302
religión practicada: 14, 15
religión, encuesta sobre: 34, 35
Religious Task Force on Central America: 138
Remesas: 223-227
    costos de las transferencias de EU a México: 228
    equivalencia, recibidas en México: 225
    evolución de: 224
    ingresos de_ por entidad federativa: 227
    ingresos por_ familiares en países seleccionados: 225
    ingresos por_ familiares: 226
representantes, número de: 20
reservas internacionales: 199
residencia permanente en México, trámites de: 147
residuos sólidos: 18
Resource Center of the Americas: 138
Rice, Condoleezza: 75
Robles Pezuela, Manuel: 56
Rodríguez, Abelardo: 57
Romero Ramos, Eduardo: 72
Ronald Inglehast, Miguel Basañes y Asociados: 22-29
Roosevelt, Franklin D.: 58, 76
Roosevelt, Theodore: 58
Ruiz Cortines, Adolfo: 57, 76
Ruiz, Tomás: 73
Ruiz-Harrell, Rafael: 17
Rumsfeld, Donald H.: 75

# S

salarios anuales de los presidentes: 73-74
Salas, José Mariano: 55, 56
Salazar Adame, Florencio: 72
Salazar Sáenz, Francisco Javier: 72
Salinas de Gortari, Carlos: 57, 77, 214
salud, cuadro comparativo: 16
    camas, número de: 16
    enfermeras, número de: 16
    médicos, número de: 16
    sida, casos de: 16
    unidades médicas: 16
Secretaría de Agricultura, Ganadería, Desarrollo Rural, Pesca y Alimentación: 72
Secretaría de Comunicaciones y Transportes: 72
Secretaría de Desarrollo Social: 72
Secretaría de Economía: 72, 211
Secretaría de Educación Pública: 72
Secretaría de Energía: 72
Secretaría de Gobernación: 72
Secretaría de Hacienda y Crédito Público: 72, 211
Secretaría de la Defensa Nacional (Sedena): 72, 240, 256

funcionarios superiores: 232-233
percepciones mensuales: 231-232
presupuesto: 230
Secretaría de la Función Pública: 72
Secretaría de la Reforma Agraria: 72
Secretaría de Marina: 72, 240
presupuesto: 230
Secretaría de Medio Ambiente y Recursos Naturales: 72
Secretaría de Relaciones Exteriores: 72
Secretaría de Salud: 72
Secretaría de Seguridad Pública: 72
Secretaría del Trabajo y Previsión Social: 72
Secretaría de Turismo: 72
senadores, número de: 20
Show, John: 75
sida, casos de: 16
Sin Fronteras: 141
sociedades satisfechas, encuesta sobre: 36
socios comerciales: 13
Sojo Garza, Eduardo: 72
Spellings, Margaret: 75
Stanford University: 266
subsidios agropecuarios: 206
Substance Abuse and Mental Health Services Administration: 258
Substance Abuse Librarians & Information Specialist (SALIS): 258
superficie forestal: 18
superficie territorial: 12
Suprema Corte de Justicia de la Nación: 108
Suprema Corte de Justicia: 99
miembros en Estados Unidos: 104
miembros en México: 100
ministros en Estados Unidos: 105-106
ministros en México: 100-103
salario anual ministros México-EU: 107
Supreme Court of the United States: 110
Supremo Poder Ejecutivo: 55

# T

Taft, William H.: 58, 76
Tamez Guerra, Reyes S.: 72
Taylor, Zachary: 58
telefonía celular: 19
*Tepantlato* (Instituto de Ciencias Jurídicas de egresados de la UNAM), revista: 112
The American Legión (Department of Mexico): 192
The Ames Foundation: 113
The Mexican Migration Project (Princeton University-Universidad de Guadalajara): 141
The Mexico-US Advocates Network: 141
The National Center for State Courts: 113
*The New York Times Almanac*: 59
tipo de cambio: 203-204
tolerancia, encuesta sobre: 29-30
trabajo, encuesta sobre el: 33-34
transporte, cuadro comparativo: 18
Tratado de Libre Comercio de América del Norte (TLCAN): 116. 118, 125, 191, 213-222
a diez años del: 221-222
arancel promedio a las importaciones: 220, 221
balanza comercial mexicana frente a EU: 217
Comercio exterior México-EU: 215

comercio global de México: 214
desgravación, velocidad de: 220
exportaciones de México a EU: 216
exportaciones no petroleras de México: 217
importaciones de EU a México: 216
inversión extranjera directa en México: 218
inversión mexicana directa en EU: 219
efectos en la industria mexicana: 219
Tribunal Electoral del Poder Judicial de la Federación: 108
Tribunal Federal de Justicia Fiscal y Administrativa: 72
Tribunales Agrarios: 73
Tribunales Colegiados de Circuito: 99
Tribunales Unitarios de Circuito: 99
Truman, Harry S.: 59, 76
turismo de EU a México: 208
turismo de México a EU: 209
Tyler, John: 58

# U

U.S. Air Force (Department of Defense): 241
U.S. Army (Department of Defense): 241
U.S. Citizenship and Immigration Services: 140
U.S. Commission on Immigration Reform: 140
U.S. Committee for Refugees: 138
U.S. Conference of Catholic Bishops: 138
U.S. Court of Federal Claims: 110
U.S. Court of International Trade: 110
U.S. Customs & Border Protection: 140
U.S. Department of Defense: 241
U.S. Department of Labor: 140
U.S. District Courts: 110
U.S. Immigration and Customs Enforcement: 140
U.S. Marine Corps (Department of Defense): 241
U.S. Navy (Department of Defense): 241
U.S. Sentencing Comission: 110
Unidos en la Prevención de Adicciones, A. C.: 256
United Methodist Committee on Relief General Board of Global Ministries: 138
Universidad Autónoma de Baja California: 265
Universidad Autónoma de Nuevo León: 265
Universidad Autónoma de San Luis Potosí: 265
Universidad Autónoma de Zacatecas: 141
Universidad Autónoma Metropolitana: 265
Universidad de Guadalajara: 265
Universidad de Las Américas, Puebla: 265
Universidad Nacional Autónoma de México: 265
Universidades y centros de investigación: 278-280
University of California - Los Ángeles: 266
University of California - San Fran-

cisco: 266
University of California - Berkeley: 266
University of California - San Diego: 266
University of Chicago: 266
University of Pennsylvania: 266
Usabiaga Arroyo, Javier: 72
uso de la tierra México-EU: 205

## V

Valencia, Armando, organización: 255
valores, encuesta sobre: 31, 36
Van Beuren, Martin: 58
Vázquez Mota, Josefina: 72
Vega García, Gerardo Clemente: 72
vías férreas: 18
Victoria, Guadalupe: 20, 55
Villalobos Ortiz, María del Consuelo: 72
violaciones, número de: 17

visitantes temporales en México, trámites de: 146

## W

Wal-Mart: 209
Walters, John P.: 74
Washington Office on Latin America (WOLA): 241
Washington, George: 20, 58
Water Stations: 138
Wilson, Woodrow: 58
Women's Commission for Refugee: 138

## Y

Yale University: 266

## Z

Zedillo Ponce de León, Ernesto: 57, 78
Zoellick, Robert: 74
Zuloaga, Félix: 56

Este libro se terminó de imprimir y encuadernar en octubre de 2005 en Impresora y Encuadernadora Progreso, S. A. de C. V. (IEPSA), Calz. de San Lorenzo, 244; 09830 México, D. F. En su composición, parada en el Departamento de Integración Digital del FCE, se usaron tipos Maiandra GD de 8:9.6 y 10:12; Americana BT de 13:15.6, Americana BTBI de 32:38.4 y Frutiger 45 de 9:15.5 y 10:12 puntos. La edición consta de 5 000 ejemplares.